9783921338216 3

FRANZ BARDON

FRANZ BARDON

DER SCHLÜSSEL ZUR WAHREN QUABBALAH

Franz Bardon

Der Schlüssel
zur wahren Quabbalah

Der Quabbalist als vollkommener Herrscher
im Mikro- und Makrokosmos

1994

RÜGGEBERG-VERLAG — WUPPERTAL

1. Auflage 1957, Freiburg i. Breisgau
2. Auflage, Freiburg i. Breisgau
3. Auflage 1978, Wuppertal
4. Auflage 1987, Wuppertal
5. Auflage 1994, Wuppertal

Herstellung: Otto W. Zluhan, 74321 Bietigheim
Printed in Germany

ISBN 3-921338-21-2

WIDMUNG

Meinem lieben Sohne L u m i r, der mir infolge seiner vorge-
burtlichen Erziehung bis jetzt nur reine Freude bereitete, sei mein
drittes Werk, an welchem ich mit besonderer Vorliebe arbeitete,
mit väterlichem Wohlwollen gewidmet.

Inhaltsverzeichnis

Vorwort

Das den Lesern, Schülern und allen Interessenten der Geheimwissenschaften vom gleichen Autor in seinen zwei vorhergehenden Werken: „Der Weg zum wahren Adepten" und „Die Praxis der magischen Evokation" zugesagte weitere Lehrbuch über die kosmische Sprache, von Eingeweihten „Q u a b b a l a h" genannt, ist nun erschienen.

Diejenigen, welche im Studium der geistigen, somit hermetischen Wissenschaft durch praktische Arbeit an sich selbst schon ein gutes Stück Weg zurücklegen konnten, wird begreiflicherweise erhöhte Freude durchdringen und sie — durch schon gewonnene praktische Erfahrungen — in ihrer gefaßten Zuversicht nur noch bestärken, daß der Pfad, auf dem sie schreiten, auch wirklich der verläßlichste ist und demnach alle ihre Erwartungen ausnahmslos erfüllen wird.

Viele Wissenschaftler, die das große Interesse für Quabbalah dazu anhielt, mit dem Studium dieses Wissensgebietes laut verschiedenen theoretischen Maßnahmen und Ratschlägen zu beginnen, ohne sich vorher durch entsprechende Schulung genügend reif zu machen, wird der Inhalt dieses nun schon dritten Lehrwerkes nicht wenig in Erstaunen setzen. Wenn nicht gleich, so doch gar bald werden sie wohl oder übel zugeben müssen, daß alle angegebenen vielfach erprobten quabbalistischen Methoden mit ihrer Reichhaltigkeit, Vielseitigkeit und Wahrhaftigkeit von jenen in den bisher erschienenen quabbalistischen Büchern enthaltenen ganz wesentlich abweichen.

Nicht einmal die verborgensten, geheim gehaltenen Bibliotheken der in völliger Abgeschiedenheit bestehenden und keinem gewöhnlichen Erdenmenschen zugänglichen Klöster — Ashrams — des fernen Ostens können sich rühmen, die wahre Quabbalah in einer einzigen Geheimschrift so klar und deutlich geschildert zu besitzen.

Schon nach dem bloßen Durchlesen des vorliegenden Werkes wird sich jeder Quabbalahkundige ehrlich eingestehen müssen, daß er wohl noch sehr viel nachzuholen hat, wenn er sich selbst einen wahren Quabbalisten nennen will. Nach reifer Überlegung gelangt er sodann zu der Ansicht, daß es sich allenfalls lohnen wird, wenn er alle bisherigen unvollkommenen Methoden fallen läßt und die in diesem Lehrbuch angeführten aufnimmt, um laut diesen im eigenen Interesse getreulich zu arbeiten.

So mancher Quabbalist widmete im Laufe des Menschenwandels sein ganzes Leben dem unermüdlichen, aber leider vergeblichen Forschen nach dem einstmals für die Menschheit verlorengegangenen unaussprechlichen Namen Gottes. Wird ein Quabbalah-Forscher auch dieses dritte Werk durch praktisches Studium gewissenhaft durchgearbeitet haben, so wird es ihm plötzlich wie ein Wunder, wie ein ihm von der Göttlichen Vorsehung in den Schoß gelegter unermeßlicher Schatz vorkommen, wenn sich ihm als Belohnung für sein unermüdliches ehrliches Streben außer vielem anderen auch der verloren gegangene w a h - r e N a m e G o t t e s von selbst offenbart.

Und diesen überaus hohen Lohn hat die Göttliche Vorsehung für alle Wahrheitssucher vorgesehen, welchen die drei in der geistigen Literatur einzig dastehenden Werke nicht nur eine interessante Leselektüre sind, sondern ein wertvolles Studienmaterial, welches sie nur noch in die eigene Praxis umzusetzen brauchen.

Otti Votavova

Einleitung

Meinem in der Einweihungsserie nun schon dritten Werk gab ich den Titel „Der Schlüssel zur wahren Quabbalah". Diese ist im Grunde genommen eine Gotteswissenschaft und behandelt die Wissenschaft des Wortes. Wer sich mit Theurgie befaßt, muß unbedingt eine magische Entwicklung schon hinter sich haben, d. h., daß er zum mindesten die Praktiken meines ersten Werkes — „Der Weg zum wahren Adepten" — vollkommen beherrschen muß. Auch das vorliegende Buch besteht — ebenso wie meine beiden ersten Werke — aus zwei Teilen. Mit dem ersten, also dem theoretischen Teil, bereite ich den Leser auf das schwierige Gebiet der Quabbalah eingehend vor, der zweite Teil enthält die eigentliche Praxis.

Über Quabbalah, welche für die hermetische Literatur eine harte Nuß ist, wurde schon viel geschrieben, aber für die Praxis läßt sich von all dem leider nur sehr wenig gebrauchen. Fast durchwegs wird behauptet, daß derjenige, der sich mit Quabbalah befassen will, der hebräischen Sprache mächtig sein muß, ohne deren Kenntnis ein Studium der Quabbalah überhaupt nicht möglich ist. Die theoretische Quabbalah, welche die meisten Schriften enthalten, ist gewöhnlich hebräischen Ursprunges und soll dem Schüler eine Weltanschauung laut quabbalistischem Muster geben. Bücher, welche auch auf die Praxis und auf den Gebrauch der wahren Quabbalah hinweisen, gibt es nur sehr wenige. Einzelne jüdische Geistliche (Rabbiner) wußten von der quabbalistischen Lehre, hielten sie aber — scheinbar aus orthodoxen Regungen — streng geheim, so daß nicht einmal Bruchteile der quabbalistischen Praktiken in die Hände der Öffentlichkeit gelangten.

Die vielen Beschreibungen der Quabbalistik geben dem ernsthaft Studierenden nicht einmal theoretisch etwas Genaueres, geschweige denn erst für die Praxis die richtigen Anhaltspunkte. Sie liefern ihm höchstens nur eine philosophische Darstellung des Mikro- und Makrokosmos. Von der quabbalistischen Weltanschauung kann sich der Quabbalah-Studierende überhaupt keine Übersicht machen, da er sich in dem großen Wirr-Warr der Anschauungen erstens nicht zurecht findet und zweitens lassen ihn die Gegensätze der verschiedenen Bücher weiterhin im Dunkeln.

Mein vorliegendes Werk enthält sowohl Theorie als auch Praxis, und namentlich Letztere sehr ausführlich, wovon sich jeder Quabbalah-Begierige selbst überzeugen wird. Die ganze umfangreiche Quabbalah in ein einziges Buch aufzunehmen ist logischerweise aus rein technischen Gründen nicht möglich. Ich gab mir jedoch Mühe, die Perlen dieser wunderbaren Wissenschaft so aneinanderzureihen, damit sie eine ungewöhnlich schöne Kette bilden. Dabei nahm ich auf die Analogiegesetze im Zusammenhang mit dem Mikro- und Makrokosmos selbstverständlich entsprechend Rücksicht, wie es ja auch nicht anders sein kann, wenn das Gesamtbild der Quabbalah lückenlos bleiben soll. Der zahlreichen hebräischen Bezeichnungen, wie sie bis jetzt in der Quabbalah allgemein gebraucht wurden, bediene ich mich so wenig als nur möglich und gebe lieber solchen Ausdrücken den Vorzug, die einem jeden Menschen leicht verständlich sind. Jedenfalls wird der Leser beim Studium meines Werkes eine ganz andere, d. h. die richtige Vorstellung von der „Praktischen Quabbalah" gewinnen.

Wer Erfolge erzielen will, die ihn praktisch von der Wirklichkeit der Quabbalah überzeugen sollen, muß meine beiden ersten Werke — „Der Weg zum wahren Adepten" und „Die Praxis der magischen Evokation" — systematisch durchgehen. Ansonsten würde die Ausbildung auf dem Wege der Vollkommenheit gar zu lange Zeit in Anspruch nehmen und die Erfolge würden sich erst sehr spät einstellen. Dem Leser bleibt es allerdings überlassen meine Werke auch nur theoretisch durchzunehmen. Er wird sich dadurch ein Wissen aneignen, welches ihm wohl keine philosophischen Bücher geben können. Nur bedeutet Wissen noch lange nicht Weisheit. Wissen hängt von der Ausbildung der intellektuellen Seite des Geistes ab, Weisheit dagegen bedingt die gleichmäßige Entwicklung aller vier Aspekte des Geistes. Deshalb ist Wissen bloße Philosophie, welche allein aus einem Menschen weder einen Magier noch einen Quabbalisten machen kann. Ein Wissender wird zwar über Magie, Quabbalah etc. viel sprechen können, aber die Kräfte und Fähigkeiten wird er niemals richtig verstehen.

Mit diesen wenigen Worten möchte ich dem Leser den Unterschied zwischen einem Philosophen und einem Weisen verständlich machen. Am Leser selbst ist es gelegen entweder den bequemeren Weg des bloßen Wissens zu verfolgen oder den schwierigeren Weg der Weisheit zu gehen.

Schon die Ur-Völker ohne Unterschied der Rasse und ohne Rücksicht darauf, welche Gegenden unseres Erdballes sie bewohnten, hatten ihre besonderen Religionen, d. h. also eine Anschauung von Gott und infolgedessen hatten sie auch eine Gottlehre. Jede Lehre von Gott war geteilt, und zwar in eine exoterische und in eine esoterische. Die exoterische Lehre war die übliche für die Volksmasse, die esoterische Lehre dagegen nur für Eingeweihte und Hohepriester. Die exoterische Lehre enthielt niemals etwas über Magie und Quabbalah, so daß nur Magier und Quabbalisten die Eingeweihten der Ur-Völker waren.

Seit jeher war es heiligstes Gebot, diese hohe Wissenschaft streng geheim zu halten, um 1. die Autorität zu bewahren, 2. die Macht über die Volksmasse nicht zu verlieren und 3. um einen Mißbrauch zu verhüten. Bis heute hat sich diese Tradition erhalten und wenn auch mein Buch dem Leser vollkommenes Wissen gibt, so kann es ihm eben nur Wissen geben, aber niemals Weisheit. Letztere muß er sich schon durch praktische ehrliche Arbeit erringen. Der Grad der Weisheit hängt wiederum von seiner Reife und seiner Entwicklung ab. Nur dem tatsächlich Reifen, also dem Berufenen wird mein Buch die höchste Weisheit aufschließen, so daß zwischen dem Wissenden und dem Weisen ein sehr großer Unterschied besteht und das Gebot des Schweigens trotz Veröffentlichung der höchsten Wahrheiten und Geheimnisse nicht verletzt wird. Dem nur Wissenden wird die Weisheit immer okkult bleiben, nur dem Berufenen wird sie vollends zuteil!

Die Wissenschaft der Quabbalah, also der Theurgie ist uralt und hat ihren Ursprung im Orient. Die Weisen der Urzeit bargen die größten Geheimnisse seit jeher in der Universalsprache, welche die Bildersprache war, was aus den Hieroglyphen der alten Völker — Ägyptens usw. — hervorgeht. Diese Ur-Weisen verstanden nur in der Bildersprache, also in der symbolischen Ausdrucksweise, ihre Lehren weiterzugeben. Die Auffassung der in der symbolischen Sprache wiedergegebenen Lehren war dann immer vom Reifezustand des betreffenden Schülers abhängig. Sämtliche orientalischen Weisheiten sind lediglich in der symbolischen Sprache festgelegt worden. Wer nicht reif genug war oder wer nicht unter der Führung eines Meisters — Gurus — den nötigen Reifezustand durch Ausbildung seiner Individualität erreicht hatte, für den blieben diese Weisheiten geheim. Deshalb waren sich bis heute alle wahren Schriften der Einweihung darin einig, daß ohne persönlichen Guru eine Einweihung nicht nur nicht möglich, sondern sogar gefährlich ist. Ein wahrer Eingeweihter mußte gemäß der Entwicklung des Schülers diesem die Schriften vom symbolischen Standpunkt aus sukzessive verständlich machen und unterwies ihn in der Sprache der Symbolik, also in der Ur-, d. h. Bildsprache. Der Schüler war an diese Sprache seines Meisters gewöhnt und konnte die Weisheiten wiederum nur in der symbolischen Sprache weitergeben.

Auf diese Weise wurde bis zum heutigen Tage diese heilige Wissenschaft nur traditionell von einer Person auf die andere übertragen. Jegliche Erklärung eines Meisters seinem Schüler geschah durch Eingebung von seiten des Meisters, so daß es dem Schüler ganz plötzlich klar wurde, was ihm der Meister sagen will. Diese Einleuchtung, also Einweihung hatte im Orient einige Benennungen, wie z. B. Abisheka, Angkhur usw. Niemals gab ein Meister einem Unvorbereiteten, also Unreifen die wahren Mysterien der Weisheit preis. Es gab wohl auch Magier und Quabbalisten, welche über die höchsten Weisheiten einige Schriften hinterließen. Aber wie schon gesagt, waren die höchsten Weisheiten alle in der symbolischen Sprache niedergelegt und wenn sie zufälligerweise auch einem Unreifen in die Hände gelangten, blieben sie ihm unverständlich. Mitunter kam es auch vor, daß diese Weisheiten ein Unreifer von seinem eigenen Standpunkt aus deutete. Daß diese Deutung jeder wahren Auslegung entbehrte ist selbstverständlich.

Die meisten Schriftsteller, denen es gelungen ist, entweder zu hinterlassenen oder zugänglichen Schriften des Orients zu kommen, machten durchwegs ein- und denselben Fehler und zwar, daß sie diese Schriften in die Sprache des Intellektes übersetzten, demnach buchstäblich auffaßten. Da sie meistenteils auch gar nicht reif waren die Symbolik eines Mysteriums, einer Praktik u. dgl. richtig zu deuten, da ihnen die nötige Vorbildung und das wahre Verständnis der Bilder- oder kosmischen Sprache fehlte, entstanden dadurch in der hermetischen Wissenschaft zahlreiche Irrtümer. Es kann sich heute kaum jemand eine Vorstellung darüber machen, wie viele unsinnige Praktiken in den zivilisierten Sprachen herausgegeben wurden.

In meinem vorliegenden Werk habe ich die symbolische Sprache in die intellektuelle Sprache umgearbeitet und den Weg der wahren hermetischen Wissenschaft in bezug auf die Quabbalah, also auf das Geheimnis des Wortes, so zugänglich gemacht, daß ihn jeder Wissende getrost gehen kann.

Der Verfasser

Die Symbolik der dritten Tarotkarte

Das nebenstehende Bild ist die graphische Darstellung der dritten Tarotkarte.

Der e r s t e — äußere — Kreis hat zehn gleichmäßige Abschnitte, welche die z e h n quabbalistischen Schlüssel darstellen. Diese zehn quabbalistischen Schlüssel — siehe ihre farbige Symbolik — sind mit den zehn hebräischen Sefiroths identisch. Da diese zehn Schlüssel — Sefiroths — das Wissen des ganzen Universums mit allen Daseinsformen, Methoden und Systemen umfassen, nehmen sie auch den äußersten Kreis ein. Daß sich diese zehn Schlüssel sowohl auf den Mikrokosmos, als auch auf den Makrokosmos beziehen, geht auch daraus hervor, daß der nächste, also der z w e i t e Kreis, die Tierkreiszeichen des ganzen Universums — ebenfalls in der entsprechenden Farbensymbolik — wiedergibt.

Der d r i t t e Kreis — von außen nach innen zu — ist der planetarische, der sich durch die Planetensymbole und durch die den Planeten analogen Farben kennzeichnet.

Alle d r e i Kreise umschließen ein großes V i e r e c k, welches das Symbol der vier Elemente ist und gleichfalls die entsprechende Farbensymbolik hat. Dieses Viereck weist auf die Realisierung der Elemente hin und gilt als das Symbol der grobstofflichen Welt.

Mit dem inneren — kleineren — V i e r e c k ist das tetragrammatonische Geheimnis, das Jod-He-Vau-He oder der quabbalistische Viererschlüssel wiedergegeben, der zur Beherrschung der Elemente und ihrer Einflüsse notwendig ist.

Die sich im Mittelpunkt des Bildes befindliche S o n n e bedeutet die Göttliche Vorsehung — das Akashaprinzip —, der Ursprung alles Seins.

Es ist demnach in diesem Bild sowohl der Mensch — Mikrokosmos —, als auch der ganze Makrokosmos graphisch dargestellt, ferner sind in demselben sämtliche Schlüssel eingezeichnet, von denen sich namentlich der Viererschlüssel stark abhebt, da er der Schlüssel zur Realisierung — Verwirklichung — ist.

Alles, was die Quabbalah lehrt, ihr ganzes System, alle Entsprechungen, gehen aus dem Bild und der Farbensymbolik eindeutig hervor. Der meditierende Quabbalist wird daher in der Symbolik der dritten Tarotkarte alle Entsprechungen vorfinden, so daß ihm diese wenigen aufklärenden Anhaltspunkte vollkommen genügen.

I. Teil
THEORIE

Teil I: Theorie — Die Quabbalah

Q u a b b a l a h ist die Wissenschaft der Buchstaben, die Wissenschaft des Wortes und der Sprache. Jedoch — wohlgemerkt — keinesfalls der intellektuellen, sondern der Universalsprache. Die Bezeichnung Q u a b b a l a h ist hebräischen Ursprungs. Manche Religionssysteme haben für diese Wissenschaft eine andere Bezeichnung. So wird z. B. in Indien und in Tibet die Wissenschaft des Wortes „T a n t r a" genannt. Bei anderen Religionssystemen sind es wiederum die „F o r m e l n" usw.

In meinem vorliegenden Werk bleibe ich bei der üblichen Benennung Q u a b b a l a h. Quabbalistisch sprechen heißt aus Buchstaben Worte bilden, welche den Universalgesetzen gemäß dieser oder jener Idee entsprechen. Die Anwendung der quabbalistischen Sprache muß praktisch geübt werden. Quabbalah ist demnach die Universalsprache, mit welcher alles erschaffen wurde, sie ist die Verkörperung einer oder mehrerer göttlicher Ideen. Durch Quabbalah — also durch die Universalsprache — hat Gott alles erschaffen. Auf Quabbalah weist auch der Evangelist Johannes in der Bibel hin, indem er sagt: „Im Anfang war das Wort und das Wort war bei Gott". Dadurch bringt Johannes klar zum Ausdruck, daß sich Gott des Wortes bediente, um durch dieses aus sich selbst zu schaffen.

Nur derjenige, der tatsächlich in der Lage ist, die Göttlichkeit in sich so zu verwirklichen, daß er gemäß den Universalgesetzen aus sich heraus als Gottheit spricht, kann als wahrer Quabbalist angesehen werden. Der praktisch arbeitende Quabbalist ist daher ein Theurg, ein Gottmensch, der ebenso wie der makrokosmische Gott die Universalgesetze anwenden kann. Geradeso, wie ein Magier durch die erhaltene Einweihung und durchgemachte Entwicklung auf dem Wege der Vollkommenheit die Verbindung mit seiner Gottheit in sich verwirklichte und dementsprechend wirken kann, ist dies auch beim Quabbalisten der Fall, nur mit dem Unterschied, daß sich der Quabbalist des göttlichen Wortes als Ausdrucksweise seines göttlichen Geistes nach außen bedient. Jeder wahre Magier, der die Universalgesetze beherrscht, kann

Quabbalist werden, indem er sich Kenntnisse der praktischen Quabbalah aneignet. Die in zahlreichen Büchern angegebenen Strukturen über Quabbalah eignen sich wohl für den Theoretiker, damit sich dieser ein Bild der Gesetzmäßigkeit machen kann, aber für die Praxis, welche in Aussicht stellt, die Kräfte des Wortes richtig anzuwenden, sind sie durchwegs unzureichend.

Hieraus geht klar hervor, daß ein vollkommener Quabbalist ein Gottverbundener ist, ein Mensch, der Gott in sich realisierte und sich als Gottmensch der Universalsprache bedient, indem er das, was er spricht, gleichzeitig verwirklicht. In welcher Sphäre er die Verwirklichung seiner Sprache bezweckt, in der geschieht es auch. In Indien z. B. wird ein Mensch, der jedes ausgesprochene Wort sogleich zur Verwirklichung bringt, als „WAG" bezeichnet. Im Kundalini-Yoga wird diese Macht und Fähigkeit mit dem Visudha-Zentrum identifiziert. Ein vollkommener Quabbalist kennt jede Gesetzmäßigkeit des mikro- und makrokosmischen Wortes, womit das Gesetz der Schöpfung durch das Wort gemeint ist und er weiß auch, was wahre Harmonie bedeutet. Ein wahrer Quabbalist wird niemals gegen die Gesetze der Harmonie verstoßen, da er mit seiner mikrokosmischen Sprache die Gottheit vertritt. Würde er anders handeln, als es das Gesetz der Harmonie anzeigt, wäre er kein wahrer Quabbalist, sondern ein Chaotiker. Vom hermetischen Standpunkt aus ist ein Quabbalist oder ein Theurg ein Vertreter der makrokosmischen Gottheit im eigenen Körper auf unserer Erde. Was er als Vertreter Gottes in der Ursprache ausspricht, das geschieht, denn er hat dieselbe Macht wie der Schöpfer, also wie Gott.

Um diese Reife und Höhe der quabbalistischen Einweihung zu erreichen, muß der Theurg vorerst ähnlich einem Kinde die Buchstaben verstehen lernen, er muß sie vollkommen beherrschen, um mit ihnen Worte und Sätze zu bilden und schließlich in der kosmischen Sprache zu sprechen. Die hierfür in Frage kommende Praxis führe ich eingehend im praktischen Teil dieses Werkes an.

Mit der wahren Quabbalah kann sich jedermann, ob nun theoretisch oder praktisch, befassen, ohne Rücksicht darauf, welchem

Religionssystem er zugewandt ist. Die quabbalistische Wissenschaft ist also nicht ein Privileg nur für Menschen, die sich zum hebräischen Religionssystem bekennen. Die Hebräer vertreten zwar die Ansicht, daß die Quabbalah hebräischen Ursprunges ist, aber in der hebräischen Mystik ist das Wissen um die Quabbalah altägyptischer Herkunft. Die Historik der hebräischen Quabbalah, also Ursprung, Entwicklung usw. findet jeder Studierende in der einschlägigen Literatur, da über dieses Gebiet schon viel geschrieben wurde.

In meinem Werk beschreibe ich die Synthese der Quabbalah nur soweit, als es für die Praxis unumgänglich notwendig ist. Von allem unnötigen Ballast an geschichtlichen und anderen Strukturen quabbalistischer Weltanschauung nehme ich Abstand.

Der Ausdruck Quabbalah wurde vielfach dadurch mißbraucht, daß man ihn zu einem Zahlenspiel, zur Horoskopberechnung, Namensentsprechung und zu verschiedenen anderen mantischen Zwecken diskreditierte. Wohl haben die Zahlen mit den Buchstaben einen gewissen Zusammenhang, wie ja der Leser im praktischen Teil sehen wird, aber dies ist nur einer von den niedersten Aspekten der Quabbalah, mit dem wir uns hier nicht befassen wollen. Die wahre Quabbalah ist keine Mantik, aus welcher man wahrsagen könnte, sie ist auch keine Astrologie, aus der man Horoskope deutet und auch kein Buchstabenspiel, aus dem man auf Grund verschiedener Namen Prognosen stellt.

Da wahre Quabbalah die Universalgesetze vertritt, so ist bis zu einem gewissen Grade — wenn richtig angewendet — laut kosmischer Entsprechung eine bestimmte Harmonie-Analogie möglich. Dies ist jedoch gewöhnliche Wahrsagerei und hat mit der wahren Wissenschaft der Universalsprache nichts zu tun.

Der Leser wird selbst zugeben, daß diese Wissenschaft hochheilig ist und wird es niemals wagen, die Universalgesetze zu gewöhnlichen mantischen Zwecken herabzuwürdigen. Jedes Religionssystem hatte seine wahre Quabbalah, welche mit der Zeit durch verschiedene Reformationen der Religionssysteme verloren ging und nur im Orient blieb sie unter den wahren Eingeweihten noch erhalten. Die alten Kelten und Druiden hatten ebenfalls ihre wahre Quabbalah, welche den eingeweihten Druidenpriestern gut bekannt war. Der praktische Gebrauch der Runen-Magie bei den alten druidischen Tempelpriestern läßt sich auf uraltes Wissen der Quabbalah zurückführen. Heute gibt es leider nur sehr wenige Menschen, welche die Runenquabbalah der alten Druiden verstehen und etwa auch noch praktisch anzuwenden imstande sind. Die praktische Runenquabbalah ist im Laufe der Zeit gänzlich verlorengegangen.

Der Mensch als Q u a b b a l i s t

In meinem ersten Band „Der Weg zum wahren Adepten" teile ich den Menschen in drei Regionen und zwar in Körper, Seele und Geist und mache gleichzeitig eine Erwähnung über den vierpoligen Magneten. Dem meditierenden Schüler ist klar, daß den Mentalkörper mit dem Astralkörper die Mentalmatrize verbindet und den Mental- und Astralkörper an den grobmateriellen Körper die Astralmatrize hält. Sicherlich ist ihm auch klar, daß den physischen Körper die Nahrung — verdichteter Elementestoff — am Leben erhält und den Astralkörper der Atem. Die Mentalmatrize bindet an den grobstofflichen und an den Astralkörper die Wahrnehmung der Sinne. Der angehende Quabbalist muß all dies genau wissen und muß sich in dieser Richtung über die Vorgänge im eigenen Körper ein genaues Bild machen können, wenn er sich ernstlich mit Quabbalah befassen will. Außer dieser Grundlehre muß der Quabbalist noch tiefere Beziehungen zu seinem Selbst finden und diese tieferen Beziehungen bilden die eigentliche Grundlage zum Studium der Quabbalah.

Das Wirken und Walten zwischen Körper, Seele und Geist vollzieht sich bei jedem Menschen automatisch ohne Rücksicht darauf, ob er in die Geheimnisse der hermetischen Wissenschaft eingeweiht ist oder nicht. Für den Quabbalisten ist es das Einmaleins; er weiß um die ganzen Vorgänge und kann sich demzufolge sein Leben nach diesen Universalgesetzen einrichten. Diese Kenntnisse unterscheiden den Eingeweihten vom Uneingeweihten, nämlich, daß der Eingeweihte, welcher über die Gesetze genau unterrichtet ist, dieselben praktisch verwerten kann und in der Lage ist, jede Disharmonie — in Körper, Seele und Geist — auszugleichen. Durch bewußte Einstellung zu den Universalgesetzen ist es dem Eingeweihten außerdem möglich, eine den Universalgesetzen entsprechende vernünftige Lebensweise zu führen und den wahren Weg der Vollkommenheit zu gehen. Schon von dieser Perspektive aus ist die Einweihung etwas ganz besonderes und bietet eine besondere Weltanschauung. Der Eingeweihte betrachtet die Welt mit ganz anderen Augen als die übrigen Menschen. Die verschiedenen Schicksalsschläge, denen ein Eingeweihter eventuell ausgesetzt ist, können ihn nicht so hart treffen, so daß er nicht so schwer leidet. Aus dem Obenangeführten ist dies leicht zu verstehen.

Vom quabbalistischen Standpunkt aus ist der Mensch eine vollkommene Verkörperung des Universums, da er ja nach dem Ebenbilde Gottes erschaffen wurde. Der Mensch ist das höchste Wesen auf unserer Erde und all das, was sich im Universum im Großen abspielt, spielt sich auch im Menschen, allerdings im kleinen Maße, ab. Vom hermetischen Standpunkt aus ist der Mensch die kleine Welt, also der Mikrokosmos im Gegensatz zum Universum, dem Makrokosmos.

Ein wahrer Quabbalist, der tatsächlich im Rahmen der Universalgesetze praktisch arbeiten, d. h. am großen Werke tätig sein will, muß unbedingt eine magische Entwicklung hinter sich haben und muß die wahre Anschauung den Universalgesetzen gemäß vertreten. Wen bloße Theorie zufriedenstellt, erreicht zwar quabbalistisches Wissen, bereichert außerdem die intellektuelle Seite seines Geistes, aber die drei weiteren Grundprinzipien des Geistes hinken nach. Ein Theoretiker wird niemals in der Lage sein, den Kern des Wissens richtig zu erfassen, geschweige denn etwas zu bewirken. Er kann zwar, falls er gute intellektuelle Anlagen besitzt, ein quabbalistischer Philosoph werden, aber kein wahrer magisch geschulter Quabbalist, bei dem das ausgesprochene Wort zur Wirklichkeit wird. Aus einem Theoretiker wird ein Wissenschaftler, aber niemals ein Weiser. Der Unterschied zwischen einem Wissenden und einem Weisen ist sehr groß. Der Magier bewirkt infolge seiner magischen Entwicklung sein Vorhaben durch seinen Willen, aber in der Gottesverbundenheit kann er sich nicht so wie der Quabbalist des wahren magischen Wortes bedienen. Ein Magier, der sich nicht mit der praktischen Quabbalah befaßt, kann sich wohl der Kräfte, die er in sich geschult hat, bedienen und hat ferner auch die Möglichkeit sich je nach Wunsch und Zweck für seine Arbeiten verschiedene Wesen dienstbar zu machen. Ein Quabbalist hingegen erreicht alles durch das quabbalistische Wort, ohne Zuhilfenahme irgendwelcher Wesen, Genien u. dgl.

Vom hermetischen Standpunkt aus ist also ein wahrer Quabbalist der höchste Eingeweihte, denn er vertritt die Gottheit im Kleinen, also im Mikrokosmos und kann auf Grund der Analogiegesetze auch im Makrokosmos wirksam sein. Hierin liegt der Unterschied zwischen einem Magier und einem Quabbalisten und jeder nach Vollkommenheit Strebende wird sich deshalb auch praktisch mit der Quabbalah befassen. Ein am großen Werk beteiligter Quabbalist wird dann von der Göttlichen Vorsehung gewöhnlich für bestimmte Missionen ausersehen. Der wahre Quabbalist ist somit ein Vertreter der Schöpfung, den Universalgesetzen gegenüber bleibt er jedoch der untergebenste Diener. Je mehr er in die Universalgesetze eindringt, also eingeweiht wird, umso demütiger ist er der Göttlichen Vorsehung gegenüber. Ihm ist wahrlich die größte Macht gegeben, die er jedoch niemals für sich selbst, sondern lediglich zum Wohle der Menschheit gebraucht. Der wahre Quabbalist ist der höchste Eingeweihte, für den es vom universalen Standpunkt aus nichts Unmögliches gibt und ein von ihm ausgesprochenes Wort muß sich ausnahmslos verwirklichen.

Anschließend weise ich nochmals auf den Unterschied zwischen einem Vollkommenen, also einem wahren Eingeweihten und einem Heiligen hin. Der wahre Magier benötigt keinerlei Aufklärung und ersieht alles aus dem hier Gesagten. Für diejenigen Leser jedoch, welche meine Werke nur theoretisch durchnehmen, sei gesagt, daß ein V o l l k o m m e n e r alle Universalgesetze anerkennt, sie sowohl in der großen Welt als auch in der grobstofflichen, astralen und mentalen Ebene berücksichtigt und nach ihnen lebt, wohingegen der Heilige nur einem Religionssystem zugewandt ist, dasselbe nach dessen Dogmen und Vorschriften praktisch verwirklicht, aber nicht überall, d. h. nicht in jeder Sphäre gleichen Schritt hält. Der nur nach Heiligkeit Strebende vernachlässigt den Körper und die materielle Welt, betrachtet beides als Maya — Täuschung — und realisiert durch ein entsprechendes Training in sich nur einen oder nur wenige Aspekte der Universalgesetze. Diese Menschen erreichen in jenen Aspekten, welche sie sich zum Ziel gesetzt haben, einen Höhepunkt, ganz gleich, ob es sich nun um den göttlichen Aspekt der Liebe, Barmherzigkeit, Milde u. dgl. handelt, den sie in sich verwirklichen. Diese Menschen sehen die universalen Gesetze dann nur vom Standpunkt ihrer geistigen Ausbildung, können aber das vollkommene Bild der universalen Gesetzmäßigkeit nicht erfassen und noch weniger wiedergeben. Vom hermetischen Standpunkt aus ist eben ein solcher Weg nicht der vollkommene und wird als „Weg der Heiligkeit" bezeichnet. Ein wahrer Eingeweihter, also ein Quabbalist trachtet hingegen alle göttlichen Aspekte im gleichen Maße anzuerkennen und sie in sich sukzessive zu verwirklichen. Dieser Weg ist natürlich länger und schwieriger und gewöhnlich reicht eine einzige Verkörperung nicht dazu aus, ihn zu vollenden. Dem wahren Eingeweihten liegt aber nicht daran, ob er an sein Ziel in einem oder in mehreren Leben gelangt, für ihn spielt Zeit keine Rolle. Für ihn ist die Hauptsache das volle Bewußtsein, daß er den richtigen Weg schreitet.

Auf dem Wege zur Vollkommenheit darf es ja kein Hasten geben. Alles braucht seine Zeit, braucht vor allem die zur Vollkommenheit nötige Reife. Vom hermetischen Standpunkt aus gibt es tatsächlich nur zwei Wege und zwar den Weg der „Heiligkeit" und den der „Vollkommenheit". Der Weg zur Heiligkeit hat so viele Systeme, als es Religionen auf dieser Erde gibt. Wer den Weg der Heiligkeit geht, hat sich entschlossen, nur einen oder einzelne göttliche Aspekte in sich zu verwirklichen und wird dann von der Welt gewöhnlich als Symbol der betreffenden göttlichen Idee hingestellt. Mit nur wenigen Ausnahmen ist ihm dann seine Heiligkeit der Welt oder weniger reifen Menschen gegenüber sogar ein Hindernis auf seinem Wege, denn durch die Verehrung seiner Schüler, Anbeter, Anhänger usw. wird er vielfach in seiner Mission, in seiner Aufgabe, und in seinem Aufstieg gehemmt.

Über die Menschen, die sich bewußt einen Glorienschein aufsetzen, um etwas zu gelten, um verehrt, angebetet usw. zu werden, will ich hier erst gar nichts erwähnen. Leider gibt es solcher Menschen sehr viele auf der Welt. Ein wahrer Heiliger zieht sich in die Einsamkeit zurück, ein Scheinheiliger dagegen trägt seinen Glorienschein auffallend zur Schau. Derjenige aber, der den Weg der Vollkommenheit schreitet, geht niemals in die Einsamkeit, sondern verharrt auf jenem Platz, auf den ihn die Göttliche Vorsehung bestimmte und arbeitet an seiner Entwicklung weiter, ohne die Umwelt auf sich aufmerksam zu machen. Nicht im geringsten wird er dazu beitragen, seinen Reifezustand nach außen hin zu zeigen, im Gegenteil, er wird ihn womöglich noch verschleiern, um von Neugierigen und unreifen Menschen Ruhe zu haben. Demnach ist auch in der Handlungsweise und im Gebaren zwischen einem Heiligen und einem Vollkommenen ein großer Unterschied. Der Heilige verliert, sobald er sein Ziel erreicht hat, seine eigene Individualität, was bei einem V o l l k o m m e n e n nicht der Fall ist. Hier geht es natürlich nicht um die Individualität als Person, sondern um diejenige als Gottmensch.

Die Analogiegesetze

In allen wahren Religionssystemen, somit auch in der hermetischen Wissenschaft, haben die Analogiegesetze große Bedeutung und spielen daher eine der wichtigsten Rollen. Im Universum wurde alles nach einer genauen Gesetzmäßigkeit erschaffen und es greift demnach — gleich einem präzisen Uhrwerk — mit erstaunenswerter Genauigkeit eines ins andere. Das Studium über die praktische Anwendung dieser Gesetzmäßigkeit wird in bezug auf die hermetische Wissenschaft „Q u a b b a l a h" genannt. Alle hermetischen Systeme und Methoden, alle Religionsphilosophien und Religionssysteme, welche die universalen Gesetze entweder gar nicht oder nur teilweise berücksichtigen, sind einseitig und daher unvollkommen. Religionssysteme, welche nur einen Aspekt des Gesetzes anerkennen und alle anderen Aspekte vernachlässigen, diese mitunter sogar bekämpfen, können nur eine begrenzte Dauer haben, selbst wenn die Zeit des Verfalls erst nach Hunderten und Tausenden von Jahren kommen sollte. Nur jenes Religionssystem, welches die absoluten Universalgesetze in seiner Lehre berücksichtigt, hat dauernden Bestand und bleibt ewig bestehen.

In der absoluten Gesetzmäßigkeit der Universalgesetze spiegeln sich alle göttlichen Ur-Ideen, wie z. B. absolute Harmonie, Ordnung, Periodizität usw. Dem aufmerksamen Leser wird es nicht entgehen, daß ich schon in meinem ersten Buch „Der Weg zum wahren Adepten" für die Entwicklung von Körper, Seele und Geist ein auf den Universalgesetzen aufgebautes System veranschaulichte, welches die erste Einweihung auf dem Wege der Vollkommenheit darstellt. Wie sich aus den absoluten Gesetzen schließen läßt, ist wahre Einweihung weder Sekteneigentum und noch weniger abhängig von irgend einer religiösen Weltanschauung. Es benötigt keine besondere Erwähnung, daß das Erfassen der Grundwahrheit, also der Universalgesetze ein magisches Gleichgewicht in allen drei Ebenen erfordert. Wer die Universalgesetze auf allen drei Ebenen streng berücksichtigt, genau erfaßt und vollkommen beherrscht, ist nicht nur Herr in der eigenen kleinen Welt, sondern auch Herr im Universum. Den Weg hierzu weist die praktische Einweihung und namentlich die Kenntnis der Quabbalah.

Im praktischen Teil dieses Werkes veröffentliche ich ein System, welches die Praxis der Quabbalah genau nach den Universalgesetzen behandelt. Dieses praktische System der Quabbalah besteht Jahrtausende und wurde schon in den Urzeiten von Mund zu Ohr und später in den Prophetenschulen und Einweihungstempeln der verschiedensten Völker und Rassen gelehrt. Auf Grund der Kenntnis der Analogiegesetze ist es dem Eingeweihten möglich, auf allen Ebenen alles zu erreichen, was im Rahmen der Gesetzmäßigkeit und der Harmonie ist. Der Eingeweihte kann das Gesetz der Analogie auf jede Wissenschaft beziehen und wird immer das Richtige treffen. Ist z. B. ein Arzt Hermetiker, so ist er ohne weiteres auch in der Lage, seine Kenntnisse mit den Universalgesetzen in Einklang zu bringen und analog diesen nicht nur jede Disharmonie, also Krankheit, und ihre Ursache zu erkennen, sondern auch mit Hilfe des Analogieschlüssels das maßgebende Mittel zur Beseitigung des Krankheitsherdes zu bestimmen. Im Hinblick auf die großen Möglichkeiten, die sich dem Wissenden hiermit erschließen, lohnt es sich allenfalls, nicht nur für sich selbst Gutes zu tun, sondern vor allem im Interesse der leidenden Menschheit aktiv zu wirken. Derselbe Analogieschlüssel läßt sich in jedem anderen Fache verwenden und leistet gleich gute Dienste sowohl für den Einzelnen, als auch für die Menschheit.

Der Ausdruck Chaos, von dem die Menschen so gerne Gebrauch machen, ist nur ein Begriff der Unwissenheit. In Wirklichkeit hat Gott, der höchste unvorstellbare Schöpfer alles genau und gesetzmäßig gebildet und eben in seiner Gesetzmäßigkeit und in allen ihren Aspekten ist Gott am ehesten zu erkennen. Als universales Prinzip, als höchste Wesenheit ist Gott unfaßbar und unvorstellbar. Erst aus seiner Spaltung, d. h. aus der Erschaffung des Universums, also aus seinem Wirken, kann man analoge Schlußfolgerungen ziehen, um die Größe und Erhabenheit Gottes wenigstens einigermaßen zu verstehen.

Im Buche der Schöpfung — Sefer Jezirah — haben hebräische Rabbiner versucht, die Quabbalah, also die Gesetzmäßigkeit der Schöpfung niederzulegen. Wenn auch z. B. die Sefer Jezirah hebräischen Ursprunges ist, soll damit nicht gesagt sein, daß nicht auch andere Völker die Universalgesetze der Schöpfung festgelegt haben. So z. B. finden wir ebenso wie im Buche Sefer Jezirah in der Bhagavad Gita die Schöpfungsgeschichte den universalen Gesetzen gemäß aufgezeichnet. Auch andere Schriften, traditionelle Überlieferungen, Bauten, Denkmäler u. dgl. geben schriftlich und bildlich von den Universalgesetzen der Schöpfung Zeugnis.

Z. B. im alten Ägypten wußte schon Hermes Trismegistos um die Schöpfungsgeschichte und um die Universalgesetze, welche er in der Hermestafel durch das Motto verewigte, welches lautet: „Das, was oben ist, ist auch das, was unten ist". Hermes gibt hier genau Kunde davon, daß die kleine Welt — der Mensch — genau nach der großen Welt — dem Universum — erschaffen wurde. Für die Analogie der Universalgesetze könnten unzählige Beispiele angeführt werden, aber diese kleinen Hinweise dürften genügen.

Die meisten Entsprechungen enthält der praktische Teil dieses Werkes, in welchem ich den Quabbalisten genau darüber belehre, wie er gemäß den Universalgesetzen die mikro- und makrokosmische wahre Sprache vollkommen beherrschen und praktisch anwenden lernt. Im menschlichen Körper sind die Analogien klar ersichtlich und lassen sich durch Zahlen genau ermitteln.

Der Umstand, daß der Mensch gerade zehn Finger und zehn Zehen hat und nicht etwa nur sechs oder drei ist gleichfalls eine Analogie, auf welche ich im weiteren noch näher eingehe. Dasselbe gilt von allen anderen Analogien, die der Leser z. B. im Buche Sefer Jezirah findet, und keine praktische Analogie, welche für die Quabbalah notwendig ist, wird bei der Verwertung außer acht gelassen. Auch über die einzelnen Buchstaben vom Standpunkt der Esoterik in bezug auf die mentale, astrale und grobstoffliche Welt, welche nicht nur Laute, sondern auch Zahlen und Ideen ausdrücken, spreche ich eingehend im praktischen Teil dieses Werkes.

Der Quabbalah-Praktiker lernt eine andere Mathematik kennen und wird in der Lage sein, Ideen durch Zahlen auszudrücken und umgekehrt, Zahlen in Ideen umzuwandeln, ferner Buchstaben in Zahlen umzusetzen und Zahlen in Buchstaben zu kleiden. Es wird ihm dadurch ermöglicht, sich selbst und somit auch Gott kennen zu lernen. Der Quabbalist wird die Vollkommenheit der Gesetze verstehen, er wird erkennen, daß Gut und Böse wörtlich genommen nur Religionsbegriffe sind, aber in Wirklichkeit sind beide Prinzipien, also das negative und das positive Prinzip notwendig, da das eine ohne das andere nicht bestehen kann. Dem

Guten wird der Quabbalist stets zustreben und das negative Prinzip niemals verachten, sondern lernen, es zu beherrschen, denn vom Schöpfer ist nichts Unnützes erschaffen worden.

Die Esoterik der Buchstaben

Das Geheimnis um das Wort, verständlicher gesagt, um die Kenntnis des Wortes und um den wahren Gebrauch desselben ist die höchste Einweihung, die es überhaupt gibt. Zu allen Zeiten war derjenige, den man als den „Herrn des Wortes" bezeichnete, stets der höchste Eingeweihte, der höchste Priester, der wahre Vertreter Gottes. Jedes Religionssystem, jede Einweihung beinhaltet als höchste Wissenschaft das Wort. Selbst bei Jesus finden wir, daß sein Lieblingsschüler Johannes sich mit dem Worte, demnach mit der Quabbalah befaßte, was schließlich auch in seinem Evangelium festgelegt ist, wo es buchstäblich heißt: „Im Anfang war das Wort und das Wort war bei Gott". Kein anderer Apostel war so tief in das Geheimnis des Wortes eingeweiht, wie gerade Johannes. Als „Herr des Wortes" konnte er durch dasselbe die größten Wunder vollbringen und wie die Bibel selbst sagt, war dieser Apostel der einzige, der eines natürlichen Todes starb. Dies konnte er nur als Quabbalist, als vollkommener Herr des Wortes bewirken. Alle anderen Apostel erlitten den Märtyrertod. Wie die Überlieferungen lehren, waren viele andere Eingeweihte schon Jahrtausende vor Johannes ebenfalls vollkommene Herren des Wortes.

Jedes Wort besteht aus Buchstaben und jeder Buchstabe drückt in esoterischer Hinsicht eine Idee und somit eine Kraft, Eigenschaft usw. aus, die nicht nur mit dem Buchstaben allein, sondern mit der dem Universalgesetz entsprechenden Zahl ausgedrückt werden kann. Demnach wird durch Zahlen die Gesetzmäßigkeit verständlich gemacht und durch Buchstaben werden die Ideen kundgetan. Die Bedeutung eines jeden Buchstabens ist den uns bekannten drei Welten analog. Dadurch, daß der Quabbalist den Sinn einer Idee in Buchstaben auszudrücken versteht und die für jede Idee in Betracht kommende Zahl genau weiß, haben dann die Buchstaben eine ganz andere Bedeutung, als nur in der intellektuellen Sprache. Der Buchstabe wird demnach den Universalgesetzen gemäß quabbalistisch gewertet. Die Kenntnis der Universalgesetze gibt dem Quabbalisten die Möglichkeit, mehrere Ideengänge mit den ihnen analogen Buchstaben und somit Zahlen auszudrücken. Ein auf die absoluten Gesetze Bezug habendes und analog den entsprechenden Buchstaben und Zahlen aus diesen zusammengesetztes Wort ist ein quabbalistisches, d. h. in der universalen oder kosmischen Sprache ausgesprochenes Wort. Um selbst ein quabbalistisches Wort bilden zu können, muß man die ganze Analogie der Buchstaben und Zahlen genau kennen.

Im praktischen Teil dieses Werkes lernt der Quabbalist ein nach den Universalgesetzen zusammengesetztes Wort in bezug auf die mentale, astrale und grobmaterielle Welt und in bezug auf die Elemente richtig zu gebrauchen. Er lernt Worte, später sogar Sätze nicht nur intellektuell, d. h. mit dem Verstande, sondern mit seiner ganzen Wesenheit auszusprechen. Erst ein auf diese Weise ausgesprochenes Wort wirkt schöpferisch. Die eigentliche Grundlage der praktischen quabbalistischen Mystik bildet die richtige Aussprache der Buchstaben im Geiste, in der Seele und später auch im Körper. Gleich einem Kinde, das zuerst nur lallen kann und erst später einzelne Buchstaben und Wörter auszusprechen lernt, muß auch der Quabbalist sprechen lernen, um schöpferisch wirken zu können. In der mentalen, astralen und grobstofflichen Welt, ja selbst in den verschiedenen Ebenen und Hierarchien haben die Buchstaben ihre analoge Bedeutung, welche der Quabbalist kennen und beherrschen muß.

Aus diesen Anführungen ist zu ersehen, daß ein Theoretiker, der nur verstandesmäßig zu denken imstande ist und Buchstaben, Worte und Sätze nur mit dem Intellekt begreift und erfaßt, niemals in der Lage sein wird, wie ein wahrer Quabbalist zu wirken. Seiner Reife nach wird er die Quabbalah stets nur vom intellektuellen Standpunkt aus, also philosophisch auffassen. Der praktische Quabbalist hingegen wird mit seinem Geist, mit seiner Seele und zu guter Letzt mit seinem ganzen Körper den Sinn eines jeden Buchstabens, die Idee und Gesetzmäßigkeit — Zahl — auffassen und praktisch anzuwenden verstehen.

Mit der Esoterik der Buchstaben beginnt das Studium der Quabbalah. Gott hat aus sich selbst durch Schaffung von Ideen, die er in universale Gesetze einteilte, Buchstaben und mit Buchstaben Zahlen gebildet, die in einem genauen analogen Zusammenhang stehen und das ganze Universum vom Höchsten bis zum Niedrigsten darstellen. Die Behauptung des Hermes Trismegistos, daß das, was oben ist, auch das ist, was unten ist, erscheint vom quabbalistischen Standpunkt aus als durchaus begründet. Buchstaben, durch welche Gott aus sich heraus ihm zusagende Ideen schuf, sind im Buche der Schöpfung — Sefer Jezirah — genau beschrieben.

Bei der Schöpfung entstanden vor allem zehn Grundideen, welche in der Quabbalah durch die sogenannten zehn Sefiroths wiedergegeben sind. Die Zahl zehn z. B. ist eine Spiegelung der Zahl eins, d. h. eine Widerspiegelung Gottes in seiner höchsten Form und niedrigsten Emanation. Auf Grund der Kenntnis der Analogiegesetze wird der Quabbalist meine Bemerkung begreiflich finden, daß in bezug auf die zehn Grundideen der Mensch zehn Finger und zehn Zehen hat. Sicherlich wird er schon jetzt eine bestimmte Bewandtnis oder einen analogen Zusammenhang mit den göttlichen Grundideen und der Sefer Jezirah vermuten. Der Umstand, daß sich auf unserer Erde jede mathematische Zahl durch Zusammenzählung (Querziffer) auf die Zahlen eins bis neun reduzieren läßt, hat gleichfalls einen quabbalistisch-analogen Zusammenhang. In der hebräischen Quabbalah waren z. B. Zahlenkombinationen als Gematra bekannt. Für unsere Zwecke werde ich nur das Allernotwendigste, was zum praktischen Gebrauch der quabbalistischen Mystik, also zum Gebrauch des magischen Wortes notwendig ist, anführen. Wer sich bloß für besondere Zahlenkombinationen in bezug auf die einzelnen Verse der hebräischen Literatur interessiert, dem bleibt es überlassen, in der einschlägigen über Zahlenkombinationen handelnden Literatur nachzuschlagen.

Die kosmische Sprache

Einzelne Schriftsteller erwähnen in ihren Werken die kosmische Sprache, welche sie mitunter sogar als die uranische Sprache bezeichnen. Es kann sein, daß ihnen einige Buchstaben der kosmischen Sprache bekannt und verständlich sind, aber eingehender hat darüber bisher noch niemand geschrieben. Der Hermetiker weiß bereits aus dem Gesagten, daß unter der kosmischen Sprache die Sprache Gottes oder der Göttlichen Vorsehung zu verstehen ist, mit welcher Gott als Universalgeist alles, was im Universum besteht, erschaffen hat, vom Kleinsten angefangen bis zum Größten und Höchsten und zwar nach unwandelbaren Gesetzen, in welchen sich Gott selbst zum Ausdruck bringt. Wir können daher Gott nur durch seine Gesetzmäßigkeit im Universum verstehen, die Synthese seiner Gesetze in Worte kleiden und ihn als höchstes Urprinzip, das je einem Menschen begreiflich sein kann, zum Ausdruck bringen.

Die Quabbalah zu verstehen und praktisch zu gebrauchen heißt die kosmische Sprache an Hand der universalen Gesetzmäßigkeit zu lernen. Die kosmische Sprache ist demnach eine Sprache des Gesetzes, eine Sprache der Macht und Kraft und gleichzeitig auch der Dynamik, somit der Verdichtung, Materialisierung und Verwirklichung. Kosmisch zu sprechen heißt vom quabbalistischen Standpunkt aus im Rahmen der universalen Gesetze zu bilden und zu schaffen. Nur Eingeweihte, welche die universalen Gesetze in ihrer Absolutheit verstehen und beherrschen, können sich der kosmischen Sprache bei Menschen und Wesen anderer Sphären bedienen. Kosmisch zu sprechen, wahrlich zu schaffen, also Gott als sein wahres Ebenbild zu vertreten ist nur demjenigen möglich, der sich vierpolig zu konzentrieren versteht. Warum gerade vierpolig, erkläre ich eingehend im nächsten Kapitel.

Die kosmische Sprache ist also nicht die Sprache, mittels welcher sich Wesen untereinander verständigen. Die Verständigung der Wesen, ohne Unterschied der Hierarchie, geschieht gedanklich durch die sogenannte Bildersprache. Durch symbolische Bilder werden die Gedanken akustisch, telepathisch und gefühlsmäßig von Wesen auf Wesen übertragen. Die Sprache der Wesen ist somit nur ein Teilaspekt der kosmischen Sprache und ist — da unvollkommen — magisch nicht so wirksam, weil sich die Wesen bei der Verständigung nicht der Vierpoligkeit bedienen. Die kosmische Sprache ist die vollkommenste, da sie den Gesetzen analog ist, d. h. in ihrer Ursache und Wirkung die Universalgesetze ausdrückt. Die kosmische Sprache ist daher das große „E s w e r - d e".

Das magisch-quabbalistische Wort
— T e t r a g r a m m a t o n —

In zahlreichen Schriften der Freimaurer und der geheimen Gesellschaften wird über den verlorenen Schlüssel, über das verlorengegangene Wort Gottes sehr viel gesprochen. Rituale, welche diese Gesellschaften gebrauchten, werden zum Großteil nur noch traditionell nachgeahmt, ohne daß man ihren tieferen Sinn in bezug auf die kosmischen Gesetze verstehen würde. Infolgedessen sind die Rituale, welche einstmals von echten Eingeweihten eingeführt und gebraucht wurden, natürlich gänzlich wirkungslos, da der Schlüssel zu ihrem richtigen Gebrauch fehlt. Der Schlüssel zu sämtlichen Ritualen der einzelnen Gesellschaften mußte verlorengehen, da den Ritualen das Mysterium des vierpoligen Magneten fehlte. Der vierpolige Magnet ist ja gerade das verlorengegangene magische Wort JOD-HE-VAU-HE, welches meistens mit dem Wort T e t r a g r a m m a t o n umschrieben wird. Der Gebrauch des Schlüssels sollte den ältesten Mysterien der Freimaurer und anderer einstmals von wahren Eingeweihten gegründeter esoterischer Gesellschaften die wahre magische Kraft und Macht verleihen. Die wahren Eingeweihten sahen aber, daß die Mysterien vielfach entweiht wurden, daß man sogar Mißbrauch mit ihnen trieb und zogen sich deshalb zurück und vertrauten das verlorengegangene Wort nur den tatsächlich Reifen an. Demnach ist mit der Zeit der wahre Gebrauch des verlorengegangenen Wortes JOD-HE-VAU-HE abhanden gekommen.

Gott hat das ganze Universum, und damit seine Wesenheit in bezug auf die Schöpfung, mit seiner Gesetzmäßigkeit, d. h. mit dem vierpoligen Magneten, also mit vier Buchstaben zum Ausdruck gebracht. Die hebräische Quabbalah wählte für diese vier Buchstaben die Benennung Jod-He-Vau-He, welche niemals laut ausgesprochen werden durfte und vielfach mit dem Namen Tetragrammaton oder Adonai umschrieben wurde. Deshalb ist auch der Geist eines jeden Menschen, der das vollkommene Bild Gottes in der Schöpfung darstellt, vierpolig und hat — wie schon wiederholt gesagt — vier dem Namen Gottes entsprechende Grundprinzipien. Das erste aktive dem Feuerelement unterstellte Prinzip ist der Wille (Jod), das zweite dem Luftelement unterstellte Prinzip ist der Intellekt (He), das dritte dem Wasserelement unterstellte Prinzip ist das Gefühl (Vau) und alle drei Grundprinzipien des Geistes, also alle drei Elemente zusammen, bilden das vierte aktive Prinzip, welches sich im Bewußtsein äußert und dem Erdelement analog ist. In der quabbalistischen Terminierung wird das vierte Prinzip durch das zweite He ausgedrückt.

Der Quabbalist gewinnt nun über die gesetzmäßige Ineinanderfolge völlige Klarheit und sieht, daß alle Entwicklungssysteme auf dem Gebiet der hermetischen Wissenschaft, welche nicht die Ausbildung der vier Grundprinzipien des Geistes im Auge haben, nicht universal und daher unvollkommen sind, ohne Rücksicht auf die Zusammenstellung der einzelnen Methoden. Dem Quabbalisten wird klar, warum ich gleich im ersten Buch der Einweihung „Der Weg zum wahren Adepten" das quabbalistische Jod-He-Vau-He in der Entwicklung von Körper, Seele und Geist berücksichtigte und gelangt gleichzeitig zu der Überzeugung, daß das von mir empfohlene Entwicklungssystem, welches die absolute Gesetzmäßigkeit beinhaltet, vollkommen richtig ist.

Die symbolische oder talismanische Auslegung des Wortes Jod-He-Vau-He ist nur eine graphische Darstellung der Emanation Gottes in seiner höchsten Form und stellt den Gebrauch der Universalgesetze dar. Den Gebrauch des aus vier Buchstaben zusammengesetzten Namen Gottes beschreibe ich im praktischen Teil dieses Werkes. Der vierpolige Magnet, also das Jod-He-Vau-He, ist der Grundschlüssel, ist das höchste Wort der Schöpfung, welches die Zahl der Verwirklichung — vier — darstellt. Von der Zahl vier geht jede Gesetzmäßigkeit in jeder Wissenschaft aus und jede Wissenschaft ist demnach der Zahl vier analog.

Das quabbalistische Jod-He-Vau-He, also der vierpolige Magnet im Universum wird zumeist durch ein gleichseitiges Viereck, durch das wahre Quadrat symbolisiert. Vom hermetischen Standpunkt aus ist demnach das Quadrat eine symbolische Aufzeichnung der Verwirklichung oder der Schöpfung Gottes. Es weist in bezug auf die Zahl vier auf viele Analogien hin, ob nun auf das Plus und Minus, auf die vier erschaffenen Elemente, auf die quabbalistische Zahl vier, welche dem Planeten Jupiter zugesprochen wird und die Weisheit versinnbildlicht oder auf die vier Himmelsrichtungen. Wie auch der Quabbalist die Analogien ziehen mag, immer gelangt er zu der überraschenden Überzeugung, daß die Zahl vier auf alles in der Welt bezogen werden kann, was die Verwirklichung anbetrifft.

Von der Angabe weiterer analoger Beziehungen mit der Zahl vier sehe ich ab und betone nochmals, daß der sich an meine Ausführungen und Lehren haltende Quabbalist das Schlüsselwort der Vier überall dort anwenden kann, wo es sich um eine Verwirklichung oder um die Ausdrucksweise einer Gesetzmäßigkeit handelt. Daß die Zahl vier in der Quabbalah auch die grobstoffliche Ebene angibt, ist außer Zweifel. Nicht nur die Hermetik des Westens hat die Zahl vier als Grundlage, sondern diese äußert sich auch in der östlichen Weisheit. Im Kundalini-Yoga z. B. wird als das gröbste Erweckungszentrum des Menschen das Muladhara-Chakra durch ein Viereck symbolisiert, in dessen einer Ecke ein Elefant das größte und stärkste Landtier der Welt darstellt. Dadurch wird verhüllt darauf hingewiesen, daß die Zahl vier die Idee ist, von welcher der Yogi in seiner geistigen Entwicklung ausgehen muß. In meinem Buch „Der Weg zum wahren Adepten" habe ich ja dem Muladhara-Zentrum ein besonderes Kapitel gewidmet. Diese nochmalige Bemerkung soll den Quabbalisten bloß daran erinnern, daß die Ur-Weisheit der ganzen Erde, ob man sie nun im Orient oder im Okzident sucht, falls sie richtig begriffen wurde, stets mit dem Jod-He-Vau-He im Einklang steht.

Die Göttliche Vorsehung hat also im höchsten Wort der Schöpfung den vierpoligen Magneten — das Viererprinzip — angewendet und auf diese Weise die Gesetzmäßigkeit in bezug auf sich selbst zum Ausdruck gebracht. Jod-He-Vau-He zahlenmäßig und vierpolig genommen ist das höchste aussprechbare Wort, aus dem Gott auch noch andere Grundideen schuf, wodurch mehrzahlige magisch-quabbalistische Worte entstanden sind, die wiederum weitere Grundideen haben und weitere Zahlen beinhalten, aber mit der Zahl vier ständig im Zusammenhang stehen. Natürlich gibt es auch quabbalistische Worte, welche die Zahlen 5, 6, 7, 8 und 9 als Grundideen der Göttlichen Emanation darstellen. Außer dem aus den vier Buchstaben zusammengesetzten Gottesnamen Jod-He-Vau-He gibt es noch quabbalistische Schlüsselworte, zusammengesetzt aus fünf, sechs, sieben und acht Buchstaben, welche je eine Grundidee darstellen. In der hebräischen Quabbalah gibt es außer dem vierbuchstabigen Namen Gottes Jod-He-Vau-He, dem sogenannten Tetragrammaton, auch noch einen 5-, 6- und 7-buchstabigen Namen Gottes, ja sogar einen aus 12 Buchstaben zusammengesetzten, welcher jedoch durch das Zusammenzählen wieder auf eine einzige Grundidee gebracht werden kann. Das sogenannte Schem-Ham-Phoras der hebräischen Quabbalah, welches den aus 72 Buchstaben bestehenden Namen Gottes zum Ausdruck bringt und nach verschiedenen Richtungen hin gebraucht werden kann, wird durch das Zusammenzählen der Zahl 72 auf die Zahl 9 reduziert, denn 7 + 2 = 9. Auch die Grundzahl 9 hat einen analogen Zusammenhang mit dem Jod-He-Vau-He, also mit der Zahl vier. Die quabbalistische Entsprechung wird dem Quabbalisten sofort klar.

Daß das Schem-Ham-Phoras nicht ausschließlich hebräischen Ursprunges ist und schon in den ägyptischen und indischen Überlieferungen erwähnt wird, bestätigt das Buch Toth, welches das Buch der altägyptischen Weisheit ist, die im Tarot verhüllt enthalten ist. Auch Hermes Trismegistos, einer der ältesten Weisen und eingeweihtesten Menschen des alten Ägyptens, wies in seiner Hermestafel und im Buch der Gesetze eindeutig darauf hin. Desgleichen hat die christliche Hierarchie bei ihrer Gründung die quabbalistischen Gesetze respektiert und die christliche Religion mit allen ihren Vertretern in analogen Zusammenhang mit den Universalgesetzen gebracht. So z. B. wird die Zahl vier, das Jod-He-Vau-He, durch die vier Evangelisten symbolisiert, ferner die 12 Apostel durch die Tierkreiszeichen, in welchem gleichzeitig die Zahl drei zum Ausdruck gebracht wird, denn 3 x 4 = 12. Weiter beziehen sich auf das Schem-Ham-Phoras die 72 Jünger Christi und stehen mit der höchsten Zahl der göttlichen Ur-Emanation 9 (7 + 2 = 9) in einem geheimen Zusammenhang. Es wäre zu umfangreich, wenn ich hier alle Religionen, die auf unserer Welt existierten und bis heute noch bestehen, anführen und mit den zehn Grundideen in analogen Zusammenhang bringen wollte. Dem Quabbalisten bleibt es frei, selbst nachzuforschen, falls es ihn näher interessieren sollte. Ich habe ihm hier nur einen Hinweis von Bedeutung gegeben, den er nicht außer acht lassen sollte.

Die Mantras

Viele Leser beschäftigt sicherlich die Frage, ob unter Mantra-Mystik etwa orientalische Quabbalistik zu verstehen ist. Selbst solche Leser, die sich schon mit Yoga befaßten und einzelne Yoga-Systeme studierten, können sich über Mantras und Tantras, ferner über orientalische Quabbalistik oft kein klares Bild machen. Eine vollkommene Abhandlung über Mantras herauszugeben wäre zu umfangreich, so daß ich mich darauf beschränken muß, den interessierten Leser über die Mantras nur vom Standpunkt der hermetischen Wissenschaft aus entsprechend aufzuklären.

Alle Arten von Mantras haben mit der kosmischen Sprache, welche der Quabbalist in diesem Werke kennenlernt, nichts zu tun. Mantras sind Sätze, die eine Idee oder auch mehrere Ideen in einem einzigen Satz, in der sogenannten Mantra-Formel beinhalten und die Kraft oder Eigenschaft einer zu verehrenden Gottheit hervorheben. Wir können daher alle Mantras als Gebetsätze betrachten und sie in der Praxis als Meditationsstützen verwenden. Mantras sind also keine Zauberformeln und rufen auch keine solche und ähnliche Kraft hervor. Mantras sind Ideenausdrücke, die zur Verehrung, zur Verbindung mit der ihnen zugesprochenen Kraft, Wesenheit, Macht, Eigenschaft usw. dienen. Im Orient wird derjenige, der Mantras benützt, ohne Unterschied welchen Weg der Erkenntnis er schreitet, ob er sich mit Hatha-Yoga, Raja-Yoga oder mit einem anderen Yoga-System befaßt, Mantra-Yogi genannt. Mantra-Yoga ist also der Gebrauch von Verehrungsformeln für Gottheiten und ihre Aspekte. Nicht nur die indische Philosophie lehrt Mantras, sondern jede andere Religion auch. In der christlichen Religion z. B. sind Mantras unter den Litaneien zu verstehen. Mantras dienen nicht nur dazu, eine Gottheit zu verehren, sondern mit der betreffenden Gottheit eine innige Verbindung herzustellen oder eine göttliche Idee mit wenigen Worten zum Ausdruck zu bringen. Welche Wesenheit von diesem oder jenem angebetet wird, ist Sache des einzelnen und richtet sich nach seiner geistigen, seelischen und karmischen Entwicklung. Es bleibt sich ganz gleich, ob der Wissende Brahma, Vishnu, Buddha, Adi-Buddha, Christus, Allah usw. anbetet, die Namensbenennung spielt keine Rolle. Wichtig dabei ist, daß er die Grundideen seiner Gottheit in Form von universalen Eigenschaften ohne Unterschied des Aspektes anerkennt und verehrt. Die Mantras werden deshalb der religiösen Einstellung des einzelnen angepaßt. Vom hermetischen Standpunkt aus empfiehlt es sich nicht, Mantras solcher Religionen zu benützen, die dem Hermetiker fremd sind. Würde jemand Mantras für eine Gottheit anwenden, die ihm entweder fremd oder unsympathisch wäre, so ist der Gebrauch der Mantras zwecklos. Gewöhnlich ist es immer das Unerreichbare, Unfaßbare, Unnahbare, das Fremde, das einen Europäer anzieht und er stürzt sich auf Mantra-Yoga und verehrt durch Wiederholung eines Mantras eine Gottheit, zu welcher er sich eventuell überhaupt nicht hingezogen fühlt. Gewöhnlich verleiten ihn zu dieser Praktik die Behauptungen vieler Bücher, welche über Mantras schreiben, daß die betreffende Gottheit den sie Verehrenden mit Gaben überschüttet, falls er dieses oder jenes Mantra verwendet.

Ist also z. B. ein religiös eingestellter Christ irgendwie zu der Ansicht gelangt, daß ihm Mantras indischer Art nützlich sein können, er aber die religiöse Einstellung zu der das Mantra ausdrückenden göttlichen Eigenschaft nicht aufbringt, so gelangt er in einen inneren Widerspruch und ist außerstande in die Kraftsphäre der entsprechenden Gottheit einzudringen und wird entweder gar keinen oder nur einen sehr geringen Erfolg erzielen können. Ist aber ein christlicher Mystiker stark religiös veranlagt, so kann er sich ein Mantra, das die Kraft, Wesenheit, Eigenschaft usw. der von ihm verehrten Gottheit beinhaltet, selbst zusammenstellen, ohne Rücksicht darauf, ob er das Mantra in einer orientalischen Sprache oder in seiner Muttersprache wiederholt. Bei der Mantra-Mystik ist vor allem wichtig, die symbolische Gottesidee in einen Satz unterzubringen. Falls aber einem Hermetiker eine orientalische Gottheit sympathisch ist, so daß er sich einem auf unserem Kontinent bestehenden Religionssystem und seiner Gottheit nicht richtig zuwenden kann, so steht es ihm natürlich frei, eine ihm am besten zusagende orientalische Gottheit zu verehren. Dies mag auch ein Zeichen dafür sein, daß der Betreffende schon in einer der früheren Verkörperungen in der gewählten Religionssphäre gelebt hat. Da der wahre Magier hellsichtig ist, so kann er sich ja durch einen Rückblick mit seinem geistigen Auge in seine früheren Verkörperungen Gewißheit hierin verschaffen, falls es ihn interessieren sollte.

Es gibt zwei Grundarten von Mantras: 1. die dualistische und 2. die monistische Art, was sich stets nach der geistigen Entwicklung und dem angestrebten Zweck richtet. Dualistische Mantras sind solche, die einen die Gottheit Verehrenden auf die Basis stellen, daß er der Anbetende sei und daß sich die von ihm verehrte Gottheit oder Wesenheit außerhalb seiner Persönlichkeit befindet. Mantras mit monistischem Inhalt geben dem Anbeter die Möglichkeit, sich mit der zu verehrenden Gottheit oder Idee zu verbinden, und zwar nicht außerhalb sich, sondern in sich selbst, so daß sich der Anbeter als ein Teil, respektive direkt als die von ihm verehrte Gottheit fühlt.

Dualistische Mantras können allerdings auch monistischen Einschlag haben, indem sie die zu verehrende Gottheit in oder außerhalb sich personifizieren. Diese Mantras werden in Indien Saguna-Mantras genannt. Dagegen Mantras, die abstrakte Ideen, also universale Eigenschaften ausdrücken, mit welchen sich der Anbeter identifiziert, heißen in Indien Nirguna-Mantras. Der Anfänger wird dort zuerst mit Saguna-Mantras vertraut gemacht, ehe er sich soweit entwickelt, daß er in der Lage ist, abstrakte Ideen zu bilden und sie in mantramistischer, also nirgunischer Weise zu gebrauchen.

Indische und andere orientalische Schriften weisen darauf hin, daß sich niemand mit Mantra-Yoga befassen soll, der nicht einen entsprechenden Lehrer (Guru) für seinen Weg gewählt hat. Nur der wahre, in der Mantra-Mystik bewanderte Guru ist in der Lage, dem Schüler ein seiner Reife entsprechendes Mantra zu erteilen. Bei dieser Gelegenheit gibt der Lehrer seinem Schüler auch die richtige Erklärung eines Mantras und die symbolische Bedeutung desselben. Er weiht ihn sozusagen in die Kraft des Wortes, also des Mantras ein und erklärt ihm die praktischen analogen Zusammenhänge des Mantras mit der entsprechenden Gottheit. Dadurch, daß der Guru dem Schüler die Mantras erklärt, wird dem Schüler der geheime Sinn plötzlich ganz klar und der Schüler lernt die zu verehrende Gottheit zu verstehen. Diese Erleuchtung oder Einweihung in das entsprechende Mantra nennt die indische Terminologie das Abhisheka in Mantra-Yoga. Dadurch, daß der Schüler das Abhisheka von seinem Guru bekommt, also die Zusammenhänge versteht, ist er sogleich befähigt, einen Kontakt mit der ihm zugewiesenen Gottheit durch die Mantra-Mystik, ob nun sagunisch — dualistisch — oder nirgunisch — monistisch — herzustellen. Damit ist zwar nicht gesagt, daß dem reifen Schüler die Möglichkeit nicht gegeben wird, auch ohne einen in der Mantra-Mystik bewanderten Lehrer mit einem entsprechenden Verehrungsmantra zu arbeiten, aber immerhin dauert es einige

Zeit, bevor er den universalen Zusammenhang begreift und erfolgreich praktisch arbeiten kann.

In den mantramistischen Büchern ist auch von Guru-Mantras die Rede. Unter einem Guru-Mantra sind zwei Möglichkeiten zu verstehen: 1. ein Mantra, das vom Guru durch Abhisheka dem reifen Schüler gegeben wird. Auch hier kann es sich um verschiedene Arten von Mantras handeln, welche alle die Erreichung eines Zieles verfolgen. 2. wird unter einem Guru-Mantra ein Mantra verstanden, welches der Guru einstmals selbst für bestimmte Zwecke verwendete und welches er vielleicht durch jahrelanges Wiederholen stark wirksam gemacht hatte. Daß dann ein solches dem Schüler anvertrautes Mantra genau dieselbe Kraft und Macht hat, wie beim Guru, ist außer Zweifel. Ein solches Mantra wird selbstverständlich nur von Mund zu Ohr, vom Guru auf den Schüler übertragen, sonst aber niemand anderem anvertraut.

Die einzelnen Mantras, ob sagunische oder nirgunische, ob indische, buddhistische oder sonstige orientalische, sowie ihren Gebrauch, ihren Zweck usw. ausführlicher zu beschreiben ist nicht der Zweck meines vorliegenden Werkes und jeder einzelne, der sich hierfür interessiert, findet in der orientalischen Literatur, welche in verschiedene Sprachen übersetzt ist, über Mantra-Yoga genügend Anleitungen.

Viele Mantras sind auch in besonderen Stellungen, den sogenannten Asanas entweder laut, im Lispelton oder nur in Gedanken zu wiederholen und haben keinen anderen Zweck, als die das Mantra ausdrückende Idee im Geist durch das Wiederholen festzuhalten, um nicht abgelenkt zu werden. In den Schriften wird auch vielfach geraten, daß bei störender Ablenkung das Mantra laut hergesagt werden soll, um sich leichter auf die mantramistische Idee konzentrieren zu können. Im Lispeltone wiederholte Mantras haben natürlich eine größere Wirkung, als die laut ausgesprochenen. Die größte Wirkung haben jene Mantras, welche nur in Gedanken wiederholt werden.

Damit man bei den Mantra-Übungen eine Übersicht über die Zahl der Wiederholungen hat, kann ein Rosenkranz oder eine Perlenschnur — Knotenschnur — (Tesbik-Schnur) zu Hilfe genommen werden und jedesmal wird eine Perle des Rosenkranzes mit zwei Fingern und dem Daumen weitergeschoben. Das Durchgehen eines indischen Rosenkranzes von 108 Perlen wird L h o k genannt. Warum ein Lhok gerade die Ziffer 108 und etwa nicht rund 100 ausweist, hat eine quabbalistisch-mystische Bedeutung. 108 läßt sich auf 9 (1 + 8 = 9) zusammenzählen und die Zahl 9 ist die Rhythmuszahl und Rhythmus ist ununterbrochene Bewegung. In der orientalischen Terminologie hat die Zahl 108 auch noch eine andere Bedeutung; auf jeden Fall ist sie der hermetischen Wissenschaft analog. Jedermann kann darüber in der orientalischen Literatur nachschlagen, falls es ihn interessiert. Daß mit Mantras auch verschiedene Rituale, verschiedene Ideen, ob sagunischer oder nirgunischer Art in Verbindung gebracht werden können, ist bekannt, so daß ich auf Einzelheiten nicht näher einzugehen brauche. Jedes Religionssystem bedient sich bei seinen Ritualen, Gebeten und Mantras gleicher Methoden, um die göttlichen Ideen, Eigenschaften usw. entweder zu verehren, sich mit ihnen zu verbinden oder dieselben auch praktisch für andere Zwecke zu gebrauchen.

In manchen über Mantras handelnden Büchern ist auch von Bidju-Mantras und Bindu-Mantras die Rede. Diese Mantras drücken keine göttliche Idee der intellektuellen Sprache aus, sondern sind nach den Universalgesetzen zusammengestellte und in ein Wort gefügte Buchstaben, welche eine den Gesetzen entsprechende Idee kosmologisch ausdrücken. Infolgedessen ist ein Bidju-Mantra tantristischen Ursprunges und vom hermetischen Standpunkt aus quabbalistisch. Das richtige Aussprechen eines Bidju-Mantras wird durch ein Abhisheka vom Guru dem Schüler anvertraut, wie z. B. die bekannten Bidju-Mantras der Elemente, der sogenannten Tattwas: Ham, Ram, Pam, Vam, Lam, Aum usw. Erteilt der Lehrer das Abhisheka, lehrt er gleichzeitig den Schüler das Mantra zu dynamisieren und später auch vierpolig zu gebrauchen. Dasselbe ist in der buddhistischen Religion der Fall, wo die Tantras der fünf Elemente durch die Bidju-Formeln kha, ha, ra, va, a versinnbildlicht sind, und vom Lehrer dem reif gewordenen Schüler für den praktischen Gebrauch erklärt werden.

Beim Gebrauch der Mantras kann zu vielen anderen Hilfsmitteln zwecks Erleichterung gegriffen werden, wie z. B. zu Gebeten, Reinigungen, Opfergaben, die alle dazu bestimmt sind, das Gemüt des Schülers zu jener der Gottheit entsprechenden Ebene zu erheben.

Aus dem Gesagten geht klar hervor, daß der Eingeweihte die Mantras so auffaßt, wie sie in Wirklichkeit sind, währenddem der Laie in ihnen oft alles andere, nur nicht das Wahre erblickt.

Schließlich mache ich noch kurz auf jene orientalischen Mönche aufmerksam, welche für ihre Meditationen sogenannte Gebetsmühlen verwenden. Diese Gebetsmühlen sind den Grammophonplatten ähnliche Vorrichtungen, auf welchen Mantras — eventuell auch Tantras — aufgenommen sind, welche sie tausendmal, ja mitunter sogar hunderttausendmal durch das Drehen der Mühle wiederholen. Der Glaube dieser Mönche geht dahin, daß sie umso größere Fortschritte auf dem Wege der Glückseligkeit machen, je öfter sie das Mantra — Tantra — durch das Drehen der Mühle herunterleiern. Dient eine derartige Mühle den Buddhisten oder Mönchen nur als eine Art Behelf für ihre Konzentrationsübungen und werden die Gebetsmühlen ähnlich wie die Rosenkränze — Perlenschnüre— der indischen Mantra-Yogis angewendet, so mag dies vom hermetischen Standpunkt aus seine richtige Begründung haben. Leiert aber ein Mönch sein Mantra gedankenlos herunter, währenddessen sich sein Geist mit etwas anderem beschäftigt, ist diese Ansicht verfehlt und der wahre Eingeweihte wird in einem solchen Menschen nur einen religiösen Fanatiker, einen Sektierer, sehen und ihn aufrichtig bemitleiden.

Die Tantras

Was ein Abendländer unter Quabbalah versteht, ist für den Orientalen, namentlich für einen Inder, Tibetaner usw. die Tantra-Wissenschaft. Diese kann ein Mensch der weißen Rasse nur dann vollends begreifen, wenn er sich die orientalische Denkungs- und Handlungsweise gänzlich angeeignet hat, was ihm jedoch nur in den seltensten Fällen glückt. Die Eingeweihten des Orients hüten nämlich fürsorglich ihre Geheimnisse und sind den weißrassigen Menschen gegenüber sehr verschlossen. Wenn ein Zusammenkommen mit einem Eingeweihten dennoch ab und zu zustandekommt, dann schweigt gewöhnlich der Eingeweihte über seine Geheimnisse oder er äußert sich höchstens nur in Symbolen oder er macht hie und da einen kleinen Hinweis. Ein Ankhur oder sogar ein Abhisheka als Abendländer von einem Eingeweihten des Orientes zu bekommen ist eine Seltenheit. Eher ist die Yoga-Wissenschaft ohne Rücksicht auf die einzelnen Yoga-Arten und -Systeme im Laufe der Zeiten der weißen Rasse zugänglich geworden, als die Kenntnis über die Tantras. Namentlich ihre praktische Anwendung wird von den Eingeweihten sehr streng gehütet, da ja Tantra-Yoga das geheimste Wissen ist und in verschiedenen Klöstern, den sogenannten Ashrams, nur in Manuskriptform wie ein Heiligtum gehalten wird. Tausende von Tantra-Schriften haben sich mit der Zeit in den einzelnen Klöstern angehäuft. Dem Schüler werden sie aber nur nach schweren Reifeprüfungen vereinzelt zugänglich gemacht.

Da ich in diesem Werk die praktische Quabbalah beschreibe und aus technischen Gründen nicht die Möglichkeit besteht, daß ich auch noch die Tantra-Wissenschaft eingehender behandle, so erwähne ich über letztere nur einige Hauptpunkte. Ein erfahrener Quabbalist wird — falls ihn die Tantra-Wissenschaft ganz besonders interessieren sollte — auf Grund der Analogiegesetze und des tetragrammatonischen Schlüssels auch in der orientalischen Tantristik praktische Erfolge erreichen können. Grundbedingung ist das Studium der Tantra-Wissenschaft jedoch nicht und wenn ihm die orientalische Denkungsweise in bezug auf die Religion, Weltanschauung usw. fremd sein sollte, so wird er auch der Tantristik keine besondere Aufmerksamkeit schenken. Was schließlich der Tantriker durch seine Tantras erreichen kann, gewinnt der erfahrene Quabbalist durch den Gebrauch der Quabbalah. Unterschiede gibt es hierin keine.

Zu bemerken wäre noch, daß die orientalische und insbesondere die buddhistische Tantraschule, z. B. in Tibet, beim Gebrauch der Tantras den tetragrammatonischen Schlüssel anwendet. Der vierpolige Magnet, wie ich ihn beschrieben habe, kommt auch dort zur Anwendung. Die fünf zu verehrenden Dhyani-Buddhas sind nichts anderes als Beziehungen zu den fünf Elementen und ihren Prinzipien. Dem buddhistischen Tantriker, der sein Mandala stellt und mit demselben tantrisch arbeitet, ist bekannt, daß jede Gottheit, d. h. jedes Dhyana-Buddha-Symbol ein Element darstellt, aber auch eine abstrakte göttliche Idee oder sogar mehrere Ideen den Elementen entsprechend vertritt. Jedes Element hat in der tantrischen Schule eine bestimmte tantrische Formel, die dem Tantriker beim Arbeiten mit Elementen verständlich ist. In der buddhistischen Schule ist das Vairocana-Mantra (a-va-ra-ha-kha) vierpolig, also tetragrammatonisch.

A	wird dort der Erde,
Va	dem Wasser,
Ra	dem Feuer,
Ha	der Luft und
Kha	dem Äther zugeschrieben.

In der indischen Tantristik haben die Elemente folgende tantrische Formeln:

Lam	= Erde
Vam	= Wasser
Pam	= Luft
Ram	= Feuer und
Ham	= Akasha

Ein universales Tantra vierpolig in allen Ebenen und Sphären praktisch zu gebrauchen lernt der Tantra-Schüler von einem erfahrenen Tantra-Guru. Nur ein solcher Guru ist in der Lage, dem Schüler das wahre Abhisheka, d. h . die wahre Einweihung hierin zu erteilen.

Um die Beschreibung der quabbalistischen Lehre nicht zu kürzen, muß ich von einer ausführlichen Erklärung eines Abhishekas im Tantra-Yoga absehen. Der Quabbalist sieht schließlich aus allen Angaben, daß der tetragrammatonische Schlüssel überall, selbst in den geheimsten Mysterien eine wichtige Rolle spielt, daß er ferner bei allen Systemen angewendet wird und demnach der absolute Schlüssel zur wahren Verwirklichung ist.

In der indischen Lehre werden die Elemente durch Gottheiten symbolisiert. Auch die Göttinnen Maha-Swari, Maha-Kali, Maha-Lakshmi und Maha-Saraswati sind universale abstrakte Ideensymbole, die sich in gewisser Hinsicht auf die Elemente beziehen. Über die einzelnen Symbole der verschiedenen Gottheiten in bezug auf den tetragrammatonischen Schlüssel findet der sich hierfür interessierende Quabbalist Näheres in jedem Buch über orientalische Ikonographie. Die Tantras sind also dasselbe, wie die Quabbalah, d. h. der praktische Gebrauch der Buchstaben, ihrer Gesetze und Entsprechungen in bezug auf die verschiedenen Ebenen. Ebenso wie die Quabbalah hat auch der Tantra-Yoga einfache und zusammengesetzte Tantras, die mit Rücksicht auf die Ursache und Wirkung in allen Ebenen gebraucht und praktisch angewendet werden.

Auch bei den Tantras gibt es Formeln, die für geistige, astrale und grobmaterielle Kräfte, für Ursachen oder andere magische Arbeiten verwendet werden. Einzelheiten darüber zu sagen würde den Rahmen meines Buches überschreiten. Auch jeder wahre Name eines höheren Wesens, einer Gottheit usw. hat mit Rücksicht auf die Eigenschaften, Ideen und Wirkungen seine tantrische oder quabbalistische Entsprechung und wird zumeist durch das Bild der Gottheit symbolisch ausgedrückt. Darum findet man z. B., daß manche Göttinnen mehrere Hände haben und in jeder Hand die symbolische Darstellung einer Eigenschaft halten. So z. B. hat die Göttin Maha-Lakshmi vier Hände und das, was sie in jeder Hand hält, drückt eine ihr zusagende Idee aus. In der einen rechten Hand hält sie die Lotosblüte als Symbol der Reinheit, Schönheit, der Liebe und des göttlichen Wissens. Die vordere rechte Hand weist auf eine segnende Geste hin, als Zeichen des Schutzes, aber gleichzeitig auch des Willens und der Macht. In der einen linken Hand hält sie ein Bündel Ähren, womit die Idee des Überflusses zum Ausdruck gebracht wird. In der vierten Hand hält sie einen Geldbeutel, welcher symbolisch die Idee des Reichtums und des Wohlstandes anzeigt. Der tantrische Name einer jeden Gottheit wird nur von einem wahren Guru durch das Abhisheka dem Tantra-Lehrling unter dem Siegel der Verschwiegenheit mitgeteilt. Der Tantra-Übende kann sich dann mit Hilfe der Tantras mit der auserwählten Gottheit verbinden und mit den ihr zugesprochenen Kräften praktisch arbeiten.

Die Tantra-Übungen müssen, falls sie die wahre magische Kraft haben sollen, jahrelang betrieben werden, bis schließlich der Schüler in der Lage ist, das Tantra richtig praktisch anzuwenden, um die gewünschten magischen Wirkungen auszulösen.

Im ganzen Orient gibt es nur sehr wenige in die Tantra-Wissenschaft völlig eingeweihte Yogis. Dafür wird aber viel Mystizismus und Unfug mit den Tantras getrieben. Nur ein in den Tantra-Yoga Eingeweihter kann dem Schüler ein Tantra richtig erklären, indem er ihm sämtliche Entsprechungen der bestimmten Ideen genau bekannt gibt und ihn das Tantra allmählich mit dem vollen Geistbewußtsein richtig auszusprechen lehrt. Er bringt dem Schüler dasselbe bei, was auch ein Quabbalist tun muß, nämlich das Tantra vierpolig zu gebrauchen.

Jeder Tantriker, ohne Unterschied, ob es sich um einen Orientalen oder um einen Abendländer handelt, muß es verstehen, mit den vier Grundeigenschaften des Geistes, also mit dem Willen, dem Intellekt, dem Gefühl und dem Bewußtsein — Bewußtwerden der entsprechenden Idee — das Tantra auszusprechen. Wie es in quabbalistischer Form von einem Menschen, der nicht der orientalischen Religion und Weltanschauung angehört, ausgesprochen werden muß, lehren eingehend die Methoden des vorliegenden Werkes.

Im Orient wird die Leichtgläubigkeit der Menschen, die ohnehin stark religiös veranlagt sind, sehr oft mißbraucht und es gibt dort viele sogenannte Meister, die sich als Tantriker oder Yogis ausgeben, in Wirklichkeit aber keine blasse Ahnung von den wahren Gesetzen und Entsprechungen haben und dieses so hohe Wissen für persönliche Zwecke entweihen. So mancher Europäer hat infolge eines solchen Mystizismus die gröbsten Fehler dadurch begangen, daß er alles buchstäblich auffaßte, was nur symbolisch zu verstehen war. Wurden dann jene nur symbolisch aufzufassenden Anleitungen des Orientes in irgendeine intellektuelle Sprache, ohne Kommentare und ohne Abhisheka übertragen, sind große Fehler entstanden, ganz abgesehen von all dem Unfug, welcher mit der hermetischen Wissenschaft im Laufe der Zeiten getrieben wurde. Die wahren orientalischen Schriften warnen daher mit Recht jeden Schüler davor, den Weg der geistigen Entwicklung nicht ohne einen Guru zu gehen, da nur ein wahrer Guru in der Lage ist, den geheimen Sinn der Yoga-Systeme und der tantrischen Methoden dem Schüler erklärlich zu machen.

Die Zauberformeln

Auch über diese veröffentliche ich im vorliegenden Werk eine kleine Abhandlung. Erstens deshalb, weil sie eine bestimmte Bewandtnis mit der Quabbalah haben und zweitens, um den wahren Quabbalisten aufzuklären, was eigentlich eine Zauberformel sei und wie sie von den tantrischen, mantrischen und anderen Formeln zu unterscheiden ist. Es gibt tantrische Zauberformeln, die zwar auf den Universal-Gesetzen beruhen, aber vorwiegend nur für selbstsüchtige Zwecke auf der grobstofflichen Ebene gebraucht werden. Die tantrischen Zauberformeln sind genau nach den Universalgesetzen zusammengestellt und jeder einzelne Buchstabe enthält eine der Formel entsprechende Gesetzmäßigkeit bezüglich Ursache und Wirkung. Auch der Zauberer muß dieselbe vierpolig gebrauchen, wenn er die gewünschte Wirkung mit der ihm anvertrauten Zauberformel erreichen will.

Ferner gibt es Zauberformeln, die von Wesen dem Zauberer mitgeteilt werden, aber mit den wahren Tantraformeln nichts zu tun haben. Solche Formeln müssen den Universalgesetzen nicht entsprechen, da sie der Zauberer von Wesen erhielt. Gewöhnlich ruft beim Gebrauch der Zauberformel die gewünschte Wirkung nicht die Formel hervor, sondern das Wesen und seine ihm unterstellten Diener. Darüber habe ich ja schon in meinem zweiten Werk „Die Praxis der magischen Evokation" ausführlich geschrieben.

Eine weitere Art von Zauberformeln ist die, daß mehrere Menschen für einen bestimmten Zweck eine und dieselbe Zauberformel ritualistisch gebrauchen und dadurch in der unsichtbaren Welt eine Batterie oder ein Volt schaffen. Das geladene Volt löst dann in der unsichtbaren Welt die gewünschte Wirkung aus. Diese Art von Zauberformeln können auch geistig ungeschulte Menschen erfolgreich anwenden. Sie hat aber den Nachteil, daß der die Formel benützende Mensch an die Sphäre der Kräfte geistig so stark gebunden wird, daß er sich von der Sphäre nur sehr schwer befreien kann. Der Gebrauch solcher Zauberformeln ist daher gefährlich und keinem Quabbalisten zu empfehlen.

Noch eine Art von Zauberformeln gibt es und zwar solche, bei welcher ein einziges Wort, ohne Rücksicht darauf, ob es eine Gesetzmäßigkeit ausdrückt oder einer bestimmten Idee entspricht, so lange wiederholt wird, bis es dynamisch wirkt und die gewünschte Wirkung auslöst. Daß die Dynamisierung einer solchen Formel viel Zeit und Geduld erfordert, bedarf keiner besonderen Betonung.

Es gibt demnach tantrische, also universale Zauberformeln mit gesetzmäßigem Charakter und relative Zauberformeln, die sich entweder ein Einzelner oder mehrere Menschen zusammen gebildet haben. Eine Zauberformel dient gewöhnlich — wie schon bemerkt — persönlichen Zwecken, ob es sich nun um die Erlangung von Reichtum und Macht oder um die Beherrschung von Wesen usw. handelt. Daß die Zauberformeln natürlich auch für andere Ebenen angewendet werden können, um ein Arbeiten für egoistische Motive zu verfolgen, ist selbstverständlich, ohne Unterschied, ob die Wirkungen dann ein Wesen, ein Volt oder irgend eine andere Kraft hervorruft.

Für hohe geistige Zwecke gibt es keine Zauberformeln als solche. Für diese gibt es nur quabbalistische und tantrische Zusammenstellungen, welche zwar auch als eine Art Formeln anzusehen sind, die aber eine ganz bestimmte universale Gesetzmäßigkeit beinhalten und zu deren Anwendung selbstverständlich wieder der tetragrammatonische Schlüssel in Anspruch genommen werden muß.

Die vielen Beschwörungsformeln, welche in den Grimoarien über Beschwörungen von Dämonen und anderen negativen Wesen angeführt sind, haben mit der reinen und wahren Quabbalah oder mit der reinen und wahren Tantra-Wissenschaft nichts zu tun. Diese Zauberformeln stammen entweder von Wesen oder wurden auf Grund ritualistisch-voltischer Macht gebildet. Ein jeder wahrer Magier und ein ebensolcher Quabbalist wird es unter seiner Würde halten, sich mit jeglicher Art von Zauberformeln zu befassen. Ich hielt es für meine Pflicht informationshalber darüber zu schreiben, um den Unterschied zwischen einem Tantra und einer Zauberformel zu erklären und um Verwechslungen zu verhüten. Jene Zauberformeln, die in Märchenbüchern im Zusammenhang mit Zauberern, Hexen u. dgl. vorkommen, enthalten wohlweislich auch ein Stück wahrer hermetischer Wissenschaft, denn Märchen sind nicht nur bloße Erzählungen, sondern sie sind eine symbolische Wiedergabe vieler hermetischer Mysterien. Einem in Magie und Quabbalah Bewanderten, welcher die symbolische Sprache versteht, enthüllen Märchen viele Mysterien, da er ja gewöhnt ist, alle Geschehnisse mit ganz anderen Augen zu betrachten als ein ungeschulter Mensch. Einem Hermetiker wird es nicht verwunderlich vorkommen, daß er vielleicht schon in seiner Jugend Vorliebe für Märchen zeigte, deren Inhalt er sich auch in späteren Jahren noch gerne ins Gedächtnis zurückruft, da er ihren hohen und wahren Sinn versteht, der jedoch nur zwischen den Zeilen gelesen werden kann.

Theorie der quabbalistischen Mystik

Auf die unzureichende Auslegung orientalischer Bücher über Yoga, Tantra und andere geistige Gebiete habe ich schon mehrmals hingewiesen und betont, daß beinahe alle Schriftsteller, welche diese Werke aus der orientalischen Sprache in eine Sprache des Abendlandes übersetzten, unberücksichtigt ließen, daß der Inhalt dieser Werke symbolisch aufzufassen ist. Für einen wahren Hermetiker ist eine symbolische Sprache von einer intellektuellen natürlich leicht zu unterscheiden. Ein Hermetiker wird orientalische Werke niemals buchstäblich übersetzen und wird immer in der Lage sein, aus diesen Werken den wahren Sinn der Lehre und insbesondere der hermetischen Wissenschaft richtig zu erfassen und für den praktischen Gebrauch auszuarbeiten. Darum sind die vielen über Quabbalah, Mystik u. dgl. abgefaßten Schriften, wenn nicht durchwegs falsch, so doch zum Großteil einseitig begriffen — und ebenso weitergegeben worden. Wenn nun während der vielen Jahrhunderte zahlreiche Werke über die hermetische Wissenschaft geschrieben worden sind und die meisten von ihnen orientalischen Ursprung haben, wobei das wahre Wissen ein Übersetzer vom anderen übernommen hatte und es eventuell auch noch spekulativ abänderte, dann ist es sehr leicht zu verstehen, daß die wahren Gesetze und das wahre Wissen immer unverständlicher wurden, demnach okkult blieben und mit der Zeit fast gänzlich verloren gehen mußten.

Es haben sich im Laufe der Zeit begreiflicherweise viele mystische Gesellschaften gebildet, die alle behaupten, in das wahre Wissen eingeweiht zu sein. Ein wahrer Magier wird sich aber an keine Gesellschaft, wie sie sich auch nennen mag, durch etwaige Schwüre u. dgl. binden und wird frei bleiben von allen Banden der Welt, um seinen geistigen Weg ohne Zwang und ohne Anerkennung einer Autorität zu gehen. In allen wahren Einweihungskreisen ist der Meister dem Schüler gegenüber ein Lehrer und Freund und wird den Schüler durch seine Autorität auf dem geistigen Wege niemals beeinflussen oder ihn gar zwingen, seine Autorität anzuerkennen. Überall dort, wo ein gewisser Zwang auf den Suchenden, ob nun durch Schwüre oder durch andere Verpflichtungen ausgeübt wird, ist fast niemals anzunehmen, daß es das wahre Wissen ist, welches dort gelehrt wird. Hierüber wäre sehr viel zu sagen, aber diese flüchtige Erwähnung soll darauf hinweisen, daß in den zahlreichen mystischen Gesellschaften, die auf unserer Erde bestehen, nicht gerade und nicht immer das reinste und vollkommenste Wissen zu erlangen ist und daß ein Schüler stets danach streben muß, seinen eigenen Weg der Einweihung zu gehen. Den Urgrund vieler Gesellschaften bilden gewöhnlich finanzielle Motive, und früher oder später machen Mitglieder die bittere Erfahrung, daß sie daselbst eher alles andere, als wahres Wissen erreichen können.

Den Quabbalisten interessiert vor allem der praktische Gebrauch des universalen Wortes, somit der Gebrauch der Buchstaben, welcher zur Kenntnis der kosmischen Sprache führt. Der Ursprung der quabbalistischen Mystik liegt im fernsten Osten — im Orient — und besteht seit Urzeiten. Von Anbeginn der Menschheit haben Eingeweihte die quabbalistische Mystik von einer Rasse auf die andere traditionell übertragen. In letzter Zeit hat die von J. B. Kerning verbreitete Buchstabenmystik viele Interessenten gefunden. Die Idee dieser Mystik ist gleichfalls orientalischen Ursprunges. Kerning nimmt vom religiösen Standpunkt aus auf die Bibel Bezug, indem er mit dem Buchstabieren die Fußwaschung Christi symbolisch auslegt.

Es ist nicht meine Absicht das Kerning'sche System zu bekritteln. Jeder möge nach seiner Überzeugung handeln und bei dem von ihm gewählten System bleiben, falls er etwas Besserem nicht zugänglich ist. Ein wahrer Hermetiker wird die Buchstabenmystik nicht mit der Fußwaschung der Apostel in Zusammenhang bringen, denn diese hat hermetisch aufgefaßt eine ganz andere Bedeutung und zwar die, daß der einzelne von der untersten Sphäre, also untersten Ebene der Erde, in seiner Entwicklung zu beginnen hat.

In der zivilisierten Welt ist über die Buchstabenmystik leider sehr wenig geschrieben worden, so daß sich niemand ein wahres Bild über ihren richtigen Gebrauch machen kann. Die Kerning-

Schule, welche das Buchstabieren in den Füßen empfiehlt, ist vom hermetischen Standpunkt aus genommen, nicht empfehlenswert. Der Hermetiker wird sofort wissen warum, und zwar, weil durch das Konzentrieren der Buchstaben in die Füße eine Bewußtseinsverschiebung geübt wird, und jede Bewußtseinsverschiebung, ohne Unterschied, ob in die Füße oder in einen anderen Körperteil, verursacht daselbst eine unnatürliche Blutstauung. Ob das Mittel zum Zweck Buchstaben sind oder einfache, eventuell zusammengesetzte Worte, Gottesnamen u. dgl. ändert nichts an dieser Tatsache. Durch die Bewußtseinsversetzung in die Füße und durch das Konzentrieren in dieselben entsteht eine Hitze, welche von den Mystikern fälschlich als das mystische Feuer angesehen wird. Durch die Bewußtseinsversetzung treten bestimmte psychologische und physiologische Begleiterscheinungen u. dgl. auf, die gleichfalls fälschlich als mystische Erfahrungen, als besondere Zustände seelischer und geistiger Art gelten.

Derjenige, welcher einen starken und guten Charakter hat, moralische Tugenden besitzt, hohe Ideale verfolgt, braucht zwar nicht gleich durch die Übungen der Kerning-Schule aus dem Gleichgewicht zu kommen und irgendwelche psychologischen Disharmonien u. dgl. augenblicklich an sich wahrzunehmen. Dagegen Menschen, die keinen festen Charakter haben und gesundheitlich nicht ganz auf der Höhe sind, also wenig Widerstandskraft besitzen, können durch Anwendung eines solch einseitigen Systems großen Schaden an Körper, Seele und Geist erleiden.

Wollte in hermetischer Hinsicht ein Schüler die Buchstabenmystik, wie sie Kerning beschreibt, praktisch anwenden, müßte er vorerst körperlich, seelisch und geistig vollkommen im Gleichgewicht sein und den Willen, den Intellekt und das Gefühl infolge starker und lang andauernder Konzentrationsübungen derart geschult und gefestigt haben, daß er die drei Elemente: Feuer, Luft und Wasser vollkommen beherrscht, um mit dem Bewußtsein gefahrlos operieren zu können. Wer aber diese drei Elemente in Körper, Seele und Geist ausgeglichen hat und einen bestimmten Grad der Festigkeit erreichte, der wird sich mit einem derart unzulänglichen System nicht zufrieden geben. Mit diesen Vorzügen ausgestattet, geht er ja schon den Weg der Vollkommenheit, so daß ihm seine Intuition den Weg der Gesetzmäßigkeit zeigen würde.

Bei Fanatikern ist die Gefahr der Gleichgewichtsstörung durch einseitige mystische Übungen (Buchstaben-Übungen) natürlich noch viel größer. Mir sind schon viele Menschen begegnet, bei welchen nach kurzer oder längerer Übungsdauer der Buchstabenmystik, also auf Grund verfehlter Übungen der Bewußtseinsversetzung, geistige Störungen aufgetreten sind. Durch magische Einwirkungen konnte ich bei diesen Betroffenen das Gleichgewicht wieder herstellen und sie vor weiteren gesundheitlichen Schäden bewahren. Gerade das Üben der Buchstabenmystik in den Füßen führt zu einer Bewußtseinsspaltung, zur sogenannten Schizophrenie mit allen ihren Folgeerscheinungen. Ein wahrer Suchender wird sich also wohlweislich nicht eher mit der Buchstabenmystik befassen, bevor er nicht die nötigen Vorbedingungen erfüllt hat, die zu einem Erfolge notwendig sind.

Hieraus geht klar hervor, wie unverantwortlich es ist, wenn Werke orientalischen Ursprunges falsch verstanden — und wörtlich in eine der intellektuellen Sprachen übertragen werden.

Die wahre quabbalistische Buchstabenmystik, wie ich sie in meinem vorliegenden Werk beschreibe, ist uralt und auf den Analogien der Universalgesetze aufgebaut. Die universale quabbalistische Mystik ist etwas ganz anderes, als bloße Übungen der Bewußtseinsversetzung, ohne Unterschied, ob man hierzu nur einzelne Buchstaben oder Mantras gebraucht. In Geist, Seele und Körper müssen beim praktischen Arbeiten die universalen Gesetze und ihre Analogien berücksichtigt werden. Bei der wahren quabbalistischen Mystik arbeitet der Quabbalist nicht nur mit dem Bewußtsein allein, sondern er lernt Buchstaben und später zusammengesetzte Worte — Formeln — mit den vier Grundeigenschaften seines Geistes, also mit dem Willen, Intellekt, Gefühl und Bewußtsein — Imagination — praktisch anzuwenden. Daß er natürlich diese vier Grundeigenschaften des Geistes vorerst getrennt halten muß, um dann später gemeinsam mit allen vier

Grundeigenschaften des Geistes einen Buchstaben mit dessen Kräften und Entsprechungen praktisch in die Sphäre des Geistes, der Seele und der Materie in sich und außerhalb sich projizieren zu können, entspricht dem Aufbau der wahren Quabbalah, der wahren quabbalistischen Mystik. Über den systematischen Stufenlehrgang dieser Mystik, ferner über den Gebrauch des vierpoligen Magneten in Geist, Seele und Körper erfährt der angehende Quabbalist Näheres im praktischen Teil dieses Werkes.

Quabbalistische Magie

Bevor ich die theoretische Abhandlung über quabbalistische Mystik beende und zur Beschreibung der praktischen Quabbalah übergehe, erwähne ich nur noch kurz einiges über die quabbalistische Magie, damit der Quabbalist auch diese richtig beurteilen kann.

Die quabbalistische Mystik hat, wie aus dem Gesagten hervorgeht, den Zweck, den Mikrokosmos, also Körper, Seele und Geist für den Gebrauch der Buchstaben so vorzubereiten, daß der Quabbalist in der Lage ist, dem Schöpfer zu dienen, das heißt also, durch das Wort schöpferisch zu wirken. Auf Grund systematischer Übungen unter Zuhilfenahme des Willens, Intellektes, Gefühls und des Bewußtseins, zusammen mit der Imagination bekommt ein jeder Buchstabe eine ganz andere Bedeutung, als nur intellektuell ausgesprochen. Auf quabbalistische Art zusammengesetzte, den Universalgesetzen genau entsprechende Worte sind Schöpfungsworte mit der gleichen Wirkung, wie von Gott selbst ausgesprochen.

Quabbalistisch sprechen heißt: aus NICHTS etwas schaffen. Dies ist das größte, einem Menschen sich offenbarende und verständliche Mysterium, nämlich, daß der Mensch gleich dem Schöpfer bewußt die Universalgesetze in Bewegung zu setzen imstande ist. Ein jedes richtig magisch-quabbalistisch ausgesprochene Wort muß sich sofort realisieren. Niemals wird es einem Uneingeweihten glücken, vierpolig die Kraft des Buchstabens auszulösen, da er die Fähigkeit des Geistes, der Seele und des Körpers nicht besitzt, um quabbalistische Buchstaben und Worte schöpferisch auszusprechen.

Theoretische Kenntnisse allein befähigen niemanden, Kräfte in Bewegung zu setzen, welche die einzelnen Buchstaben und Worte beinhalten. Deshalb habe ich immer wieder darauf hingewiesen, mein erstes Werk „Der Weg zum wahren Adepten" praktisch durchzunehmen, da durch die stufenweise Ausbildung von Körper, Seele und Geist ein bestimmter Reifegrad erreicht wird und durch die vorbereitenden Übungen auf dem Wege der Vollkommenheit die vier Grundeigenschaften des Geistes entsprechend geschult werden.

Wer jedoch gleich mit dem Studium der quabbalistischen Mystik beginnt, ohne den ersten Lehrgang absolviert zu haben, der muß sich durch sehr langes Üben der einzelnen Grundeigenschaften erst allmählich entwickeln. Dies ist bei weitem schwieriger, als die praktische Durcharbeitung meines ersten Werkes.

Quabbalistische Mystik ist demnach die Vorbereitung von Körper, Seele und Geist, um das magische Wort, die kosmische Sprache, zu lernen und praktisch zu gebrauchen. Quabbalistische Magie ist erst dann durchführbar, wenn Körper, Seele und Geist den Universalgesetzen gemäß, d. h. durch den tetragrammatonischen Schlüssel entsprechend vorbereitet sind.

Die indische Terminologie hat für quabbalistische Magie das Wort WAG gewählt, womit der Reifezustand des sich im Kehlkopf befindlichen Visudha-Zentrums angedeutet wird. Der Unterschied zwischen einem Magier und einem Quabbalisten besteht darin, daß der Magier die gewünschten Wirkungen den von Wesen herbeigeführten Ursachen verdankt, wohingegen der quabbalahkundige Magier, der wahre Quabbalist, alles durch sein schöpferisches Wort, ohne Unterschied der Sphäre und Ebene bewirkt, ohne irgend ein Wesen in Anspruch nehmen zu müssen.

In der quabbalistischen Magie gibt es viele Systeme, und für die Praxis lassen sich viele Schlüssel anwenden. Sie alle zu beschreiben hieße ganze Bände zu füllen. Wenn man nur bedenkt, daß sich z. B. eine Grundeigenschaft des Geistes mit Hilfe von 32 Systemen durchführen läßt und da der menschliche Geist vier Grundeigenschaften besitzt, so gibt es 128 Systeme, die laut der sephirotischen Schlüsselskala in 10 Stufen einzuteilen wären.

Ich beschreibe den systematischen Gebrauch nur des einen und zwar des tetragrammatonischen Schlüssels, welcher der Schlüssel der Absolutheit und der Verwirklichung ist. In der quabbalistischen Magie ist der tetragrammatonische Schlüssel einer von den wichtigsten Universalschlüsseln, mit welchem das Studium der Quabbalah überall angefangen wird. Der Göttlichen Vorsehung allein bleibt es vorbehalten, ob ich auch noch weitere auf den Mikro- und Makrokosmos sich beziehende Schlüssel systematisch veröffentlichen darf. Dies hängt vor allem auch davon ab, wie lange ich noch auf diesem Planeten zu verweilen habe. Mit diesem Werk weihe ich den Quabbalisten in die Geheimnisse des unaussprechlichen Namens, also in den Gebrauch des tetragrammatonischen Schlüssels derart ein, daß er fähig sein wird, sich der universalen Sprache zu bedienen, um schöpferisch durch das Wort wirken zu können.

Schließlich erwähne ich in diesem Kapitel noch die quabbalistisch-magische Talismanologie. Magisch-quabbalistische Talismane sind entweder Zeichen, Symbole oder Buchstaben, die den Universal-Gesetzen analog eingraviert oder geschrieben werden. Die einzelnen Buchstaben oder Zeichen werden mit Hilfe des schöpferischen Wortes, richtig quabbalistisch gesagt, mit den vier Grundeigenschaften des Geistes, geladen. Solch ein magisch-quabbalistischer Talisman verfehlt niemals seine Wirkung, da das quabbalistische Wort zum Zwecke der Wirksamkeit in das betreffende Siegel, in den Talisman oder in das Pentakel usw. gebannt ist und daher ein tatsächliches magisches Werkzeug darstellt. Mit quabbalistisch-magischer Talismanologie kann sich natürlich nur ein erfahrener Magier, der in Magie und Quabbalah vollkommen bewandert ist, befassen.

II. TEIL
PRAXIS

Praxis

Schon der theoretische, über quabbalistische Mystik handelnde Teil belehrt den aufmerksamen Leser eines anderen, als alle ihm bisher zugänglichen diesbezüglichen Bücher. Die quabbalistische Mystik ist der schwierigste Lehrstoff der hermetischen Wissenschaft, da er nicht nur Wissen allein voraussetzt, sondern außerdem praktische Erfahrungen und Erkenntnisse. Deshalb wird demjenigen, der nach meinem Buche greift um seinen Inhalt nur theoretisch zu studieren, vieles unbegreiflich sein, da er die nötigen Voraussetzungen praktisch nicht besitzt. Darum habe ich gleich zum Beginn meines dritten Werkes darauf hingewiesen, daß es unbedingt notwendig ist, meinen ersten Band „Der Weg zum wahren Adepten" mindestens bis zur achten Stufe praktisch absolviert zu haben, um in der quabbalistischen Mystik zufriedenstellende Resultate zu erzielen. Dadurch, daß der Schüler seinen Geist, seine Seele und seinen Körper stufenweise vierpolig schulte, ist ihm — abgesehen von vielen magischen Kräften und Fähigkeiten — durch das Akashaprinzip eine hohe Intuition gegeben worden. Er kann daher die Tiefe der Universalgesetze und somit auch der wahren Quabbalah nicht nur begreifen, sondern auch praktisch mit denselben arbeiten. Ohne eine vierpolige Schulung des Geistes, der Seele und des Körpers wäre es unmöglich, die quabbalistische, d. h. die Universalsprache zu beherrschen. Quabbalistisch sprechen heißt: nicht mit dem Intellekt und mit dem Mund zu sprechen, sondern eine vierpolige Ausdrucksweise zu haben. Und die Fähigkeit der vierpoligen Ausdrucksweise wird eben „wahre Quabbalah" genannt.

Wer also die quabbalistische Wissenschaft nur mit dem Intellekt studieren wollte, wäre niemals in der Lage, die richtige Anschauung über dieselbe zu gewinnen, geschweige denn, erst praktischen Gebrauch von ihr zu machen. Genau so, wie ein kleines Kind sprechen lernt, muß auf ähnliche Weise der angehende Quabbalist vorgehen und muß sich stufenweise den vierpoligen Gebrauch eines quabbalistischen Buchstabens, später Wortes, Satzes usw. aneignen. Sich ohne vorhergehende magische Schulung

gleich mit Quabbalah zu befassen, hieße die zum Aussprechen erforderliche vierpolige Voraussetzung des Geistes und der Seele
erst allmählich zu entwickeln. Daß dies ein sehr großer Zeitver-
lust und eine riesige Anstrengung wäre, wird jeder vernünftige
Mensch zugeben. Gehe also niemand an die Praxis der quabbalistischen Mystik, bevor er nicht mein Lehrwerk über die erste Tarotkarte: „Der Weg zum wahren Adepten" praktisch durchgenommen hat. Derjenige, der den Stufenlehrgang meines ersten
Werkes praktisch beherrscht, wird sich über gute Erfolge in der
Quabbalah-Wissenschaft sehr bald freuen können. Wer aber nur
aus purer Neugier oder aus Unüberlegtheit gleich zu Methoden
greifen wollte, die den Gebrauch der wahren quabbalistischen
Mystik beschreiben, ohne vorher das magische Gleichgewicht erreicht zu haben, setzt sich verschiedenen Gefahren aus. Beim
praktischen Gebrauch käme er nämlich mit verschiedenen Kräften in Verbindung, über welche er keine Macht ausüben könnte
und daher Gefahr liefe, sich gesundheitlich zu schaden. Deswegen
sei jeder für diesen Weg nicht ausreichend vorbereitete rechtzeitig
gewarnt. Moralisch und ethisch hochstehende Menschen, die edle
Eigenschaften des Geistes und der Seele besitzen, könnten sich
zwar mit der praktischen Quabbalah befassen, aber auch diese
müßten, wie eben jeder andere, die dazu notwendigen Fähigkeiten erwerben.

Die Lehrmethode der quabbalistischen Mystik ist der Gebrauch
der Buchstaben, um quabbalistisch, d. h. schöpferisch sprechen
und wirken zu können. Gerade so, wie laut meinem ersten Band
„Der Weg zum wahren Adepten" visionäre, akustische und gefühlsmäßige Übungen zur Entwicklung des Geistes beitrugen,
muß der angehende Quabbalist auf dieselbe Art und Weise die
Buchstaben einzeln zuerst visionär, später akustisch und schließlich gefühlsmäßig üben, um dann mit dem vollen Bewußtsein einen Buchstaben quabbalistisch auszusprechen. Die erste Stufe enthält daher die visionäre Übung des Aussprechens eines Buchstabens. Die visionäre Seite eines Buchstabens bezieht sich auf das
Licht — Farbe —, d. h. auf das Auge und ist dem Willensprinzip
analog. Infolgedessen beginnt der Schüler wiederum mit der er-

sten Eigenschaft des Geistes und zwar mit dem Willensprinzip zu üben.

Bevor ich die Übungen der einzelnen Buchstaben beschreibe, sende ich nochmals voraus, daß ich den Gebrauch der universalen Quabbalah im Sinne habe und keiner Religion der Welt das Recht zuschreibe, die Urquelle dieser hohen Wissenschaft zu sein. Zum praktischen Studium der wahren Quabbalah benötigt der angehende Quabbalist weder orientalische, noch hebräische oder anderssprachige Kenntnisse. Die universale Ausdrucksweise eines Buchstabens ist nicht seine Form, sondern seine Farbe, besser gesagt Farbenschwingung. Nachdem die Farbenschwingung der Buchstaben ihre sichtbarste Ausdrucksform ist, kann sich mit Quabbalah ein jeder Mensch befassen, ohne Rücksicht darauf, welcher intellektuellen Sprache er mächtig ist. Die richtige Farbe der Buchstaben kann sich sowohl ein Morgenländer, als auch ein Abendländer vorstellen. Sich einen Buchstaben in seiner wahren Farbe vorzustellen, heißt, ihn gleichzeitig in der mentalen Welt oder Sphäre mit einer bestimmten Lichtschwingung auszusprechen.

Hierbei kann von jemand die Frage gestellt werden, daß es verschiedene Farbenschattierungen gibt und daß daher die Farbe nicht das maßgebendste Ausdrucksmittel für einen Buchstaben sein kann. Einwendungen solcher Art dürften jedoch nur Uneingeweihte aufbringen, da ein Eingeweihter genau weiß, daß die Vorstellung der Farben von seiner Reife abhängig ist. Der eine oder der andere wird z. B. je nach seiner Stimme das A entweder höher oder tiefer im Ton ansetzen, wodurch eine Schallschwingung nur rein persönlicher Art entsteht, in Wirklichkeit aber nichts anderes, als ein A ausgesprochen und von einem zweiten auch nur als A aufgefaßt wird. Dasselbe gilt von einer Farbenvorstellung. Ob es sich nun um eine dunklere oder lichtere Farbenschwingung handelt, fällt nicht so sehr ins Gewicht, immer wird dabei der Grundton der Farbenschwingung die größte Rolle spielen und den betreffenden Buchstaben angeben. Farbenschwingungsaufnahmen sind mit Hilfe von physikalischen Instrumenten zwar durchführbar, aber die Empfänglichkeit der Farben des menschlichen Auges hängt von seiner Empfindlichkeit ab. Infolgedessen entfällt der eventuell vorgebrachte Einwand und der angehende Quabbalist wird jeden Buchstaben mit der ihm zuständigen Farbe je nach seiner Individualität, d. h. mit der plastischen Imaginationsfähigkeit aussprechen. Der Quabbalist gibt durch sein geschultes Willensprinzip diejenige Kraft in die Farbenschwingung, die dem betreffenden Buchstaben zusteht. Die Übungen der ersten Stufe des quabbalistischen Lehrganges bestehen darin, das ganze Alphabet farbenmäßig auszudrücken.

Stufe I

Buchstabenmystik

Mit der ersten Stufe beginne ich die Übungen des normalen Alphabets — also nicht der hebräischen Quabbalah — vom ersten Buchstaben angefangen für den quabbalistischen Gebrauch zu beschreiben.

Der Quabbalist wird also als ersten Buchstaben das A üben. Die Farbenschwingung des A ist h e l l b l a u. Die eigentliche Praxis ist ganz individuell. Es ist je nach Belieben entweder im Asanasitz oder stehend zu üben.

Im Geiste sprechen Sie das A langgezogen aus und stellen sich plastisch vor, daß es sich durch das gedankliche Aussprechen hellblau verfärbt und in dieser Farbe den ganzen Übungsraum einnimmt. Mit diesem gedanklichen A, dessen hellblaue Verfärbung einem Lichte ähneln muß, füllen Sie nach einigem Üben nicht nur den ganzen Übungsraum, sondern das ganze Universum.

Dem praktischen Magier wird diese Übung keinerlei Schwierigkeiten bereiten, da er mit Elementen und mit Licht zu arbeiten gelernt hatte. Haben Sie im Üben insofern eine Fertigkeit erlangt, als beim geistigen Aussprechen das A sofort in hellblauer Farbe den ganzen Weltenraum ausfüllt, gehen Sie zur weiteren Übung. Diese besteht darin, daß Sie den Buchstaben A in Ihren Körper, also in Ihren Mikrokosmos hineinsprechen und den ganzen Körper, den Sie als eine Art Hohlraum betrachten, mit dem hellblau verfärbten A ausfüllen. Nach erlangter Fertigkeit lernen Sie den Buchstaben A im Geiste durch den Mund auszusprechen, der sofort das ganze Universum in hellblauer Farbenschwingung ausfüllt. Nun lernen Sie das Entgegengesetzte, indem Sie das ganze Universum in hellblauer Farbe als den Buchstaben A empfinden und in Ihren — einem Hohlraum gleichenden — Körper, also in Ihren Mikrokosmos einatmen, einsaugen.

Diese deduktive und induktive Sprechweise mit dem Mund und mit dem ganzen Körper muß Ihnen geläufig werden. Bei diesen Übungen sprechen Sie die Buchstaben niemals grobstofflich aus, sondern der ganze Vorgang wickelt sich im Geiste, d. h. nur gedanklich ab. Sobald Sie genügend Übung hierin haben, gehen Sie dazu über, mit dem Buchstaben A, ähnlich wie in meinem ersten Lehrwerk „Der Weg zum wahren Adepten" beschrieben, eine Lichtstauung und Wiederauflösung ins Universum vorzunehmen. Bei dieser Übung lernen Sie einen Buchstaben — in unserem Falle das A — geistig auszusprechen, geben ihm aber gleichzeitig eine bestimmte Form. Dabei können Sie sich das ganze Universum mit hellblauer Farbe gefüllt vorstellen. Durch das Aussprechen des A schrumpft die hellblaue Farbe zu jener Größe und Form ein, die Sie haben wollen.

Bei diesem gedanklichen plastischen Vorgang kann man sich anfangs das A einige Male mentalisch vorstellen und bei jedem Wiederholen die vorgestellte plastische Farbe bis zur Erreichung der gewünschten Form verstärken. Die zu bildende Form spielt keine wesentliche Rolle. Es bleibt Ihnen überlassen, die hellblaue Farbe etwa zu einer kleinen Kugel oder Flamme, zu einem Wölkchen oder zu sonst einer beliebigen Form zusammenzupressen. Auf jeden Fall müssen Sie lernen, den Buchstaben in der ihm zustehenden Farbe sowohl im Mikro- als auch im Makrokosmos durch plastische Imaginationsfähigkeit zu verdichten und wieder aufzulösen. Durch diesen Verdichtungsvorgang lernen Sie, dem Buchstaben die notwendige Dynamik — Expansionskraft — zu geben. Wie wichtig dies ist, wird dem Quabbalisten erst dann verständlich, wenn er gelernt hat, eine Formel dynamisch wirken zu lassen.

Beherrscht der Quabbalist die Übungen mit dem A auf die geschilderte Weise vollkommen, geht er dazu über, die gleichen Übungen mit dem zweiten und allen weiteren Buchstaben des Alphabets vorzunehmen. Die Praxis ist dieselbe, weshalb ich sie nicht mehr wiederhole, sondern nur die den einzelnen Buchstaben zustehende Farbenschwingung angebe, welche beim praktischen Gebrauch anzuwenden ist.

„B", den zweiten Buchstaben stellt sich der Quabbalah-Schüler in einer wunderschönen hellvioletten Farbe vor und führt die gleichen Übungen durch, wie mit dem Buchstaben A und zwar

1. im Übungsraum,
2. im ganzen Universum,
3. im Körper als inneren Hohlraum und
4. induktiv und deduktiv, d. h. materialisierend und entmaterialisierend.

Der dritte Buchstabe ist das „C", welches in z i n n o b e r r o t e r Farbenschwingung zu üben ist.

Der vierte Buchstabe, das „D", ist in d u n k e l b l a u e r Farbenschwingung zu üben. Der Quabbalist wird wahrnehmen, daß ihm diese Übungen umso leichter fallen, je öfter er sie wiederholt, so daß er bei den Übungen mit allen nachfolgenden Buchstaben überhaupt keine Schwierigkeiten haben wird. Er braucht ja bei den Buchstaben nur die Farbe zu wechseln.

5. kommt das „E" an die Reihe, welches in d u n k e l v i o l e t t e r Farbe zum Ausdruck gebracht wird.

6. ist der Buchstabe „F" in h e l l g r ü n e r Farbe zu üben. F schwingt im Kosmos in hellgrüner Farbe und ist vom

„G", dem siebenten Buchstaben des Alphabets, welches in g r a s g r ü n e r Farbe zu üben ist, stets zu unterscheiden.

8. ist „H" an der Reihe und muß in s i l b e r v i o l e t t e r Farbe geübt werden. H ist nicht zu verwechseln mit B, welcher Buchstabe eine hellviolette Farbe haben muß, wohingegen H in einer etwas dunkleren violetten Färbung mit silbrigem Flimmer zu üben ist. Dasselbe gilt auch vom Ch.

Der neunte Buchstabe ist „I", dessen kosmische Farbe h e l l o p a l ist. Opalfarben gehen ins Grüne, Rötliche, Blaue und Violette, haben also ein Lichtspektrum. Diesen Farbenkomplex präge sich jeder Quabbalist gut ein, um mit dem I leichter arbeiten zu können. Da die Opalfarben fast alle Farben vertreten, wurde in der hebräischen Quabbalah I — also Jod — als der erste Buchstabe hingestellt, aus welchem dann alle anderen Buchstaben entstanden sind.

Auch „J", der zehnte Buchstabe, hat eine opale, jedoch etwas dunklere Farbenschwingung. Der Farbenunterschied zwischen einem I und einem J ist leicht erkennbar.

11. kommt „K" an die Reihe und ist in s i l b e r b l a u e r Farbe vorzustellen.

12. ist „L" in d u n k e l g r ü n e r Lichtschwingung zu üben. Die dunkelgrüne Farbe ist bei diesem Buchstaben ein s a t t e s G r ü n , welches an das Grün einer Olive erinnert.

„M" ist der 13. Buchstabe mit b l a u g r ü n e r Farbenschwingung. Das Blaugrün des M erinnert an die Farbe des Meeres und nicht umsonst wird in der Elemente-Analogie M dem Wasser-Prinzip zugesprochen.

„N" als 14. Buchstabe ist in r o t e r — f l e i s c h r o t e r — Farbenschwingung zu üben.

Die Farbenschwingung des 15. Buchstabens „O" ist ein d u n k - l e s U l t r a m a r i n .

„P", der 16. Buchstabe, hat eine d u n k e l g r a u e Farbenschwingung.

17. „Q" wird in der Quabbalah als kein selbständiger, sondern als ein zusammengesetzter Buchstabe, bestehend aus K und W, betrachtet und ·wird daher als Q nicht geübt.

Der 18. Buchstabe unseres Alphabets ist das „R", welches sich der Quabbalist in g o l d e n e r , wunderbar glänzender Farbe vorzustellen hat.

„S" ist der 19. Buchstabe, welcher in p u r p u r r o t e r Farbe bis zur vollkommenen Beherrschung zu üben ist.

Als 20. Buchstabe bleibt das „Sch", welches zwar in der Schreibweise ein zusammengesetzter Buchstabe ist, in der quabbalistischen Ausdrucksweise jedoch eine große Rolle spielt. Sch hat eine f e u e r r o t e Farbenschwingung und wird in der Quabbalah dem reinen Feuer-Element zugewiesen.

Der 21. Buchstabe, das „T", ist in b r a u n s c h w a r z e r Farbe zu üben.

22: Das „U" wird in s a m t s c h w a r z e r Farbe geübt. Das Schwarz ist als Farbe und nicht als Leere zu empfinden.

„V", der 23. Buchstabe, ist eine Abart des „F" und wird demnach gerade so wie F, also in h e l l g r ü n e r Farbe geübt.

„W", der 24. Buchstabe, ist mit einer l i l a Farbenschwingung zu üben. V ist auch eine phonetische Abweichung des W und ist vom quabbalistischen Standpunkt aus kein selbständiger Buchstabe.

Dasselbe gilt vom „X", dem 25. Buchstaben, der aus I, K und S zusammengesetzt ist und in quabbalistischer Hinsicht nicht als einzelner Buchstabe betrachtet wird.

26: „Y" ist gleich dem Umlaut „Ü", welcher in einer r o s a Farbenschwingung geübt wird.

27: Als letzter Buchstabe des Alphabets gilt „Z", das in z i t r o - n e n g e l b e r — also hellgelber — Farbenschwingung zu üben ist.

Über die Umlaute wäre noch zu sagen, daß das „Ö" in einem d u n k e l o r a n g e n e n und das „Ä" in einem l e h m b r a u n e n Farbton zu üben ist.

Hat der Quabbalist alle Buchstaben auf die angeführte Weise durchgenommen, so daß er in der Lage ist, jeden im Geist ausgesprochenen Buchstaben sofort in der entsprechenden Farbenschwingung hervorzurufen, kann er mit weiteren Übungen beginnen.

*

Sobald der Quabbalah-Schüler die Übungen mit allen Buchstaben in den angegebenen Farben durchgenommen hat und sie induktiv und deduktiv, d. h. aus seinem Körper ins Universum zu projizieren und wieder umgekehrt, aus dem Universum in seinen Körper einzuleiten und zu verdichten gelernt hat, setzt er sie wie folgt fort: Er führt auf dieselbe Art und Weise die Buchstaben je nach ihrer Elementezugehörigkeit in die einzelnen Körperregionen ein.

Der Schüler beginnt wieder mit dem Buchstaben „A", welcher dem Luft-Element zusteht und führt ihn in die Luftregion des Körpers, also in die Brust ein, wo er das A gedanklich ausspricht und es sich dort in hellblauer Farbe vorstellt. Hat er die Vorstellung in hellblauer Farbe längere Zeit in der Brust festgehalten, löst er sie mittels Imagination wieder auf. Er muß dabei das Empfinden haben, daß die Lichtschwingung der blauen Farbe aus dem Brustkorb gänzlich entschwunden ist.

Als weitere Übung beginnt er das A gedanklich mehrmals zu

sprechen und die blaue Lichtschwingung im Brustkorb hervorzurufen. Bei jedem gedanklichen Aussprechen des Buchstabens A wird die Lichtschwingung der blauen Farbe in der Brustregion verdichtet. Dieses Verdichten darf jedoch auf die Farbe keinen Einfluß ausüben. Es muß lediglich die Expansionskraft in der Brustregion festgehalten — und von Übung zu Übung gesteigert werden. Alle diese Übungen dürfen natürlich den Atem nicht beeinflussen. Es darf den Schüler nicht dazu verleiten, bei der Stauung den Atem einzuhalten. Diese Versuchung überkommt den Schüler nur zu Beginn. Später, wenn er sich daran gewöhnt hat, im Körper oder außerhalb des Körpers eine Dynamik, ganz gleich welcher Art,hervorzurufen, werden Stauungen, wie etwa unregelmäßiges Atmen oder unerwünschtes Muskelanspannen u. dgl. nicht mehr auftreten. Hat der Schüler das A in der hellblauen Farbe so stark verdichtet, daß es einer vollgepumpten Pneumatik gleicht, löst er es wieder durch das Aussprechen ins Universum auf.

Als weitere Übung stellt sich der Schüler das kosmische A expansiv im ganzen Universum in hellblauer Farbe vor und versucht es durch den Mund oder durch die Nase in die Brustregion mit Hilfe des Atems einzuziehen. Einige ruhige Atemzüge genügen, und der Schüler wird die Brustregion mit der hellblauen Lichtschwingung gefüllt haben. Beim Einatmen der Farbenschwingung des Buchstabens A ist regelmäßig, ohne Anstrengung oder Atemanhaltung zu atmen. Auch tiefe Atemzüge sind dabei zu vermeiden, da sie der Schüler später als störend empfinden würde.

Stellt sich nach einigem Üben Erfolg ein, geht der Schüler dazu über, die hellblaue Lichtschwingung des Buchstabens A beim Sprechen im Innern des Brustkorbes nicht mehr durch den Mund oder durch die Nase einzuziehen, sondern durch die Peripherie der Brustregion, ähnlich wie es bei der Porenatmung gehandhabt wird. Auch hier muß der Schüler durch wiederholte imaginative Vorstellung eine ausreichende Dynamik erzielen. Kurz gesagt, der Schüler muß jede Buchstabenschwingung in die ihr zustehende Körperregion induktiv und deduktiv einfach oder verdichtet einzuziehen oder auszusenden verstehen. Diese Übungen sind solange zu wiederholen, bis eine derartige Fertigkeit erreicht wird, daß der Schüler alle bisher angeführten quabbalistischen Arbeiten ohne große Anstrengung und spielend leicht vollbringt.

Der Umlaut „Ä" mit seiner lehmbraunen Lichtfärbung steht dem Erd-Element zu und ist in der Erdregion, welche vom Steißbein angefangen über die Schenkel zu den Fußsohlen herunterreicht, bis zur vollkommenen Beherrschung zu üben.

Der Buchstabe „B" mit seiner hellvioletten Lichtschwingung entspricht dem Wasser-Element, welches die ganze Bauchregion beeinflußt. Die Übungen sind die gleichen, wie beim Buchstaben A in der Brustregion und sind bis zur einwandfreien Beherrschung zu wiederholen.

Das „C" mit seiner zinnoberroten Lichtschwingung ist dem Feuer-Element unterstellt. Diesem steht die Kopfregion zu. Es ist auf dieselbe Art, wie beim Buchstaben A zu üben.

Nochmals bemerke ich, daß der Schüler die Farbenschwingung in jeder Körper-Region dynamisch laden und nachher wieder ins Universum auflösen muß. Würde er die Wiederauflösung unterlassen, riefe er unbedingt eine gestörte Elemente-Harmonie in seinem Mikrokosmos hervor und die Dynamik — Expansionskraft — könnte sich bei ihm disharmonisch auswirken, was nicht nur mentale, sondern auch astrale, mitunter sogar grobstoffliche ungünstige Folgen für ihn hätte. Es müßte sich zwar nicht gleich irgendeine Krankheit einstellen, aber jedenfalls würde der Schüler eine Disharmonie bald verspüren. Diese Bemerkung diene dem Schüler als Warnung und gleichzeitig als Ansporn dafür, die Übungen jederzeit gewissenhaft durchzunehmen. Der angehende Quabbalist arbeitet hier mit Kräften, die er erst später in ihrer vollen Reichweite kennenlernt.

Als weiterer Buchstabe ist das „D" mit seiner dunkelblauen Farbschwingung zu üben. D ist dem Erd-Element untergeordnet und daher gleich dem Umlaut Ä vom Steißbein bis zu den Fußsohlen durchzunehmen.

„E" mit seiner dunkelvioletten Lichtschwingung entspricht dem Feuer-Element und ist demnach gleich dem Buchstaben C in der Feuer-Region — im ganzen Kopf — zu üben.

Es folgt „F" mit der hellgrünen Farbschwingung. Da es dem Wasser-Element zusteht, wird es gleich B in der Wasser-Region, das ist im ganzen Bauch, geübt.

„G" schwingt in grasgrüner Farbe und steht dem Erd-Element zu. Es wird daher — gleich Ä und D — in der Erd-Region des eigenen Mikrokosmos — Steißbein bis Fußsohlen — auf die beschriebene Weise geübt.

Der Unterschied zwischen F und G liegt darin, daß das F hellgrün, man kann fast sagen gelbgrün ist, wohingegen das G eine grasgrüne — sattgrüne — Farbenlichtschwingung aufweist. Auf jeden Fall muß der Schüler das F vom G durch die Farbenschwingung sofort zu unterscheiden wissen.

„H" in seiner silbervioletten Lichtschwingung entspricht dem Wasser-Element und wird daher — ebenso wie B und F — in der Bauch-Region geübt.

„Ch" hat eine violette Farbenschwingung, gehört daher dem Akashaprinzip an und ist in der Gegend zwischen der Bauch- und der Brustregion, in der sogenannten Herzgrube oder dem Solar-Plexus zu üben. Diese Stelle wird auch der Goldene Schnitt genannt und bildet eine Art Zwischenregion.

„I" stellt sich der Schüler in einer opalisierenden Lichtfarbenschwingung vor, bei welcher die h e l l e n Farben überhand nehmen. I steht dem Erd-Element zu und gehört daher — gleich Ä, D und G — in die Erdregion — Steißbein bis Fußsohlen — und ist namentlich in beiden Füßen zu üben.

„J" hat, ähnlich wie I, eine opalisierende Farbenschwingung, nur ist bei J die Schattierung etwas dunkler. Auch J steht dem Erd-Element zu, gehört somit in die Erd-Region des Mikrokosmos, wo die Übungen mit J vorzunehmen sind.

„K" hat eine silberblaue Farbenlichtschwingung und steht nicht nur einem einzigen reinen Element zu, sondern wird von zwei Elementen beherrscht und zwar vom Feuer- und vom Luftprinzip. Die zuständigen Körperregionen sind der Kopf und der Brustkorb. In beiden Regionen sind die Übungen mit K gleichzeitig vorzunehmen.

Nun kommt „L" an die Reihe; dieser Buchstabe hat eine dunkelgrüne, sagen wir olivgrüne Farbenlichtschwingung. L steht dem Luft-Element zu, gehört daher in die Luftregion und wird — gleich A und K — im Brustkorb geübt.

Der alphabetischen Reihenfolge nach sind nun Übungen mit dem Buchstaben „M" vorzunehmen, welcher eine blaugrüne Lichtschwingung haben muß, die dem Wasser-Element analog ist. Gleich den Buchstaben B, F und H ist auch M in der Wasser-Region des Körpers, also in der Bauchgegend, zu üben.

Sodann folgt „N" in dunkelroter Farbenlichtschwingung. N ist dem Feuer-Element unterstellt und muß daher in der Kopfregion — gleich C, E und K — bis zur vollkommenen Beherrschung geübt werden.

Auch der Buchstabe „O" mit seiner ultramarinfarbenen Lichtschwingung steht dem Feuer-Element zu und wird ebenso wie C, E, K und N in der Kopfregion geübt. Die ultramarinblaue Farbe ist vom Hellblau und Dunkelblau streng zu unterscheiden.

Der zweite Umlaut ist „Ö" mit seiner dunkelorangenen Lichtfärbung. Ö unterliegt dem Feuer-Element und wird — gleich C, E, K, N und O — in der Feuer-Region, also im Kopf, geübt.

Ein weiterer Buchstabe unseres Alphabets ist „P", welcher eine dunkelgraue Farbenlichtschwingung hat und dem Erd-Element zugeteilt ist. P ist daher — gleich Ä, D, G, I, J — in der Erd-Region, also in beiden Füßen von den Oberschenkeln angefangen bis herunter zu den Fußsohlen, zu üben.

Das „R" mit seiner goldfarbigen Lichtschwingung ist zuerst im Akashaprinzip — Zwischenregion Plexus-Solaris — und erst nach vollkommener Beherrschung in demselben in der Wasser-Region, also in der Bauchgegend — gleich B, F, H und M — zu üben.

„S" steht mit seiner purpurroten Lichtschwingung dem Feuer-Element zu und ist daher in der Feuer-Region, im Kopf — gleich den Buchstaben C, E, K, N, O und Ö — zu üben.

„Sch" hat eine feuerrote Lichtschwingung und ist dem Feuer-Element zugeteilt. Auch Sch ist wie S im Kopf zu üben. Der Unterschied zwischen S und Sch äußert sich in der Farbe. S ist purpurrot ins ziegelrote übergehend, wohingegen Sch eine feuerrote — glutrote — Schattierung aufweist. In der Sefer Jezirah wird Sch dem reinen Element des Feuers zugeschrieben, durch welchen Buchstaben das Akashaprinzip, also Gott selbst, in seiner schöpferischen Tätigkeit das Feuer-Element erschaffen hatte.

Der nächstfolgende Buchstabe „T" ist in braunschwarzer Lichtschwingung zu üben. T steht dem Erd-Element zu und ist daher — wie die Buchstaben Ä, D, G, I, J und P — in der Erd-Region des Mikrokosmos, also in beiden Füßen zu üben.

An die Reihe kommt „U" mit seiner glänzend schwarzen — samtschwarzen — Lichtschwingung. Die Übungsstelle befindet sich zuerst in der Zwischenregion, also im Solar-Plexus. Erst nach Absolvierung der Übungen in der Akasha-Gegend ist der Buchstabe U auch noch in der Erd-Region — gleich Ä, D, G, I, J, P und T — zu üben.

„W" mit seiner lila Lichtschwingung unterliegt sowohl dem Akashaprinzip, als auch dem Luftprinzip. Dieser Buchstabe ist daher zuerst in der Akashagegend — Zwischenregion Solar-Plexus — und nach Beherrschung in demselben in der Luftregion — Brustgegend — gleich A, K und L zu üben.

Das „Y" ist in der quabbalistischen Aussprache gleichzeitig der Umlaut „Ü" und wird in rosafarbiger Lichtschwingung in der Feuer-Region — Kopfgegend, wie die Buchstaben C, E, K, N, O, Ö, S und Sch — geübt, da es dem Feuer-Element zusteht.

Der letzte Buchstabe des Alphabets ist das „Z" in hellgelber oder zitronengelber Lichtschwingung. Z wird vom Luft-Element beherrscht und ist daher in der Luftregion — Brustgegend — gleich A, K, L und W zu üben. Z ist nicht zu verwechseln mit C, welcher Buchstabe eine zinnoberrote Lichtschwingung hat und hart auszusprechen ist. Z mit seiner hellgelben — zitronengelben — Lichtschwingung ist summend — ähnlich dem S —, also weich auszusprechen.

Nach Absolvierung aller hier beschriebenen Übungen mit sämtlichen Buchstaben unseres Alphabets, hat der Quabbalahschüler eine volle Etappe in der quabbalistischen Praxis erreicht und kann die nächstfolgenden Übungen vornehmen. Bei diesen ist Voraussetzung, daß der Schüler wenigstens die Grundkenntnisse der Anatomie des Menschen besitzt. Ist dies nicht der Fall, muß er das Fehlende nachholen und kann diese Kenntnisse aus jedem Lehrbuch schöpfen, welches die Anatomie des Menschen beschreibt. Es wäre geradezu lachhaft, wenn ein Schüler der quabbalistischen Mystik nicht einmal wüßte, wo sich im menschlichen Körper z. B. die Leber oder die Niere u. dgl. befindet.

Bei den nachstehenden Übungen wird die okkulte Anatomie berücksichtigt. Der Vorgang ist derselbe, wie bei den Buchstabenübungen in den einzelnen Elemente-Regionen. Wollte der Quabbalah-Schüler an die weiteren Übungen herantreten, ohne die Fähigkeit zu besitzen sich in das zu übende Körperorgan zu versetzen, würde seine Anstrengungen kein Erfolg krönen. Demzufolge wird der Quabbalist meinen Hinweis auf den Lehrgang des ersten Werkes „Der Weg zum wahren Adepten" als durchaus angebracht finden, laut welchem er die Bewußtseinsversetzung zu üben hatte und es ihm daher jetzt nicht schwer fallen wird, sich auch quabbalistisch mit den einzelnen Organen zu befassen.

Wer ohne entsprechende Vorbereitung quabbalistische Mystik betreiben will, muß, bevor er die quabbalistischen Übungen aufnimmt, Übungen der Bewußtseinsversetzung vornehmen, da es ihm sonst auf keinen Fall gelingen würde, visionäre quabbalistische Übungen zu beherrschen, welche zur Betätigung des Willensprinzipes im Mikro- und Makrokosmos führen.

Diese praktische Betätigung behandelt die zweite und gleichzeitig letzte Etappe der ersten Stufe, nämlich den Gebrauch der Buchstaben in den einzelnen Organen, die durch das Üben analog den Universalgesetzen belebt und beherrscht werden müssen. Die Praxis ist folgende:

Es ist wieder mit dem ersten Buchstaben des Alphabets, dem „A" zu beginnen, welches diesmal nicht in der ganzen Brustregion, sondern ausschließlich in der Lunge zu üben ist. Der Schüler versetzt sich mit seinem ganzen Bewußtsein in die einzelnen Lungenflügel, fühlt und empfindet sich als Lunge und nimmt dort die Übungen vor. Das A wird wiederum in hellblauer Farbe in die einzelnen Lungenflügel aus dem ganzen Universum imaginativ eingesogen und nachher ins Universum wieder aufgelöst. Gelingt dieses Experiment, wird auch bei dieser Übung die Dyna-

mik durch die Zusammenpressung der blauen Lichtfarbenschwingung vorgenommen und zwar im Anfang mit Hilfe des
Atmens durch Mund und Nase und später durch die imaginative
Porenatmung. Es ist nicht eher zum zweiten und den nächsten
Buchstaben überzugehen, bevor das A in den Lungenflügeln auf
die angegebene Art und Weise nicht vollkommen bearbeitet wurde.

Der nächste Buchstabe ist der Umlaut „Ä", welcher auf dieselbe
Art wie das A, jedoch in lehmbrauner Lichtfarbenschwingung
und im After zu üben ist.

Das „B" in hellvioletter Farbenschwingung ist im rechten Auge
im ganzen Augapfel zu üben.

Das „C" in zinnoberroter Farbenschwingung wird im Magen
geübt.

Übungen mit dem Buchstaben „D" sind in dunkelblauer Farbenschwingung im rechten Ohr vorzunehmen.

Bei Übungen in den Ohren ist niemals nur die Ohrmuschel allein zu verstehen, sondern der ganze Gehörapparat.

„E" in dunkelvioletter — akashavioletter — Lichtschwingung
wird im ganzen Rückgrat geübt und zwar vom Steißbein angefangen bis hinauf zum Hinterkopf.

„F" mit seiner hellgrünen Farbenschwingung wird in der linken Hand geübt.

„G" hat grasgrüne — sattgrüne — Farbenlichtschwingung und
wird in allen Phasen des linken Auges geübt.

„H" mit silbervioletter Lichtfarbenschwingung wird im ganzen
rechten Arm geübt, d. h. von der Schulter angefangen bis zu den
Fingerspitzen.

Nun ist „Ch" an der Reihe, mit dessen violetter Lichtfarbenschwingung die Übungen zur praktischen Belebung und Beherrschung im ganzen linken Bein, also vom Oberschenkel bis zu den
Zehenspitzen, vorgenommen werden.

Die Übungsstelle für den Buchstaben „I" mit seiner hellopalisie-
renden Farbenlichtschwingung befindet sich in der linken Niere,
wo die Bewußtseinsversetzung vorzunehmen ist.

Schwieriger ist es beim Buchstaben „J" mit seiner dunkelopalisierenden Lichtfärbung, welcher im Zwerchfell zu üben ist. Das Zwerchfell ist bekanntlich eine dünnwandige Haut, in welche der Quabbalah-Schüler sein Bewußtsein versetzen muß, um es zu beleben. Erst dann gehe der Schüler zum nächsten Buchstaben, bis er die volle Gewißheit hat, daß er auch die Übungen im Zwerchfell vollkommen beherrscht.

„K" mit seiner silberblauen Lichtfarbenschwingung wird im linken Ohr geübt. Da der Schüler beim Buchstaben D, mit welchem er das rechte Ohr belebte, schon Erfahrungen hat, wird ihm die Belebung des linken Ohres keinerlei Schwierigkeiten bereiten.

In der Milz wird zum Zweck ihrer Belebung der Buchstabe „L" mit der dunkelgrünen Lichtfarbenschwingung geübt.

Die Übungsstelle für das „M" — blaugrüne Lichtschwingung — befindet sich im Hohlraum des Bauches, also keinesfalls im Darm. Um sich die Übungen mit M zu erleichtern, muß sich der Schüler den Bauch als Hohlraum, also vollkommen leer ohne Gedärme und sonstige Organe vorzustellen wissen. Bei richtiger Einstellung und Bewußtseinsversetzung wird es dem Schüler einwandfrei gelingen, den Innenhohlraum des Bauches zu beleben, ohne ein anderes Organ, wie Darm, Galle usw. zu beachten.

In der Reihenfolge der Buchstaben folgt das „N" mit dunkelroter Farbenlichtschwingung. Mit N ist die Leber nach erfolgter Bewußtseinsversetzung zu beleben.

Die Übungsstelle des „O" und seiner ultramarinfarbenen Lichtschwingung ist im Schlund zu suchen. Unter Schlund wird quabbalistisch der ganze Hals mitsamt der Luftröhre verstanden.

Der Umlaut „Ö" — dunkelorangene Lichtfärbung — ist auf dieselbe Weise zu üben, wie alle anderen Buchstaben und zwar befindet sich für Ö die Übungsstelle beim Mann in beiden Hoden und bei einer Frau in beiden Eierstöcken. Je nach Belieben kann der Schüler beide Hoden auf einmal beleben oder auch einzeln. Bei den weiblichen Genitalien ist es dagegen vorteilhafter zuerst den linken und dann den rechten Eierstock zu beleben und zu beherrschen.

Die Übungsstelle für das „P" — dunkelgrüne Lichtfarbenschwingung — befindet sich im rechten Nasenflügel.

Der linke Nasenflügel bleibt dem „R" — goldene Lichtfarbenschwingung — vorbehalten.

Nun kommt das „S" an die Reihe — purpurrote Lichtfarbenschwingung —, welches in der Galle zu üben ist.

Mit „Sch" — feuerrote Lichtfarbenschwingung — wird das Gehirn belebt und zwar sowohl Kleinhirn, als auch Großhirn, somit das ganze Kopfinnere.

Mit dem „T" — braunschwarze Lichtfarbenschwingung — wird die rechte Niere bearbeitet.

Das „U" mit seiner samtschwarzen — glänzend-schwarzen — Lichtschwingung ist für die Belebung der Bauchspeicheldrüse im Solar-Plexus bestimmt, welcher in der Herzgrube seinen Sitz hat.

Mit der lilafarbenen Lichtschwingung des „W" hat der Schüler den ganzen Darm zu beleben, das heißt vom Zwölffingerdarm angefangen bis zum Dickdarm, also bis zum After.

Das Ypsilon „Y" oder der Umlaut „Ü" — rosafarbene Lichtschwingung — ist im Herzen zu üben.

Schließlich ist der letzte Buchstabe unseres Alphabets, das „Z" mit seiner hellgelben Farbenschwingung, gleichfalls im Herzen zu üben.

Hiermit hat der Quabbalah-Schüler das ganze Alphabet mit seinen Entsprechungen zum Körper praktisch durchgenommen und hat gelernt, in jedes einzelne Organ seines Körpers sein Bewußtsein zu verlegen, darin magisch-quabbalistisch zu wirken. Durch diese Praktik eignet sich der Quabbalist die Fähigkeit an, ein jedes Organ sowohl in seinem eigenen Körper, als auch im Körper eines anderen Menschen zu beleben, es zu erkennen und zu beherrschen.

Die Übungen der Bewußtseinsversetzung in jedes einzelne Organ verursachen meistenteils eine Überblutung des betreffenden Organs, welche in den meisten Fällen als Wärme, mitunter sogar als Hitze empfunden wird, da dem Organ durch die Bewußtseinsversetzung die vollkommene Aufmerksamkeit des Quabbalisten gewidmet wird. Die als Wärme empfundene Blutüberfüllung wird von vielen Mystikern irrtümlicherweise als eine gewisse Kraft Gottes angenommen, hat aber mit dieser nichts zu tun und ist nur eine physiologische und psychologische Wirkung. Der

Quabbalist wird daher dieser Blutüberfüllung keine besondere Aufmerksamkeit schenken und die auftretende Wärme als eine selbstverständliche Begleiterscheinung seiner Übungen betrachten. Die Expansivität der in den einzelnen Organen gestauten Kraft wird ihm nichts anhaben können, sie wird also vollkommen unschädlich sein. Schließlich und endlich hat ja der Quabbalist gelernt, Stauungen der verschiedensten Art — elektrische, magnetische, mit Elementen und mit Licht — vorzunehmen, so daß sein Körper, dank der einzelnen Kräfte, eine gewisse Elastizität und Widerstandsfähigkeit schon besitzt. Bei wem dies zutrifft, der kann alle bisher beschriebenen Übungen gefahrlos vornehmen, welche er sogar in jeder Hinsicht als segenbringend anerkennen wird.

Der Schüler könnte möglicherweise einwenden, warum die Übungen im Körper nicht der Reihe nach, also vom Kopf bis zum Fuß oder umgekehrt vorgenommen werden. Auf diese Frage wäre zu erwidern, daß es für den praktizierenden Quabbalisten vorteilhafter ist, wenn er die Reihenfolge der Buchstaben einhält und demzufolge sprungweise von einem Organ auf das andere übergeht, weil er dadurch einer stufenweisen Überblutung der körperlichen Organe aus dem Wege geht.

Dadurch, daß der Schüler auf ein anderes Organ, z. B. auf das entgegengesetzte, übergeht, flaut das Gefühl der Überblutung beim vorhergehenden Organ ab. Es kann mitunter auch vorkommen, daß durch die Bewußtseinsversetzung in ein Organ und durch das Wirken in demselben außer der Wärme eine Art Schmerz empfunden wird. Dies wäre ein Zeichen dafür, daß das Organ, Glied usw. entweder überempfindlich oder sogar krank ist, ohne daß ein Krankheitssymptom auftreten müßte oder eine direkte Erkrankung zu merken wäre. In einem solchen Falle wird der Quabbalist gut tun, wenn er vorher wiederholt eine Lichtkraftstauung in das krankhafte Organ mit der Imagination der vollkommenen Genesung einführt. Mit Hilfe seiner Imaginationsfähigkeit wird das krankhafte Organ nach wiederholten Lichtkraftstauungen derart hergestellt, daß der Quabbalist in demselben seine Übungen durchführen kann.

Eine zweite Frage dürfte aufkommen, und zwar, was in Fällen zu unternehmen sei, wo dieses oder jenes Organ wegoperiert werden mußte. In solchen Fällen ist nur die grobstoffliche Hülle, die materielle Form entfernt worden, die astrale Funktion des Organes besteht dagegen weiter, und der Schüler muß das Organ genau so beleben, wie wenn er es auch physisch hätte. Bei den Übungen braucht er sich dann nur das Organ an der ihm zuständigen Körperstelle vorzustellen. Im Zusammenhang damit werden Menschen, welchen etwa ein Fuß oder eine Hand u. dgl. amputiert werden mußte, manchmal genau dieselben Schmerzen verspüren, wie wenn sie die Hand oder den Fuß grobstofflich noch besitzen würden. Ein solches Empfinden physischer Schmerzen in den amputierten Stellen nennt die Physiologie „Subjektive Nervenüberreizung der Nervenstränge". Der Hermetiker weiß jedoch, daß in der Astralwelt das fehlende grobstoffliche Glied in seiner Astralform weiterbesteht.

Es kann vorkommen, daß manche von jenen Lesern, welche sich mit Astrologie befassen, etwa einen Anstoß daran nehmen, daß die Farbenlichtschwingungen, welche ich den einzelnen Buchstaben zugeschrieben habe, in manchen Fällen astrologisch nicht übereinstimmen. Einem ähnlichen Einwand müßte ich mit der Bemerkung begegnen, daß die quabbalistische Mystik mit der mantischen Astrologie nichts zu tun hat.

Alle hier angeführten quabbalistischen Übungen der ersten Stufe dieses Werkes stärken das Willensprinzip des quabbalistischen Mystikers bis zum Höchstmaß; sie lassen ihn ferner die Fähigkeit aneignen, die Buchstaben mit Hilfe ihrer Farbenschwingung quabbalistisch im Makro- und Mikrokosmos zu gebrauchen, was ja der eigentliche Zweck aller Übungen der ersten Stufe ist.

E n d e   d e r   e r s t e n   S t u f e.

Stufe II

Quabbalistische Inkantation

In der ersten Stufe der quabbalistischen Mystik hat der Schüler jeden Buchstaben durch die zustehende Farbe induktiv und deduktiv in seinem eigenen Körper — Mikrokosmos — und auch im Universum — Makrokosmos — auszusprechen gelernt. Er ist auch fähig, einen Buchstaben in jede Form zu kleiden und in der Farbensprache auf dieselbe Art und Weise auszusprechen, d. h. jeden Gegenstand mit der betreffenden Buchstabenschwingung zu laden. Schon jetzt kann er sich — wenn auch noch nicht ganz klar — die Reichweite der Wirkung auf Körper, Seele und Geist vorstellen, bis er gelernt hat, einen Buchstaben vierpolig auszusprechen.

Diese Art, Worte zu gebrauchen, damit sie magisch-dynamisch wirken, kann nur ein wahrer Eingeweihter seinem Schüler beibringen. Der Schüler sieht, daß alles, was er sich bis jetzt mehr oder weniger mühevoll aneignen mußte, durchaus notwendig war, um 1. den Gebrauch der kosmischen Sprache zu lernen und 2. um später auch noch die Fähigkeit zu besitzen, tatsächlich vierpolig zu sprechen.

Die Absolvierung der zweiten Stufe dieses Lehrganges bringt den Schüler wieder um einen Schritt weiter, da er beim Lernen der kosmischen Sprache den zweiten Aspekt seines Wesens und zwar die intellektuelle Seite, das ist das Luftprinzip, in Anspruch nehmen muß und die Buchstaben in Verbindung mit Tönen gebrauchen wird. Mit dem Ton lebt der Buchstabe auf und Aufgabe des Schülers ist nun, jeden Buchstaben mit dem ihm analogen Ton zu gebrauchen, d. h. auszusprechen.

Die Praxis ist genau dieselbe, wie bei den visionären Übungen, also bei den Übungen mit der Lichtfarbenschwingung, nur mit dem Unterschied, daß jeder einzelne Buchstabe keinen speziellen Ton hat, sondern daß sich ein- und derselbe Ton bei einigen Buchstaben wiederholt. Erst in Verbindung mit der Farbenlichtschwingung bekommt dann jeder Buchstabe die ihm zustehende

Eigenschaft. Bei den nachfolgenden Buchstabenübungen mit Tönen ist Farbenlicht und Tonschwingung in Einklang zu bringen, um den Buchstaben auszudrücken. Bei Übungen der Tonschwingung verbunden mit der Farbenlichtschwingung ist gleichfalls induktiv und deduktiv, in der kleinen und in der großen Welt, zu arbeiten.

Der Schüler beginnt zuerst mit Übungen im ganzen Körper, sodann in den einzelnen Elemente-Regionen und schließlich in den einzelnen Körper-Organen, genau so, wie er bei den Übungen der einzelnen Buchstaben mit der Farbenlichtschwingung vorgegangen ist.

In seinem, sich als Hohlraum zu denkenden Körper stellt sich der Schüler imaginativ die hellblaue Farbe vor, wobei er gleichzeitig im Geiste den Buchstaben „A" in der Tonhöhe des G — G-Dur — einige Male wiederholt. Es steht ihm frei, entweder alle Buchstaben in alphabetischer Reihenfolge im ganzen Körper zuerst induktiv und deduktiv zu bearbeiten und nachher in den einzelnen Elementeregionen, um sie schließlich der Reihe nach in den einzelnen Körper-Organen induktiv und deduktiv vorzunehmen. Er kann aber auch als zweite Möglichkeit einen Buchstaben zuerst im ganzen Körper, dann in der ihm zustehenden Elementeregion und nachher im entsprechenden Körper-Organ quabbalistisch bearbeiten. Zweck und Ziel aller Übungen der zweiten Stufe ist, die intellektuelle Seite, d. i. das Luftprinzip, mit dem Farbenprinzip und der Tonschwingung zu verbinden.

Nachstehend gebe ich dem Schüler die Töne der Buchstaben an, mit welchen er zu arbeiten hat:

Der Buchstabe	A schwingt im G-Ton,
der Umlaut	Ä im C-Ton,
der Buchstabe	B im A-Ton,
	C im D-Ton,
	D im C-Ton,
	E im D-Ton,
	F im Fis-Ton,
	G im F-Ton,
	H im A-Ton,

Ch im Dis-Ton,

I im G-Ton,

J im Gis-Ton,

K im H-Ton,

L im F-Ton,

M im D-Ton,

N im A-Ton,

O im C-Ton,

Ö im Dis-Ton,

P im H-Ton,

R im C-Ton,

S im Gis-Ton,

Sch im C-Ton,

T im F-Ton,

U im H-Ton,

W im G-Ton,

Y, / Ü / im Cis-Ton,

Z im G-Ton.

Bei den Übungen der Tonverbindung ist nicht Grundbedingung, daß der Schüler ein wer weiß wie großes musikalisches Talent haben muß. Es genügt, wenn er irgend ein Musikinstrument, im Notfalle auch nur einen Tonangeber hat, um den erforderlichen Ton anschlagen zu können. Nötigenfalls braucht der Schüler die Tonskala auch nur vor sich hinzusummen, um die einzelnen Töne festzustellen. Die Reproduzierung der Töne muß nicht gar so genau sein, denn nicht jeder Mensch ist musikalisch begabt. Die Hauptsache bei der Tonanwendung ist die, den Buchstaben in Licht- und Tonschwingung hervorzurufen.

Später wird dem Schüler ganz klar und auch wird er es zu schätzen wissen, daß die Tonschwingung bei jedem in Gedanken ausgesprochenen Buchstaben in der mentalen Welt ihre besondere Wirkung ausübt. Ferner, daß Tonschwingung und Farbenschwingung zusammen angewendet und leise, also halblaut in Form eines Buchstabens ausgesprochen, ihren Einfluß auf die astralen Sinne, also auf den Astralkörper ausüben und laut ausgesprochen auf die grobstoffliche Welt, also auf den physischen Körper einwirken. Diese Erkenntnis kommt dem Quabbalisten später sehr zustatten, wenn er Wirkungen entweder auf der mentalen, astralen oder auf der grobstofflichen Welt anstreben wird.

Hat nun der Schüler das ganze Alphabet gewissenhaft in allen Phasen durchgenommen, so daß er jeden Buchstaben

1. im ganzen Körper,
2. in den Elemente-Regionen und
3. auch in den einzelnen Körper-Organen

vollkommen beherrscht, somit in der Lage ist, diese Arbeiten ohne Anstrengungen jederzeit zu wiederholen, kann er die Übungen der zweiten Stufe dieses Lehrganges als beendet betrachten. Es empfiehlt sich nicht, bei den Übungen zu hasten, denn vor allem ist hier Gewissenhaftigkeit am Platze und mit je größerer Ausdauer der Schüler an sich in dieser Hinsicht arbeitet, umso bessere Erfolge werden seinen Fleiß krönen.

Durch die hier angeführten Übungen lernt der Quabbalah-Schüler nicht nur die Kräfte kennen und zu gebrauchen, sondern den analogen Universalgesetzen gemäß macht er Geist, Seele und Körper widerstandsfähig, elastisch und bleibt vor verschiedenen Einflüssen verschont, was beim Arbeiten mit der Quabbalah, also mit der Magie des Wortes, unbedingt notwendig ist. Jeder Schüler, der Körper, Seele und Geist quabbalistisch vorbereitet hat, wird niemals von Wesen, ganz gleich welcher Gattung, beeinflußt und kann die Verbindung mit Wesen, ob positiven oder negativen, auch ohne Kreis und ohne sonstige Schutzmittel vornehmen. Auch bei Anwendung bestimmter Formeln, die gewisse Kräfte im Universum auslösen, bleibt der Quabbalist vor etwaigen schädlichen Einwirkungen stets bewahrt, wenn bei ihm Geist, Seele und Körper entsprechend vorbereitet sind.

Der Schüler gehe daher nicht eher weiter, bevor er gerade diese Übungen gewissenhaft durchgenommen und vollkommen absolviert hat. Ferner muß er einen Unterschied zwischen der üblichen intellektuellen Sprache und der kosmischen Sprache dadurch machen, daß er sich immer dessen bewußt wird, beim Üben quabbalistisch zu arbeiten. Durch diese stete Vergewisserung wird ihm beim Gebrauch der normalen Sprache Ton, Farbe und jede andere Analogie niemals ins Bewußtsein treten. Der Quabbalist darf demnach seine normale Sprache niemals mit der quabbalistischen verwechseln oder verbinden.

E n d e   d e r   z w e i t e n   S t u f e

Stufe III

Aqua vitae quabbalisticae

In den zwei vorhergehenden Stufen hat der Quabbalist gelernt, die einzelnen Buchstaben der Reihe nach 1. in ihrer Farbenschwingung, also mit dem Willensprinzip, welches dem Feuer-Element unterliegt und 2. in der Schwingung des Luftprinzipes quabbalistisch auszusprechen, d. h. also die Buchstaben zweipolig zu dynamisieren. Der induktive und deduktive Vorgang befähigt den Quabbalisten, die Schwingungen eines Buchstabens außerhalb sich, entweder ins Universum oder an eine beliebige Stelle, oder in sich hinein anzuwenden. Dadurch, daß er stufenweise die Expansionskraft eines Buchstabens zu verdichten lernt, erreicht er durch dieses Training die erforderliche Widerstandskraft und Zähigkeit, diesen Schwingungen gewachsen zu sein und ihnen standzuhalten. Daß vom hermetischen Standpunkt aus diese Fähigkeit von großer Bedeutung ist, wird jedem bis hierher gelangten Quabbalisten sicherlich klar sein.

Nun mache ich den Quabbalah-Schüler mit einer dritten Schwingung der Buchstaben bekannt, welche er mit Hilfe geeigneter Übungen gleichfalls beherrschen muß. Bei der dritten Schwingung spielen die elementischen Eigenschaften der Buchstaben eine Rolle, welche sich der Quabbalist gefühlsmäßig anzueignen hat. Jeder Buchstabe hat eine, manchmal sogar zwei Elementeschwingungen.

Es ist wiederum mit dem Buchstaben „A" zu beginnen. Der Quabbalist spricht im Geiste das A in seinen sich als Hohlraum vorzustellenden Körper hinein, wobei er gleichzeitig eine Leichtigkeit empfinden muß. Sobald ihm dies nach einigem Üben gelungen ist und er bei jedem gedanklichen Aussprechen auch wirklich die Leichtigkeit empfindet, spricht er das A eventuell leise aus und stellt sich vor, daß die A-Schwingung auch in seinem Arbeitsraum das Gefühl der Leichtigkeit hervorruft. Nach wiederholten erfolgreichen Versuchen dehnt er seine Übungen mit der Gefühlsversetzung der Leichtigkeit auf das ganze Universum aus.

Gelingt es dem Schüler beim geistigen und körperlichen Aussprechen des A in sich und außerhalb sich das Gefühl der Leichtigkeit nach Belieben hervorzurufen, auch dann, wenn er beim Aussprechen des A nicht direkt quabbalistisch an das Gefühl der Leichtigkeit denkt, dieses Gefühl jedoch automatisch eintritt, kann er diese Übung als erfolgreich absolviert betrachten und zum nächsten Buchstaben, dem Umlaut „Ä" übergehen.

Die Übungsweise des Ä ist dieselbe, wie beim Buchstaben A, nur muß der Schüler anstelle der Leichtigkeit das Gegensätzliche und zwar eine bleierne Schwere empfinden und durchleben. Das Gefühl der Schwere muß er auf das ganze Universum auszudehnen verstehen und umgekehrt, aus dem Universum heraus muß er durch den Umlaut Ä bis zu einem ganz kleinen Punkt die den Buchstaben Ä repräsentierende Schwere gefühlsmäßig durchleben. Beherrscht er die Übungen mit Ä genau so gut, wie mit A, geht er zu „B" über.

Bei dem Buchstaben „B" hat er es gleichfalls mit dem Erdelement, also mit der Schwere zu tun. Die Übungen sind stets bis zur vollkommenen Beherrschung zu wiederholen. Bei allen übrigen Buchstaben gebe ich dem Schüler die Eigenschaften der sie beherrschenden Elemente an.

„C" unterliegt zwei Elementen und zwar dem Feuer- und dem Luftprinzip, so daß der Schüler bei seinen Übungen zwei Gefühle, also die Leichtigkeit verbunden mit der Wärme empfinden und durchleben muß. Er lernt das C also doppelelementisch hervorzurufen, indem er es beim Aussprechen in sich und außerhalb sich warm und leicht empfindet.

„D" wird vom reinen Feuer-Element beherrscht, so daß der Quabbalist beim Aussprechen lediglich die Wärme empfinden muß, welche er je nach Konzentrations- und Imaginationsfähigkeit bis zu einem Hitzegefühl steigern muß.

„E" hat die spezifischen Eigenschaften des Akashaprinzipes, welches sich in der Elementeauswirkung im Gefühl der Allesdurchdringlichkeit offenbart. Die Übungen des Buchstabens E verbindet der Quabbalist daher mit dem Gefühl der Alldurchdringlichkeit.

„F" steht dem Erdprinzip zu, hat also die Schwere als Elemente-Eigenschaft und die Übungen sind demnach mit der Gefühls-schwingung der Schwere zu verbinden.

„G" unterliegt dem Wasserprinzip und die Übungen sind mit dem Gefühl der Kälte zu verbinden, welches bis zur Eisigkeit zu steigern ist.

„H" hat das Feuer-Prinzip inne und die Gefühlsschwingung ist die der Wärme.

„Ch" als Buchstabe des Wasserprinzipes ist mit dem Gefühl der Kälte zu üben.

„I" ist ein Buchstabe des Erd-Elementes und daher mit dem Gefühl der Schwere zu üben.

Unser „J" — das quabbalistische Jod — wird fast in allen quabbalistischen Schriften dem Feuer-Prinzip zugesprochen. Nur Wenigen ist bekannt, daß J nicht als Buchstabe dem Feuer-Element zugehört, sondern als Schlüsselwort Jod, welches in der Schöpfung — Allmacht — die Zahl E i n s vertritt. E i n s spiegelt sich im Malkuth als Schlüsselwort der Zahl Z e h n , unter welcher das Reich, die Erde zu verstehen ist. Der erfahrene Quabbalist wird diese Analogie selbstverständlich finden.

Das alphabetische „J" wird demnach nicht vom Feuer-Prinzip, sondern vom Wasser-Prinzip beherrscht und muß daher mit der Kälte-Gefühlsschwingung geübt werden.

„K" mit seinem Feuer-Prinzip ist mit dem Gefühl der Wärme — Hitze — zu verbinden.

„L" ist gleich A dem Luftelement analog und bedingt die Gefühlsschwingung der Leichtigkeit.

„M" entspricht dem Ur-Prinzip des Wassers und ist mit dem Gefühl der Kälte zu üben. Im Buche der Schöpfung — Sefer Jezirah — wird gesagt, daß der Schöpfer mit dem Buchstaben M das Wasser erschaffen hat.

„N" ist genau so wie M dem Ur-Element des Wassers unterstellt und muß daher gleichfalls mit dem Kältegefühl verbunden werden.

„O" ist ein Buchstabe des Erd-Elementes und muß mit dem Gefühl der Schwere geübt werden.

Am schwierigsten ist es mit dem Umlaut „Ö". Dieser Umlaut hat zwei sich anscheinend widersprechende Elemente-Eigenschaften und bedingt das Gefühl der Durchdringlichkeit und das der Schwere. Die Gefühlsschwingung der Alldurchdringlichkeit äußert sich durch den Dichtigkeitsgrad im Akashaprinzip. Das Akashaprinzip entspricht bekanntlich unserem Äther, welcher der Träger elektrischer und magnetischer Wellen ist. Die gefühlsmäßige Auffassung des Akashaprinzipes ist das Allesdurchdringen, welches sich sogar verdichten läßt und als Stabilität gerade im Umlaut Ö zum Ausdruck gebracht werden kann. Zum Beginn dieser Übungen wird es dem Quabbalisten einigermaßen schwer fallen, diese zwei gegensätzlichen Gefühle in Einklang zu bringen. Um sich die Praktik zu erleichtern, übe der Schüler zunächst das Gefühl der Allesdurchdringlichkeit in dem Bewußtsein, daß durch die Ö-Schwingung die Stabilität und ihre Verdichtung ausgedrückt wird.

Das gleiche gilt vom Buchstaben „Ü" entweder als Ypsilon oder als Umlaut, welcher dieselbe elementische Einstellung besitzt, nämlich das ätherische Erdprinzip und das Gefühl der Alldurchdringlichkeit.

An die Reihe kommt „P" mit dem Erdprinzip, welches mit dem Gefühl der Schwere verbunden wird.

(Vom Buchstaben „R" liegt keine Beschreibung vor. Der Verleger)

Die Buchstaben „S" und „Sch" werden vom Feuer-Element beherrscht und beide sind nacheinander mit dem Wärme-Gefühl zu üben. Laut dem Buche der Schöpfung Sefer Jezirah ist durch den Buchstaben Sch — Schim — das aktive Ur-Prinzip des Feuer-Elementes erschaffen worden.

„T" als Buchstabe des Feuer-Prinzips wird mit dem Gefühl der Wärme verbunden.

„U" entspricht dem reinen Akashaprinzip und wird beim Üben mit dem Gefühl der Alldurchdringlichkeit verbunden.

„W", welches im Grundprinzip dem Wasser-Element zusteht, ist beim Üben mit dem Gefühl der Kälte zu verbinden.

Zuletzt kommt „Z", welches dem Luft-Prinzip analog ist und mit dem Gefühl der Leichtigkeit in allen Phasen geübt werden muß.

Ende der dritten Stufe

Stufe IV

Quabbalisticae elementorum

Erst nach vollkommener Beherrschung der drei vorhergehenden Stufen, laut welchen der angehende Quabbalist lernen konnte, die Buchstaben der Reihe nach den Elementen gemäß zu üben, kann er dazu übergehen, alphabetisch einen Buchstaben nach dem anderen dreipolig durchzunehmen. Er macht also mit allen Buchstaben zuerst zwei-elementische und nachher drei-elementische Übungen. Der Schüler muß imstande sein, die Buchstaben in der Vorstellung der Farben, in der phonetischen Tonhöhe, also dem Ton und gleichzeitig dem Gefühl nach — wie in der dritten Stufe angegeben — auszusprechen. Gewinnt er nach längerem Üben die Fähigkeit, einen Buchstaben in drei-elementischer Wirkungsweise auszusprechen, ist er befähigt, die Buchstaben quabbalistisch — schöpferisch — zu gebrauchen.

Schon die Übungen der drei-elementischen Aussprechungsweise eines Buchstabens lassen den Quabbalah-Schüler überaus große magische Fähigkeiten erlangen. Er wird z. B. absoluter Herr der Elemente, erreicht magische Zähigkeit und kann jeder planetarischen Schwingung, auch der dichtesten standhalten. Gegen jeden magischen Angriff ist er gefeit. Sein Bewußtsein erweitert er derart, daß er jeden Begriff und jede Idee auf dem Gebiete der hermetischen Wissenschaft nicht nur intellektuell, sondern auch vom Akashaprinzip aus den Universalgesetzen gemäß mit Leichtigkeit vollkommen versteht und in ihrer wahren Tiefe zu erkennen vermag. Dadurch erreicht der Quabbalist nicht nur höheres magisches Wissen, sondern durch tiefes Erkennen sogar die höchsten Weisheiten. Er wird demnach nicht nur zum Wissenden, sondern viel mehr, e r   w i r d   z u m   W E I -
S E N.

Die weiteren Stufen lehren den Quabbalah-Schüler die einzelnen quabbalistischen Buchstaben mit ihren Grundideen sowohl auf den verschiedenen Ebenen, als auch in den verschiedenen Sphären zuerst einzeln und später zusammengesetzt — als Machtworte — Schöpfungsworte — praktisch für die verschiedensten Zwecke anzuwenden. Derjenige, der die Quabbalah nur theoretisch durchnimmt, wird die weiteren Abschnitte zwar durch Intuition eventuell vom höheren intellektuellen Standpunkt aus — hermetisch gesagt: vom philosophischen Standpunkt aus — verstehen, mit dem Quabbalah-Praktiker kann er aber im Erkennen und in der Weisheit nicht Schritt halten. Mit Worten allein lassen sich tiefe Weisheiten nicht wiedergeben, so daß es dann bei bloßen Andeutungen bleiben muß.

Die weiteren Übungen und die Anwendung verschiedener quabbalistischer Machtworte, sowie ihr Gebrauch, kommen nur für den praktizierenden Quabbalisten in Betracht und wollte ein Theoretiker die im weiteren Kapitel angegebenen Entsprechungen anwenden, wären sie für ihn wirkungslos.

Erneut sieht der Quabbalist, wie überaus wichtig die in meinem ersten Werk „Der Weg zum wahren Adepten" angegebenen Konzentrationsübungen der drei Sinne waren und sind, gemäß denen er die Expansivität eines Elementes in sich und außerhalb sich nach Belieben hervorzurufen lernte. Wer diese Dreisinnen-Konzentrationsübungen einwandfrei beherrscht, wird in der praktischen Quabbalah große Erfolge erzielen und die angeführten Dreielemente-Übungen mit Buchstaben spielend leicht absolvieren. Wer jedoch den Lehrgang der ersten Tarotkarte, also meines ersten Werkes, nicht praktisch verfolgte und sich gleich auf die Quabbalah und auf quabbalistische Übungen stürzt, ohne entsprechend vorbereitet zu sein, wird zur Absolvierung der Übungen natürlich sehr lange Zeit benötigen, bevor er die erforderliche Konzentrationsfähigkeit — Dreisinnen-Konzentrationsfähigkeit — erworben haben wird.

In dieser — also der vierten — Stufe beginnt der Quabbalist die einzelnen Buchstaben der Reihe nach im ganzen Körper dreipolig, also visionär, akustisch und gefühlsmäßig, wie in einem Hohlraum zu üben, indem er sie in ihrer vollen Resonanz vibrieren läßt, sie verdichtet und wieder auflöst.

Hat er das ABC im ganzen Körper durchgenommen, kommen die einzelnen Körperregionen an die Reihe, so daß er

92

1. Buchstaben des Feuer-Elementes — im Kopf,
2. Buchstaben des Luft-Elementes — im Brustkorb,
3. Buchstaben des Wasser-Elementes — im Bauch und
4. Buchstaben des Erd-Elementes — in den Füßen

drei-elementisch aussprechen wird. Als weitere Aufgabe wird er die Regionen seines Mikrokosmos einzeln im Bewußtsein abtrennen.

1. Die Buchstaben des Feuer-Elementes sind in der Kopfregion induktiv und deduktiv in nachstehender Reihenfolge zu üben:

Zuerst wird phonetisch und zischend das „Sch", nachher das „S" scharf, ausgesprochen. Dann kommt „H", welches als ein heißer Lufthauch empfunden und geübt werden muß. Hierauf folgt „D", mit dem begleitenden Gefühl der Expansion und schließlich „T" und „K" mit dem Gefühl einer starken Explosivkraft.

Wie schon bemerkt, muß hierbei der Kopf als ein unendlicher Hohlraum gedacht werden, in welchem man den Buchstaben im Geiste einigemale ausspricht und zu einem Punkt in der zuständigen Farbe verdichtet. Der Punkt, entsprechend verfärbt, muß einem glänzenden Sonnenpunkt gleichen. Jede Übung muß ein Gefühl enormer Spannkraft — Expansionskraft — begleiten. Diese Spannkraft, sowie die imaginative dreikonzentrative Form ist solange als nur möglich anzuhalten. Die Dauer richtet sich nach der Konzentrationsfähigkeit des Schülers und gilt als Maßstab seiner Reife. Durch Auflösung des glänzenden Buchstabenpunktes in den imaginativen Hohlraum der ganzen Kopfregion wird die Übung beendet. Auch bei der Auflösung ist bis zur Beendigung die Dreisinnen-Konzentration einzuhalten. Mit dem nächsten Buchstaben darf jeweils erst dann begonnen werden, wenn mit dem einen vollkommene Meisterschaft erreicht wurde. Nach Beendigung der Übung darf der Schüler keinerlei unliebsame Begleiterscheinungen an sich wahrnehmen oder empfinden.

Wer ohne ausreichende Vorbereitung die Übungen der Dreisinnen-Konzentration vornehmen wollte, dem würde schon die bloße Versenkung in den Mittelpunkt der Kopfregion Schwindel verursachen und Kopfschmerzen, Benommenheit, große Mattigkeit u. dgl. m. hervorrufen.

2. kommen jene Buchstaben an die Reihe, die dem Luft-Element analog sind und daher in der Brustregion mit Hilfe der Dreisinnen-Konzentration zu üben sind. Die induktive und deduktive Art und Weise ist auch hier einzuhalten.

Als erster Buchstabe wird in der Luftregion das „A" — langgezogen — geübt.

Nach Beherrschung des A kommt „Z" — zischend — an die Reihe und

zuletzt der Buchstabe „L" — lallend —.

Der übrige Vorgang ist derselbe, wie bei der Kopfregion beschrieben.

Bei der Dreisinnen-Konzentration gibt es kein Atem-Anhalten. Der Atem muß sowohl bei dieser, als auch bei jeder anderen Sinnes-Konzentration unbeeinflußt bleiben, d. h. er muß regelmäßig gehen.

Würde ein Unvorbereiteter oder in der Dreisinnen-Konzentration Ungeschulter an diese Übungen in der Brustregion herangehen, wären Atemstockungen sofort bei ihm wahrzunehmen, die verschiedentliche gesundheitliche Schäden zur Folge hätten, wie z. B. Lungenerweiterung, Asthma usw. Sogar verschiedene Herzkrankheiten könnten sich einstellen. Ein gewissenhafter Schüler jedoch, der alle Übungen der Reihe nach durchgenommen hat, braucht nichts zu befürchten; im Gegenteil, er wird sich von den stärkenden, harmonisch wirkenden Kräften der einzelnen Buchstaben bald überzeugen können.

Beherrscht der Quabbalah-Schüler auch die Luftregion mit ihren drei Buchstaben induktiv und deduktiv vollkommen, ist er fähig

3. an die Region des Wasser-Elementes, welche die Region der Bauchgegend im Menschen ist, zu gehen. Auch die ganze Bauchgegend muß er sich als unendlichen Hohlraum vorstellen, in welchem er der Reihe nach die dem Wasser-Element zustehenden Buchstaben induktiv und deduktiv durchnimmt.

Der erste Buchstabe der Bauchregion ist das „M", welches — brummend — zu üben ist. Als zweiter Buchstabe ist „N" — summend — zu üben. Der dritte Buchstabe ist „W" — weich ausgesprochen —, der vierte ist „J". Fünftens kommt der Gaumenlaut „Ch" und sechstens der Gaumenbuchstabe „G" an die Reihe.

4. kommen schließlich die Buchstaben des Erd-Elementes, welche in der Erd-Region, also in beiden Beinen — von den Schenkeln angefangen bis zu den Zehenspitzen — auf die gleiche Art und Weise zu üben sind. Die Buchstaben des Erd-Elementes sind folgende: I, O, F, R, B und P.

Nach Absolvierung der Übungen in der vierten Region nimmt der Schüler noch das harte „C" in der Kopf- und Brustregion gleichzeitig vor, indem er sich beide Regionen auf einmal als unendlichen Hohlraum vorstellt, in welchem er das C auf die gleiche Art und Weise der übrigen Buchstaben induktiv und deduktiv übt.

Sodann versetze der Schüler sein Bewußtsein in den Mittelpunkt seines Körpers, in den sogenannten goldenen Schnitt — Solar-Plexus — und stelle sich den ganzen Körper als Hohlraum vor, in welchem er mit Hilfe der Dreisinnen-Konzentration den Buchstaben „U" imaginativ übt. Da der Solar-Plexus die Akashagegend ist, wird in derselben weder induktiv noch deduktiv geübt, denn dem Schüler ist schon aus meinem ersten Werk bekannt, daß sich Akasha nicht verdichten läßt. Der Buchstabe U ist nämlich der Urlaut im Akashaprinzip!

Nach Beherrschung dieser Übung wird „E" geübt, welcher Buchstabe ebenfalls dem Akashaprinzip analog ist. Zwischen U und E macht sich beim Üben ein Unterschied in der Vibration bemerkbar.

Es bleiben noch die letzten drei Buchstaben in der Erd-Region zu üben und zwar, die Umlaute „Ö" und „Ü" — Y — und der Buchstabe „Ä". Diese Buchstaben haben in der Erdregion Akashawirkung, und der übende Schüler wird die Schwingungen dieser Buchstaben voneinander unterscheiden und wird auch ihre spezifischen Akasha-Eigenschaften mühelos herausfinden, z. B., daß das „Ä" einen direkten Zusammenhang mit dem Äther unserer grobstofflichen Welt hat usw.

Die hier angeführten Übungen dienen dazu, den Mikro- und Makrokosmos durch wahre quabbalistische Mystik in Einklang zu bringen und den Mikrokosmos für das schöpferische Wirken vorzubereiten.

Beherrscht der Schüler alle Übungen des bisherigen Lehrganges vollkommen, hat er ein gutes Stück Weg in der quabbalistischen Mystik zurückgelegt. Ein durch diese Übungen quabbalistisch vorbereiteter Mikrokosmos, also ein Mensch, gleicht nicht nur einem Schöpfer im Kleinen, sondern er steht mit seinem Mikrokosmos, also mit seiner kleinen Welt infolge der Analogiegesetze mit allen Sphären unseres planetarischen Systems in unsichtbarer Verbindung. Diese Übungen lassen den Menschen das vollkommene mikro- und makrokosmische Bewußtsein, welches im Orient vielfach mit Nirvi-Kalpa-Samadhi bezeichnet wird, erreichen. Die meisten Europäer verstehen unter Nirvi-Kalpa-Samadhi leider etwas ganz Verkehrtes. In Wirklichkeit ist Nirvi-Kalpa-Samadhi — wie schon gesagt — das mikro- und makrokosmische Bewußtsein und somit ein Reifezustand höchster quabbalistischer Entwicklung, welcher erst nach jahrzehntelangem Üben auf dem Weg der Vollkommenheit zu erreichen ist. Gewöhnlich reicht eine einzige Inkarnation hierfür nicht aus. Nachdem aber Zeit und Raum auf dem Weg der vollkommenen Entwicklung für einen Eingeweihten nicht bestehen, so kann er das, was er nach unermüdlicher Arbeit in einer Verkörperung nicht erzielt, in der nächsten Inkarnation weiter verfolgen und erreichen.

Die nächsten Stufen lehren den Quabbalisten die verschiedenen Buchstaben quabbalistisch zu gebrauchen.

E n d e d e r v i e r t e n S t u f e

Stufe V

Die zehn quabbalistischen Schlüssel

Die vorhergehenden vier Stufen dieses Lehrganges sind gewissermaßen als Vorbereitung für die quabbalistische, d. h. schöpferische Wirkungsweise zu betrachten. Mit der fünften Stufe belehre ich den Quabbalisten eingehend über die zehn quabbalistischen Schlüssel, unter welchen die Zahlen 1 bis 10 zu verstehen sind, wobei ich gleichzeitig auf ihren analogen Zusammenhang aufmerksam mache. Ich kann natürlich nicht alle Analogien anführen, die sich auf die Zahlen 1—10 beziehen, da dieses Thema allein ein umfangreiches Buch füllen würde. Deshalb beschränke ich mich nur auf einige Beispiele, an Hand welcher der intuitive Schüler weitere Zusammenhänge selbst entdecken wird. 1—10 sind quabbalistische Grundzahlen, die den göttlichen Ur-Ideen entsprechen, mit welchen die unsichtbare und die sichtbare Welt erschaffen wurde.

Die Zahl Eins

Eins ist die erste Zahl im Universum und stellt als höchste Form die Gottheit selbst dar. Das manifestierte Licht, sowie alles, was aus demselben erschaffen wurde, ist Gott in seiner Einheit, die sich auch in allen anderen Zahlen in den verschiedensten Manifestationszuständen spiegelt. Wohlweislich wird in der hebräischen Quabbalah die Eins als Kether = Krone bezeichnet. Überall, wo man die Gottheit auf irgend eine Weise kennzeichnen wollte, wurde sie mit der Zahl Eins wiedergegeben. In manchen Systemen, namentlich in den quabbalistischen, wird zwar auch die Null als das sogenannte En-Soph angeführt, aber diese ist für einen Menschen unfaßbar, unvorstellbar und dient eigentlich nur als Hinweis darauf, daß außer der Eins nichts mehr und nichts Höheres bestehen kann, was der menschliche Geist begreifen könnte. Graphisch wird die Zahl Eins mit einem Punkt dargestellt, welcher bei den einzelnen Systemen das Symbol der göttlichen Vereinigung, das E i n s w e r d e n mit Gott vertritt.

Wer aus Unwissenheit seine geistige Entwicklung gleich mit der Zahl Eins beginnt, muß früher oder später bei der Zahl Zehn enden, denn eins stellt die Allmacht und Zehn die tiefste Demut vor. Jene Einweihungssysteme, welche mit der Zahl Eins beginnen, nennt die hermetische Wissenschaft ohne Unterschied monistische Systeme. Der Quabbalist merke sich stets, daß Eins höchste Erkenntnis, höchste Vereinigung, höchste Weisheit bedeutet. Alle Ur-Ideen zusammen bilden die E i n s = Gott in seiner Offenbarung. Gemäß der Bibel wird die Eins mit dem ersten Tage der Schöpfung identifiziert, an welchem es hieß: „Es werde Licht!" Von dieser Zahl gehen außer vielem anderen auch sämtliche Evolutionen aus.

Die Zahl Zwei

Zwei ist die Zahl der Dualität, der Polarität, des positiven und negativen Prinzips, wie z. B. des Guten und Bösen, der Wahrheit und Lüge; im grobstofflichen Sinne bedeutet Zwei Elektrizität und Magnetismus, Liebe und Haß, Licht und Schatten. Kurz gesagt: immer ist es Pol und Gegenpol, bei welchen eines ohne das andere nicht bestehen könnte oder voneinander nicht zu unterscheiden wäre. In quabbalistischer Hinsicht ist es Gott und Mensch. Zur Zahl Zwei gehören jene Religionssysteme, welche die Gottheit als etwas Gesondertes betrachten, ohne Unterschied, ob in Form, Gestalt, in einer spezifischen Eigenschaft oder in einer Ur-Idee, wobei das dualistische Grundprinzip in allen Daseinsformen zu erblicken ist. Zwei ist auch die Einstellung zum Mikro- und Makrokosmos, ganz gleich welcher Art. Graphisch wird die Zahl Zwei durch eine waagrechte Linie dargestellt.

Die Zahl Drei

Diese Zahl wird graphisch durch ein Dreieck dargestellt. Drei ist die Zahl des Akashaprinzips, des Schicksals, des Karmas und planetarisch wird Drei der Saturn-Sphäre zugesprochen. Alles Vergangene, Gegenwärtige und Zukünftige, ferner das Mentale, Astrale und Grobstoffliche geht vom Akashaprinzip aus, worin gleichfalls die Zahl Drei zu erblicken ist. Drei ist die Ur-Idee der Zeugung, die sich im Plus und Minus äußert, also in Mann und Frau, die als Vereinigung ein Drittes, das Kind, zeugen. Im Menschen selbst vertritt Drei Geist, Seele und Körper. Drei ist die Zahl der Intuition. Aus dieser Zahl sind schicksalsmäßig alle Religionssysteme in ihrer Äußerung entstanden. Drei ist die Zahl des Lebens und des Todes. Sie ist die Zahl sämtlicher Erkenntnis in ihrer höchsten Form.

Die Zahl Vier

Diese Zahl ist für den Quabbalahkundigen die höchste Zahl in bezug auf seine Praxis, denn sie stellt das tetragrammatonische Prinzip vollkommen dar. Planetarisch wird die Zahl Vier dem Jupiter zugeteilt. Diese Zahl vertritt alle vier Grundelemente: Feuer, Luft, Wasser, Erde; die vier Himmelsrichtungen: Osten, Westen, Süden, Norden; vier Grundeigenschaften Gottes: Allmacht, Weisheit, Liebe und Unsterblichkeit — Vollbewußtsein —. Vier ist somit jene Zahl, mit welcher alles im Mikro- und Makrokosmos erschaffen und realisiert wurde; sie ist die Zahl des Gesetzes, der Ordnung, Gerechtigkeit und Realisation. Gleichzeitig ist Vier die Zahl alles dessen, was in der unsichtbaren und sichtbaren Welt erschaffen wurde. Als göttliche Ur-Idee bedeutet Vier die höchste Weisheit. Es ist die Zahl des Plus und Minus im Aspekt der Auswirkung; die Zahl der Länge, Breite, Höhe und Tiefe. Graphisch oder symbolisch wird die Zahl Vier durch ein gleicharmiges Kreuz oder durch ein gleichseitiges Viereck dargestellt.

Die Zahl Fünf

Diese Zahl ist die vollkommene Darstellung des Mikrokosmos, also des Menschen in allen seinen Phasen und Daseinsformen. In der Zahl Fünf spiegelt sich das Wirken der vier Elemente im Menschen, welche durch das fünfte Element, das Akashaprinzip geleitet werden. Der intuitive Quabbalist erkennt, warum gerade die Zahl Fünf den Menschen nicht nur durch die in ihm herrschenden Elemente symbolisiert, sondern auch durch die quabbalistische Zahlenmäßigkeit, denn Fünf ist die Hälfte von Zehn und

Zehn bedeutet die gesamte Schöpfung. Den Mikrokosmos, das ist die kleine Welt — den Menschen — muß daher die Hälfte von Zehn in seiner Vollkommenheit darstellen. Dadurch, daß das Wirken der vier Elemente, beherrscht vom Akashaprinzip die Zahl Fünf repräsentiert, vertritt diese Zahl auch die Kraft und Macht, welche dem Planeten Mars zusteht. Demnach wird alles, was eine aktive Kraft und Macht zum Ausdruck bringt, mit der Zahl Fünf in Einklang gebracht. Alle Beeinflussungen, die mittels der Macht und Kraft eines Menschen zustandekommen, gehören dieser Zahl an. Auch die gesamte aktive Magie gehört in diese Zahlenreihe. Die graphische Darstellung der Zahl Fünf ist ein gleichseitiges Pentagramm, welches auch Pentagon genannt wird.

Die Zahl Sechs

Im Vergleich zur Zahl Fünf, die den Mikrokosmos, also den Menschen in seiner Vollkommenheit vertritt, stellt die Zahl sechs wiederum den Makrokosmos in seiner Vollkommenheit dar. Graphisch wird die Zahl Sechs durch ein gleichseitiges Hexagramm zum Ausdruck gebracht. Die zwei ineinander verschlungenen Dreiecke deuten im quabbalistischen Sinne auf das manifestierte Licht, auf das Leben, aber auch auf die Möglichkeit der Gottverbundenheit hin. Ein Hexagramm ist auch das symbolische Zeichen eines Magiers, der, sobald er sich bis zur sechsten Sphäre, welche die Sonnen-Sphäre ist, durchgerungen hat, die Gottverbundenheit erreichen kann. Also bis zur quabbalistischen Zahl Sechs — zur Sonnen-Sphäre — muß sich der Quabbalist geistig und seelisch emporschwingen, wenn er die Verbindung mit der Zahl Eins, mit Gott, erreichen will. Von einem gewissen quabbalistischen Aspekt aus ist die Zahl Sechs auch das sichtbare Symbol der Hermestafel, welche mit den Worten beginnt, daß das, was oben ist, auch das ist, was unten ist. Das untere Dreieck des Hexagramms bedeutet im magischen Sinne den Menschen mit seinem dreidimensionalen Aspekt: Körper, Seele, Geist. Das obere Dreieck des Hexagramms weist dagegen auf die dreidimensionale Vereinigung und Einwirkung göttlicher Kraft, göttlicher Tugenden usw. mentalisch, astralisch und körperlich und ihre Verbundenheit von oben herunter hin.

Wie schon gesagt, repräsentiert die Zahl Sechs die Sonne, welche quabbalistisch Tiphereth genannt wird. Vom grobstofflichen Aspekt aus gesehen ist es unsere Sonne, um welche alle Planeten kreisen. Mit der Zahl Sechs wird ferner die makrokosmische Magie — Sphärenmagie — zum Ausdruck gebracht. Es ließen sich noch sehr viele andere Entsprechungen, die sich auf die Zahl Sechs beziehen, anführen, aber diese Beispiele mögen dem Quabbalisten genügen.

Die Zahl Sieben

Sieben ist die Zahl der Harmonie, Fruchtbarkeit, Fortpflanzung, des Wachstums; sie ist auch die Zahl der Liebe in allen ihren Phasen, ohne Unterschied, ob es sich um den niedrigsten oder um den höchsten kosmischen Aspekt der Liebe handelt. Barmherzigkeit, Güte, Tugendhaftigkeit, Glück, dies alles sind gleichfalls Aspekte der Liebe und fallen daher der Zahl Sieben zu. Ferner ist Sieben die Zahl der Schönheit, Reinheit, Ausgeglichenheit. In astrologischer Hinsicht ist Sieben die Zahl der Venus, so daß sämtliche Methoden und Praktiken der Venus-Magie — Skala-Magie — gleichfalls in diese Zahlenkategorie gehören. Außer anderem sind der Zahl Sieben die sieben Grundtöne — Oktave — analog, ferner die sieben Tattwas, sieben Reifezustände des Geistes — Chakras — usw. Die graphische Darstellung der Zahl Sieben ist ein gleichseitiges Siebeneck. Es gibt zwar noch andere Symbole für die Zahl Sieben, z. B. ein großes Dreieck mit einem in der Mitte eingezeichneten Viereck — Quadrat — oder umgekehrt: ein Viereck mit einem Dreieck in der Mitte, je nach dem, welche Zahl graphisch eingezeichnet werden soll. Das Viereck wird mitunter durch ein gleicharmiges Kreuz ersetzt, welches man in die Mitte eines Dreieckes zeichnet. Dadurch entstehen sieben Spitzen, welche auf die Zahl Sieben hinweisen. Noch vieles andere ist der Zahl Sieben analog, wie z. B. sieben Spektralfarben — Regenbogenfarben — usw. und es soll Aufgabe des Quabbalah-Schülers sein, auf die Mehrzahl der Analogien selbst zu kommen.

Die Zahl Acht

Dies ist die Zahl des Verstandes, des Intellektes und somit die Zahl des Wissens. Alles, was in den Bereich des Intellekts gehört, fällt der Zahl Acht zu. Acht ist aber auch die Zahl des Geistes — Mentalkörpers —. Astrologisch ist die Zahl Acht dem Merkur analog. Symbolisch wird die Zahl Acht durch ein Achteck, das sind zwei ineinanderverschlungene gleichseitige Vierecke, zum Ausdruck gebracht. Das eine Viereck symbolisiert die Gesetzmäßigkeit im Wirken der vier Elemente, und das zweite Viereck stellt den Menschen dar mit seiner vierpoligen Einstellung, — dem vierpoligen Magneten —, der außerdem mit den vier Grundeigenschaften des Geistes — Wille, Verstand, Gefühl, Bewußtsein — ausgestattet ist, ohne die es kein Wissen gibt. Das Achteck ist gleichzeitig ein Symbol der Plus- und Minus-Wirkung der Elemente im Mikro- und Makrokosmos. Es ist selbstverständlich, daß auch das gesamte theoretische Wissen, neben der Kenntnis der Magie, Quabbalah oder sonst einer anderen Wissenschaft zu dieser Zahl gehört.

Die Zahl Neun

Durch das Neuneck, das sind drei gleichseitige ineinanderverschlungene Dreiecke wird die Zahl Neun graphisch dargestellt. Die Zahl Neun vertritt die Ur-Idee der astralen Welt, des Astralkörpers und alles dessen, was zum Astral gehört, mit allen seinen Entsprechungen, Charaktereigenschaften usw. Gleichzeitig ist Neun die Zahl der Bewegung, des Rhythmus und somit des Lebens in seiner subtilsten Form. Unter ihren Aspekt fallen sämtliche Praktiken der Astralmagie, der Natur- und Mumialmagie. Neun ist die Zahl, welche in der Astralwelt alle Situationen für die grobstoffliche Welt vorbereitet. Die Zahl Neun ist dem Mond analog und alles, was unter die Mondsphäre und ihren Einfluß fällt, wird durch diese Zahl repräsentiert. Neun ist natürlich auch die höchste Zahl und jede Zahl kann durch Zusammenzählung auf die Einheiten Eins bis Neun gebracht werden. Obwohl auch die Zahl Neun sehr viele Entsprechungen hat, müssen diese wenigen Angaben dem Quabbalah-Schüler genügen.

Die Zahl Zehn

In der Reihenfolge der zehn quabbalistischen Schlüssel, welche auf die Zahlen 1—10 Bezug haben, ist die Zahl Zehn die letzte Zahl. Sie ist die Wiederspiegelung der E i n s in ihrer gröbsten Form. Zehn ist die Zahl der grobstofflichen Materie, die Zahl der Verwirklichung, der Kohäsion, des Erdelementes mit allen seinen Aspekten. Nicht umsonst wird in der hebräischen Quabbalah die Zahl Zehn das Reich genannt, unter welchem alles grobstofflich Erschaffene, die Materie in ihrer dichtesten Form im Mikro- und Makrokosmos zu verstehen ist. Der Zahl Zehn ist der ganze Körper mit seiner grobstofflichen Form unterstellt; logischerweise auch das Mineralreich mit allen Dichtigkeitsgraden, d. s. Stoffe, Erze usw., ferner das Pflanzen- und Tierreich, kurz all das, was wir mit unseren grobstofflichen Sinnen wahrnehmen können. Zehn deutet auf den Anfang der Materie hin; Zehn ist der Ausgangspunkt auf dem Weg zu Gott. Sämtliche Einflüsse aller vorher beschriebenen Ur-Ideen, von der verkörperten Gottheit auf unserer Erde angefangen, bis zur tiefsten Materialisierung, also Verdichtung, werden durch die Zahl Zehn zum Ausdruck gebracht.

Die graphische Darstellung der Zahl Zehn ist das alchimistische Symbol des Kreises mit dem achtarmigen Kreuz in der Mitte, im Gegensatz zur Eins, die symbolisch zumeist mit einem Punkt oder Kreis als Zeichen der Unendlichkeit dargestellt wird. Man kann aber auch die Zehn durch ein gleichseitiges Quadrat, in dessen Mitte man einen Kreis zeichnet, gleichfalls symbolisch zum Ausdruck bringen.

Jede Wissenschaft, somit auch die hermetische geht von der Zahl Zehn aus. Vom quabbalistischen Aspekt aus betrachtet ist Zehn nicht nur die Zahl der grobstofflichen Welt, sondern auch der Erdgürtelzone. Diese wenigen analogen Schlüsse müssen dem Quabbalisten als Beispiel genügen, an Hand welcher er auf weitere Analogien selbst kommen muß.

Die in jedem quabbalistischen Buch erwähnten zehn Sefirots, welche sich gleichfalls auf die Zahlen 1—10 beziehen, werden den göttlichen Ur-Ideen zugesprochen. Der erfahrene Quabbalist wird sehen, daß auf die Zahlen 1—10 alle Religionssysteme, alle magischen Arbeitssysteme und alle quabbalistischen Schlüssel zurückgebracht werden können. Quabbalistisch zählen heißt: alle diese Schlüssel, somit alle diese Zahlen und ihre Analogien — Entsprechungen — zu verstehen und vollkommen zu beherrschen. Wie groß die Wissenschaft der quabbalistischen Zahlen 1—10 ist, welche tiefen Weisheiten alle diese Zahlen wohl beinhalten, geht aus diesen wenigen Worten klar hervor.

Als der Schöpfer sein vollkommenes Ebenbild — den Menschen — schuf, verlieh er ihm eine den zehn Grund-Ideen entsprechende sichtbare Form durch die zehn Finger — an den Händen — und die zehn Zehen — an den Füßen — als Beweis seiner Vollkommenheit. Die Quabbalah betrachtet daher mit Recht die Zahlen 1—10 als die vollkommensten. In einem der vorhergehenden Kapitel dieses Werkes erwähnte ich bereits, daß beim Menschen die fünf Finger der r e c h t e n und die fünf Finger der l i n k e n Hand eine bestimmte Bewandtnis zu den Ur-Ideen der zehn Sefirots haben. Die fünf Finger der rechten Hand deuten auf die Zahlen 1—5 hin, und die Finger der linken Hand deuten auf die Zahlen 6—10. Die Hände mit ihren zehn Fingern entsprechen daher den Ur-Ideen der Zahlen 1—9, und die zehn Zehen beziehen sich allein auf die Zahl zehn, wodurch die niedrigste Stufe, die Erde, symbolisch zum Ausdruck kommt.

Es gibt quabbalistische Gestikulationen, bei welchen man mit bestimmten Fingerstellungen und quabbalistischen Machtworten analog den 10 Ur-Ideen magisch wirken kann. Ein in der Quabbalah gut bewanderter Praktiker kann sich die Arbeitsmethoden für solche magisch-quabbalistische Praktiken mit Hilfe von Fingerstellungen auf Grund des hier Gesagten selbst zusammenstellen. Ihm genügen diese kurzen Hinweise. Wer für eine gestikulatorisch-quabbalistische Magie besonderes Interesse haben sollte, kann natürlich auch von Wesen genauere Methoden für dieses Gebiet erhalten. Ich mache ihn hiermit nur auf diese Möglichkeit aufmerksam.

E n d e   d e r   f ü n f t e n   S t u f e

Stufe VI

Tetragrammaton

JOD-HE-VAU-HE

Der quabbalistische Vierer-Schlüssel

Nach hinreichender Absolvierung aller fünf Stufen dieses Lehrganges gelangt der Quabbalist sicherlich zu der Ansicht, daß es wichtig ist, die angegebenen Zahlenanalogien gut zu beherrschen, um nicht nur sämtliche Ideen, sondern auch all das, was ihm wünschenswert erscheint, zahlenmäßig zu bestimmen, denn mit einer Zahl wird gemäß ihrem analogen Zusammenhang die Gesetzmäßigkeit einer Idee zum Ausdruck gebracht. Vom quabbalistischen Standpunkt aus betrachtet, sind demnach Zahlen Gesetze! Der Quabbalist muß in der Lage sein, durch das, was die hebräische Quabbalah Gematra nennt, also durch Zahlenkombinationen auf die Zahlen 1—10 und somit auf die entsprechenden Ur-Ideen zu kommen. Die einzelnen Zahlen 1—10 vertreten alle Ur-Ideen in ihrer höchsten und reinsten Form. Zweistellige Zahlen bedeuten alles Astrale, drei- und mehrstellige Zahlen deuten auf die grobstoffliche Welt mit ihren gesetzmäßigen Wirkungen hin. Bei der Zusammenstellung von quabbalistischen Machtworten, Formeln usw. ist diese Kenntnis überaus wichtig, denn Zahlenworte drücken die Gesetzmäßigkeit und die mit ihr zusammenhängenden Kräfte aus. Über diese Gesetzmäßigkeit erfährt der Quabbalist mehr bei Anwendung bestimmter Buchstaben und Buchstaben-Zusammensetzungen für ganz bestimmte Wirkungen und Zwecke.

Sobald der Quabbalist durch eifriges Studium quabbalistisch von 1—10 zählen gelernt hat, d. h., daß er jede Sache, jede Idee, jede Ursache und Wirkung richtig quabbalistisch in die entsprechenden Grundideen zu teilen versteht, hat er in dieser Richtung sehr viel gelernt. Ehe der Quabbalist diese Fähigkeit nicht besitzt, gehe er ja nicht weiter. Durch eifriges Vergleichen und durch analoge Schlußfolgerungen lerne er fleißig Zahlenkombinationen auf ihre Ur-Ideen zurückzuführen und ihr Wirken und ihre Gesetzmäßigkeit richtig zu erfassen, wobei ihm seine Intuition gute Dienste leisten wird. Durch spekulative Arbeiten oder durch bloßes Wissen, also nur mit dem Intellekt wird es ihm kaum gelingen, die Gesetzmäßigkeit der Zahlen 1—10 mit allen Analogien vollkommen zu begreifen.

Nachstehend gehe ich dazu über, das Alphabet der Reihe nach vom quabbalistischen Standpunkt aus zu betrachten. Die quabbalistische Kenntnis der Buchstaben und ihrer Analogien hängt vom Verstehen der zehn angeführten quabbalistischen Schlüssel, also der Zahlen 1—10 ab. Der Leser und Quabbalist wird es begreiflich finden, daß ich rein aus technischen Gründen hier nicht alle Analogien sämtlicher Buchstaben anführen kann und mich daher nur auf einige beschränken muß, welche für die Praxis am meisten in Frage kommen. Bringt es der Quabbalist so weit, daß ihm die Analogien aller Buchstaben bekannt sind, so ist es ihm dann natürlich möglich, durch die Buchstaben mit Hilfe der Dreisinnen-Konzentration schöpferisch zu wirken.

Der Gebrauch des ersten Schlüssels besteht darin, aus dem Akashaprinzip heraus Buchstaben quabbalistisch auszusprechen, damit sich diese entweder auf der mentalen, astralen oder auf der grobstofflichen Ebene realisieren. Wenn der Quabbalist sein Bewußtsein ins Akashaprinzip versetzt und mit Hilfe der Dreisinnen-Konzentration daselbst einen Buchstaben mit dem Wunsch ausspricht, eine zeit- und raumlose Ursache zu schaffen, so löst sich die dem Buchstaben analoge Wirkung in der mentalen Welt — Geist = Mentalkörper — aus, wo weder Zeit noch Raum bestehen.

Spricht der Quabbalist hingegen im Akashaprinzip einen Buchstaben aus, welchem er eine bestimmte Form verleiht, erhält die geschaffene, dem Buchstaben analoge Ursache eine Form und die entsprechende Wirkung löst sich auf der Astralebene, also im Astralkörper des Menschen aus, weil Astralebene und Astralkörper an Raum, d. h. an Form gebunden sind.

Falls sich aber die Wirkungen nicht nur auf das Astrale beziehen sollen, sondern nach Wunsch des Quabbalisten sogar die grobstoffliche Ebene zu beeinflussen haben, so führen die geschaffenen Ursachen in der Astralwelt Situationen herbei, welche grobstoffliche Wirkungen auslösen. Hieraus sieht der Quabbalist, daß Formen den Situationen der Astralwelt analog sind und Auswirkungen auf die grobstoffliche Ebene von der Astralwelt aus veranlaßt werden.

Spricht nun der Quabbalist im Akashaprinzip einen Buchstaben quabbalistisch aus und schafft er dadurch Ursachen, welchen er Zeit und Raum bemißt, diese also zeitlich und räumlich terminiert, dann wirken sich diese Ursachen analog dem Akashaprinzip über die mentale und astrale Welt direkt auf der grobstofflichen Ebene aus, ohne erst in der astralen Welt geeignete Situationen zu ihrer Verwirklichung zu bilden.

Mit wenigen Worten nochmals wiederholt, der Quabbalist hat die Möglichkeit, mit einem einzigen Buchstaben von der höchsten Stelle, also vom Akashaprinzip aus, direkt auf die mentale, astrale oder grobstoffliche Ebene zu wirken oder seinen Einfluß quabbalistisch zur Geltung zu bringen. Diese Einwirkung geschieht stets mittels eines einzigen Buchstabens. Quabbalistisch nennt man diese Buchstaben e i n f a c h e Buchstaben.

Viele Werke behaupten, daß die ersten zehn Buchstaben den göttlichen Ur-Ideen entsprechen. Den Schlüssel bilden natürlich nicht die ersten zehn Buchstaben des Alphabets, sondern der Schlüssel ist der Gebrauch des ganzen ABC, aber stets nur eines einfachen Buchstabens, mit welchem auf das Akashaprinzip eingewirkt wird, von wo aus die Realisierung je nach der Wunschkonzentration geschieht. Das Raum- und Zeitverhältnis bei der Schaffung von Ursachen mit einem einzigen Buchstaben ist also der erste Schlüssel, mit welchem man in allen drei Ebenen der kleinen und großen Welt, also im Mikro- und Makrokosmos, in sämtlichen planetarischen Sphären quabbalistisch, d. h. schöpferisch wirken kann.

Erst wenn der Quabbalist mit diesem ersten Schlüssel einwandfrei zu arbeiten versteht, kann er dazu übergehen, sich den zweiten Schlüssel praktisch anzueignen. Mit dem zweiten Schlüssel wird er nicht vom Akashaprinzip bei seiner Arbeit ausgehen, sondern direkt vom Mentalreich und zwar wird er zuerst in der Mentalebene quabbalistisch wirken, sodann in der Astralebene und zu guter Letzt auch in der grobstofflichen Welt.

Der zweite quabbalistische Schlüssel bedingt den Gebrauch von zwei Buchstaben auf einmal, welche die gewünschte Ursache hervorrufen und die Wirkung auslösen. In der mentalen Welt wird in die Ursache keine Zeit und kein Raum verlegt. In der astralen Welt wird durch die zwei Buchstaben bei Schaffung der Ursachen die Form, also die zu wirkende Ausdrucksweise bei der quabbalistischen Aussprache der Buchstaben gebildet, um direkt entweder in der astralen Welt oder im Astralkörper Wirkungen zu erzielen. Handelt es sich dagegen um eine Realisierung in der grobstofflichen Welt, dann werden die zur Realisierung notwendigen Situationen direkt von der Astralwelt aus durch die Elemente geschaffen, welche dann auf der grobstofflichen Ebene die gewünschten Wirkungen auslösen. Verlegt man beim quabbalistischen Gebrauch von zwei der Wirkung analogen Buchstaben diese in ihre Ursache in der mentalen Welt bei gleichzeitiger Formulierung der Äußerung und Terminierung der Zeit, dann vollzieht sich die Realisierung in der Mentalwelt und die Wirkung geht durch das Astrale direkt auf die grobstoffliche Welt, ohne erst die hierzu nötigen Situationen aus der Astralwelt herbeizuführen. Es ist logisch, daß auf diese Weise auch auf alle drei Reiche: Mineral-, Pflanzen- und Tierreich in der grobstofflichen Welt direkt quabbalistisch gewirkt werden kann.

Beherrscht der Quabbalist auch den zweiten quabbalistischen Schlüssel vollkommen, versucht er es mit dem dritten Schlüssel, dessen Gebrauch darin besteht, daß Ursachen in der Astralwelt geschaffen werden, welche ihre Wirkungen sowohl in der mentalen, als auch in der astralen und in der grobstofflichen Welt realisieren. Bei diesem Schlüssel werden drei Buchstaben quabbalistisch verwendet. Wohlgemerkt: Unter „quabbalistisch verwendet" sind stets mit Hilfe der Dreisinnen-Konzentration ausgesprochene Buchstaben zu verstehen.

Beim Arbeiten mit drei Buchstaben handelt es sich um denselben Vorgang wie bei Anwendung von zwei Buchstaben. Spricht der Quabbalist drei Buchstaben in die astrale Welt ohne Raum- und Zeitverhältnis, so entstehen die Ursachen zwar in der Astralwelt, sie wirken sich aber weder auf dieser noch auf der grobstofflichen Welt aus, sondern nur und direkt auf der Mental-Ebene.

Wird beim Gebrauch von drei Buchstaben das Raumverhältnis beim quabbalistischen Aussprechen berücksichtigt, so entfällt die Wirkung in der mentalen Welt, und Ursache und Wirkung entwickeln sich lediglich in der Astralsphäre, bzw. Astralebene oder — je nach Wunsch — im Astralkörper.

Verlegt man drei Buchstaben quabbalistisch in die astrale Welt und berücksichtigt dabei, daß das Raumverhältnis und die analogen Wirkungen der geschaffenen Ursachen nicht astralischer, sondern grobstofflicher Natur sind, so bewirken die Realisierung in der grobstofflichen Welt die Elemente und ihre Fluide.

Werden drei Buchstaben quabbalistisch in die astrale Welt verlegt und wird dabei auf das Zeit- und Raumverhältnis Rücksicht genommen, so wirkt der Einfluß direkt von der Astralwelt aus in der grobstofflichen Ebene, ohne daß erst die zur Realisierung erforderlichen Situationen geschaffen werden müssen.

Mit wenigen Worten wiederhole ich nochmals den Gebrauch des dritten quabbalistischen Schlüssels: Bei Gebrauch desselben arbeitet der Quabbalist mit drei Buchstaben und zwar: mit Wirkung auf die Mentalwelt ohne Zeit- und Raumverhältnis; mit Wirkung auf die Astralebene mit Raumverhältnis — Situationsverhältnis — und mit Wirkung auf die grobstoffliche Welt mit Raum- und Zeitverhältnis gleichzeitig.

Erst nach vollkommener Beherrschung des dritten Schlüssels ist der Quabbalist befähigt, auch den vierten und letzten Schlüssel, den ich anführen will, zu verwenden.

Beim letzten, dem sogenannten Viererschlüssel, arbeitet man mit vier Buchstaben, mit welchen man direkt von der grobstofflichen Ebene aus wirken kann. Auch in diesem Falle ist, wie bei den vorhergehenden Schlüsseln derselbe Vorgang zu berücksichtigen, indem man von der grobstofflichen Welt auf die Mentalebene wirkt, falls man ohne Raum- und Zeitbegriff arbeitet; bei

Gebrauch des Raumbegriffes — Situationsbegriffes — auf die Astralebene wirkt und beim Gebrauch des Zeit- und Raumbegriffes zusammen man direkt auf die grobstoffliche Welt einwirken kann.

Hiermit habe ich den praktischen Gebrauch des Viererschlüssels, das Geheimnis um Tetragrammaton, das sogenannte Jod-He-Vau-He, vom quabbalistischen Standpunkt aus mit Rücksicht auf seine Anwendung beschrieben. Der aus vier Buchstaben zusammengesetzte Name Gottes wäre hiermit in seiner praktischen Anwendung erschöpft. Derjenige Quabbalist, der sich bis hierher ehrlich durchgerungen hat, kann durch den vierbuchstabigen, also tetragrammatonischen Schlüssel in allen Sphären, allen Ebenen, im Mikro- und Makrokosmos tatsächlich schöpferisch wirken. In quabbalistischer Hinsicht hat er dieselbe Macht erreicht, die der Schöpfer beim Schöpfungsakt, also bei der Erschaffung der Welt in allen drei Reichen anwendete.

Ein Quabbalist, auf dieser Entwicklungsstufe angelangt, wird zumeist von der Göttlichen Vorsehung dazu ausersehen, eine ihm zusagende Mission als Diener der Göttlichen Vorsehung anzunehmen. Der beste Dienst äußert sich in der größten Verehrung der Göttlichen Vorsehung und in der tiefsten Demut IHR gegenüber, die je ein Mensch zu empfinden vermag. Wer diesen Reifegrad erlangt hat, wird seine Macht und seine schöpferischen Fähigkeiten niemals mißbrauchen.

Dieser Viererschlüssel ist das verloren gegangene Wort, der verloren gegangene Schlüssel zum Namen Gottes, die wahre und richtige Aussprache des Göttlichen Namens und wie die Quabbalisten mit Recht behaupten, ist dieser Schlüssel das Geheimnis der Schöpfung, es ist Gott in seiner Offenbarung.

Es gibt noch weitere sechs Schlüssel, die aber für den quabbalistischen Gebrauch unserer Erde und unserer Erdgürtelzone nicht in Betracht kommen, sondern lediglich der Sphären-Quabbalistik dienen. Über diese Schlüssel Näheres zu sagen, ist mir von der Göttlichen Vorsehung nicht gestattet worden. Der Quabbalist jedoch, der den Viererschlüssel, also den tetragrammatonischen Schlüssel, das wahre Jod-He-Vau-He beherrscht und diesen

Schlüssel praktisch anzuwenden versteht, dem wird die Göttliche Vorsehung auch die weiteren Schlüssel anvertrauen, zumal dann, wenn der Quabbalist mit bestimmten Missionen betraut werden sollte, die er auch in jenen Sphären durchzuführen hätte, welche sich außerhalb unserer Erdgürtelzone befinden.

Der besseren Übersicht wegen wiederhole ich, daß der einfachste Schlüssel der Einser-Schlüssel ist, der sich am ehesten aneignen läßt. Bei seinem Gebrauch muß der Quabbalist den Buchstaben nur im Geist, also mit dem Bewußtsein seines Geistes quabbalistisch aussprechen. Beim Zweier- und Dreier-Schlüssel müssen die Buchstaben mit dem Bewußtsein des Geistes und des Astralkörpers ausgesprochen werden. Beim Gebrauch des Vierer-Schlüssels müssen die Buchstaben mit dem Bewußtsein, also der Einstellung des Geistes, des Astralkörpers und des grobstofflichen Körpers quabbalistisch ausgesprochen werden. Der Quabbalist muß sich also dieser drei Daseinsformen im Körper bewußt sein.

Mit dieser Stufe habe ich dem Quabbalisten das größte quabbalistische Geheimnis anvertraut, nämlich den praktischen Gebrauch des Viererschlüssels, des Schlüssels der Verwirklichung durch das Wort. Jahrtausende hindurch wurde dieses Geheimnis streng gehütet. Auf Grund der Erlaubnis der Göttlichen Vorsehung darf dieses Geheimnis, wie Gott die Erde schuf, wie er schöpferisch wirkt, dem reifen Menschen anvertraut werden. Wer daher nicht nur theoretisch dieses Werk behandelt, wird die Tiefe des Machtbereiches vollends begreifen.

E n d e   d e r   s e c h s t e n   S t u f e

Stufe VII

Die quabbalistische Mystik des Alphabets
Der erste Schlüssel — die einfachen Buchstaben

In dieser Stufe führe ich einige Analogien der Buchstaben an, welche für quabbalistische und magische Zwecke die wichtigsten sind. Wenn ich sämtliche auf das Mental- und Astralreich, sowie auf die grobstoffliche Welt Bezug habende Buchstaben-Analogien beschreiben wollte, müßte ich gleichzeitig die ganze Welt in ihren Daseinsformen schildern, was natürlich undurchführbar ist. Der Quabbalist ist aber an Hand der ihm bereits bekannten Schlüssel schon so weit gekommen, daß er sich auf Grund logischer Schlußfolgerungen weitere Analogien selbst zusammenstellen kann und zwar je nach dem, mit welchen Kräften er in Verbindung treten, d. h. praktisch arbeiten will. Daß die Buchstaben auf alles bezogen werden können, was erschaffen wurde, ist dem fortgeschrittenen Quabbalisten bekannt. Die nachfolgenden Angaben mögen ihm daher als weitere Richtschnur für sein Quabbalah-Studium dienen und ihn in die Zusammenhänge noch tiefer eindringen lassen.

Es folgt die Beschreibung aller Buchstaben unseres Alphabets.

A

A k a s h a : Im Akashaprinzip repräsentiert das A die höchste Weisheit und die höchste Erleuchtung, welche überhaupt einem Menschen zuteil werden kann. Gleichzeitig repräsentiert es daselbst auch die Reinheit aller Ideen in allen Daseinsformen.

M e n t a l : In der Mentalebene des Menschen vertritt das A als Grundeigenschaft den erleuchteten Verstand. Alle Parallelen, die mit dem erleuchteten Verstand in Einklang zu bringen sind, wie z. B. Urteilsvermögen, Begreifen und Erkennen tiefster Wahrheiten, höchstes Wissen, hohe Auffassungsgabe, Erweckung sämtlicher intellektueller Fähigkeiten usw. werden in der Mentalwelt durch das A und seine Schwingung zum Ausdruck gebracht.

A s t r a l : Alle Talente, Eigenschaften und Fähigkeiten, die dem Luftprinzip unterliegen, z. B. musikalische Talente, Rednergabe, Dichtkunst usw. können im Astralreich durch den Buchstaben A hervorgerufen werden. Von okkulten Fähigkeiten sind es außer anderem das Hellsehen, das Fernhören, die Kunst der Levitation, die Macht über das Luftelement und seine Wesen und zwar im Elementereich selbst, als auch im Astralreich, ferner die Macht über alle dem Luftprinzip analogen und sich in der Astralwelt abspielenden Kräfte. Auch die Sprache der Symbole, respektive das Verstehen und die Macht derselben läßt sich durch den Buchstaben A erzielen.

M a t e r i e : In der grobstofflichen Welt ist es die Macht über das Luftprinzip und über alle seine Analogien, die sich durch den Buchstaben A erreichen läßt, ohne Unterschied, ob es sich um die Herrschaft über alle Luftgeister oder um die Beherrschung von Stürmen u. dgl. handelt. Durch das quabbalistische Aussprechen des Buchstabens A kann z. B. ein Arzt oder Heilpraktiker sämtliche Brustleiden erfolgreich behandeln.

P r a x i s : Die praktische Anwendung des Buchstabens A beginnt vom Akashaprinzip aus und zwar vergegenwärtigt sich der Quabbalist zuerst seinen stofflichen Körper, sodann seinen Astralkörper, welcher die gleiche Form hat wie der grobstoffliche Körper, dann den im Astralkörper wohnenden Geist — das I c h. Gleichzeitig meditiert er, daß der stoffliche Körper mit der physischen Welt, der Astralkörper mit der Astralwelt und der Mentalkörper mit der Mentalwelt in Verbindung steht. In seiner Meditation fährt er mit dem Bewußtsein fort, daß er den Buchstaben A nicht nur mit seiner physischen Stimme ausspricht, sondern gleichzeitig mit seinem Geist, seiner Seele und mit seinem Körper. Sodann meditiert er über die Eigenschaften und über die von mir angegebenen Analogien des A, indem er die Ur-Ideen gefühlsmäßig, also mit dem Bewußtsein im Akashaprinzip erfaßt. Ferner, daß sich parallel aus dem Akashaprinzip das Mentale im Intellekt manifestiert und von dort aus ins Astrale und in die grobstoffliche Welt realisiert. Erst nach dieser Meditation versetzt er sich mit seinem Bewußtsein in das Akashaprinzip, indem er sich in seinem Solar-Plexus als Punkt im eigenen Mikrokosmos fühlt und den raum- und zeitlosen Zustand, also Trance hervorruft.

Die Praktik des Versetzens in das Akashaprinzip, also in den Trance-Zustand, habe ich bereits in meinem ersten Werk „Der Weg zum wahren Adepten" genau beschrieben. Fühlt sich also der Quabbalist als Mittelpunkt — Tiefenpunkt-Schwerpunkt — in seinem Mikrokosmos und empfindet seinen ganzen Körper als unendlichen Raum, so spricht er dreidimensional den Buchstaben A in das ganze Universum aus. Das ganze Universum im Mikrokosmos wird mit der entsprechenden Farbe — beim Buchstaben A also mit hellblauer Farbe und mit dem G-Ton — mit dem Bewußtsein der alldurchdringenden Weisheit und Erleuchtung ausgefüllt.

Hierbei kann der Quabbalist das A einige Male im Geist wiederholen. Bei den Übungen ist natürlich kein so großer Nachdruck auf die Farbe und auf den Ton zu legen, denn durch die Dreisinnen-Konzentration hat der Quabbalist die Analogien bereits berücksichtigt. Das größte Augenmerk ist vielmehr auf die Tugenden und Eigenschaften, sowie auf die analogen Ideen zu richten. Bei Beendigung der Übung ist wieder mit dem Bewußtsein ins Normalbewußtsein überzugehen und über die Zusammenhänge des A noch nachher eingehend zu meditieren.

Der Quabbalist, der diese Übungen wiederholt durchführt, wird bemerken, daß je nach seiner Reife, seinem Fleiß und seiner Ausdauer sowohl im Mental, das ist im Geist, als auch im Astralkörper und ebenso im grobstofflichen Körper die dem jeweiligen Buchstaben analogen Tugenden mentalisch, astralisch und auch grobstofflich irgendwie zum Ausdruck kommen.

Erst nach vollkommener Beherrschung eines Buchstabens, welche ein längeres Üben bedingt, nehme der Quabbalist die Übungen des nächstfolgenden Buchstabens vor. Es wäre zwecklos mit weiteren Buchstaben zu üben, bevor man nicht den vorhergehenden Buchstaben vollends beherrscht und in der Lage ist, im Akashaprinzip einen Buchstaben je nach Belieben hervorzurufen.

Durch andauernde Übungen lernt der Quabbalist die Zusammenhänge, Schwingungen, Kräfte und den Machtbereich immer besser erkennen und ist imstande, den Buchstaben später auch von anderen Ebenen aus praktisch anzuwenden. Je mehr Ausdauer er bei den Übungen aufbringt und nicht eilt, um so besser!

Ich hatte Schüler, die ein halbes Jahr lang einen einzigen Buchstaben auf die angegebene Art und Weise übten, aber dafür dann große Erfolge verzeichnen konnten. Namentlich zum Beginn der Übungen ist „Eile mit Weile" sehr am Platze, bevor der Quabbalist gelernt hat, das Bewußtsein in alle Regionen zu versetzen und dort quabbalistisch, also dreidimensional zu sprechen, ferner bevor er die analogen Ideen, Fähigkeiten und Kräfte begreifen und verstehen lernt und die gegenseitigen Zusammenhänge richtig erfaßt und durchlebt.

Jeder weitere Buchstabe wird dann schon leichter zu beherrschen sein. Ein in der Quabbalah Bewanderter bringt es allerdings fertig, in wenigen Augenblicken nicht nur einen einzigen Buchstaben, sondern ganze Formeln nach Belieben entweder aus dem Akasha heraus oder aus einer untergeordneten Ebene anzuwenden. Schwer ist zum Beginn die Vorstellung, respektive das bewußte Empfinden der analogen Tugenden, Kräfte, Mächte usw. des jeweiligen Buchstabens im Akashaprinzip. Ein oftmaliges Wiederholen der Übungen ermöglicht es aber, sich ein Bild über die betreffenden Tugenden zu machen und sie bewußtseinsmäßig zu erfassen. Später, wenn man sein Bewußtsein ausreichend erweitert hat, ist es ein leichtes, jede abstrakte Idee, mag sie noch so tief und eindringlich sein, bewußtseinsmäßig aufzunehmen, kurz gesagt: sie geistig zu verdauen.

Daß der Buchstabe A dem Luftelement zusteht und vom elektrischen Fluid beherrscht wird, in der grobstofflichen Welt Brust und Lunge beeinflußt, habe ich in einem der vorhergehenden Kapitel schon gesagt.

B

Der Buchstabe B wird auf dieselbe Art und Weise geübt, wie der Buchstabe A. Auch der Vorgang ist derselbe. Der Reihe nach beschreibe ich alle weiteren Buchstaben und führe einige ihrer Analogien im Akasha, im Mental, Astral und in der grobstofflichen Welt an. Das Bewußtsein des Quabbalisten muß sich vor jeder Übung sämtliche Analogien vergegenwärtigen und muß in der Lage sein, im Akashaprinzip — das ist im raum- und zeitlosen Zustand — den betreffenden Buchstaben quabbalistisch auszusprechen und ihn an die zustehenden Kräfte, Tugenden usw. anzuknüpfen.

A k a s h a : Im Akashaprinzip deutet der Buchstabe B auf das Begreifen des universalen Lebens hin, ferner auf das Erkennen der Polarität in allen Daseinsformen, welche zu den tiefsten Weisheiten führen. Durch den Buchstaben B lernt der Quabbalist ferner das Plus und Minus vollends erkennen; es wird ihm ganz klar, daß nichts umsonst erschaffen wurde und daß sowohl das Negative, als auch das Positive sein muß, denn ohne das Gegensätzliche wäre eines vom anderen nicht zu unterscheiden.

M e n t a l : Die Beherrschung des Buchstabens B verleiht dem Quabbalisten vollkommene Macht über das elektrische und magnetische Fluid in allen Sphären und Ebenen. Der Quabbalist wird dadurch Herr über Leben und Tod und erreicht die Macht, ein jedes Schicksal zu ändern. Jedoch ohne triftigen Grund und ohne Zusage der Göttlichen Vorsehung wird er eine Änderung im vorgesehenen Karma eines Menschen niemals vornehmen und wird auch kein Chaos verursachen.

A s t r a l : Die Beherrschung des Buchstabens B im Astralkörper verleiht dem Quabbalisten die Fähigkeit, magisch-quabbalistische Volte hervorzurufen, quabbalistische Talismane zu laden und sexual-magisch zu wirken. Alles, was mit der Polarität im Astralreich zusammenhängt, wird dem Quabbalisten vollends klar. Er wird mit den tiefsten Mysterien vertraut und erreicht eine Intuition, die sich überhaupt nicht beschreiben läßt.

M a t e r i e : Der Buchstabe B vertritt sämtliche Polarisationsgesetze auf unserer Erde und bringt sie in der Materie zum Ausdruck. Der Quabbalist wird daher vollkommener Herr über das elektrische und magnetische Fluid auf der grobstofflichen Welt. Außerdem erhält er durch die Beherrschung des Buchstabens B die Macht, jede Disharmonie im menschlichen Körper zu beheben, d. h. jede Krankheit auszuheilen und analoge Heilmittel quabbalistisch zu laden. Desgleichen erlangt er die Macht, auch auf der grobstofflichen Welt in allen drei Reichen über Leben und Tod zu herrschen.

Aus dem Angeführten sieht der Quabbalist, wie und auf welche Weise ein Buchstabe quabbalistisch angewendet werden soll und welche Fähigkeiten mit einem einzigen Buchstaben zu erreichen sind. Mit der Zeit und durch andauerndes Üben wird der Quabbalist seinen Wissensbereich noch mehr erweitern und seine praktischen Erfahrungen vermehren.

Hat der Quabbalist mit dem Buchstaben B alles erreicht, was nur durch langes Üben möglich ist, kann er dazu übergehen, den nächstfolgenden Buchstaben quabbalistisch durchzunehmen.

C

A k a s h a : Im Akashaprinzip verkörpert der Buchstabe C alle Mysterien, welche die Eucharistie mit allen ihren Aspekten bedeuten. Die C-Schwingung versinnbildlicht das Mysterium der Selbst-Vergeistigung und gleichzeitig das große Mysterium der Umwandlung. Wer dieses Mysterium gut beherrscht, wird die Tiefen der Eucharistie und ihre Aspekte gut begreifen, erkennen und alle die Eucharistie betreffenden praktischen Methoden beherrschen. Zur praktischen Anwendung der Eucharistie gehört vom hermetischen Standpunkt aus genommen im niedrigsten Sinne auch die in meinem ersten Buch „Der Weg zum wahren Adepten" unter dem Kapitel „Die Magie des Wassers" angegebene Praktik. Beim quabbalistischen Gebrauch des Buchstabens C handelt es sich allerdings um einen höheren Aspekt der Eucharistie, und zwar geht es darum, eine göttliche Idee, eine hohe Tugend, in eine Form umzuwandeln, einzuverleiben.

M e n t a l : Alle Praktiken, welche die Influenzierung des eigenen Mentalleibes oder des Geistes einer anderen Person mit einer
Göttlichen Idee, Tugend, Eigenschaft, Kraft, Macht usw. betreffen, fallen in das Gebiet und in die Schwingung des Buchstabens
C.

A s t r a l : Im Astralkörper und in der Astralebene lernt der
Quabbalist durch die Schwingung des Buchstabens C das tiefe Geheimnis der Eucharistie, nämlich die astrale Imprägnierung mit
einer der erwähnten Tugenden, Eigenschaften usw. kennen. Die
Schwingung des Buchstabens C beeinflußt nicht nur die Imprägnierung des Astralkörpers, sondern auch die Mumifizierung desselben und die Beherrschung der astralen Aura.

M a t e ri e : Durch die C-Schwingung lernt der Quabbalist die
gesamte Materie zu beleben und sowohl mit mentalen, als auch
mit astralen Tugenden, Kräften usw. auszustatten. Er lernt durch
diesen Buchstaben jede grobstoffliche Form nach Belieben quabbalistisch zu imprägnieren. Von dieser Buchstabenschwingung
wird auch die wahre quabbalistische Alchimie beeinflußt. Unter
„Quabbalistischer Alchimie" ist die Umänderung der Materie
durch das Wort zu verstehen, d. h. ihr eine andere Qualität zu
verleihen!

D

A k a s h a : Im Akashaprinzip beeinflußt der Buchstabe D, respektive seine Schwingung alle Mysterien der Schöpfung, namentlich die Mysterien des Schöpfungsaktes im Mikro- und Makrokosmos. Die Gesetze der Schöpfung werden durch diesen
Buchstaben nicht nur ausgedrückt, sondern durch Beherrschung
der D-Schwingung werden dem Quabbalisten alle Erkenntnisse
offenbart. Dadurch, daß Makro- und Mikrokosmos den gleichen
Gesetzen unterliegen, lernt der Quabbalist sowohl den Makro- als
auch den Mikrokosmos vom Standpunkt der tiefsten Weisheit
aus in bezug auf die Schöpfung und auf alle ihre Analogien kennen und beherrschen.

M e n t a l : In der Mentalebene, d. h. im Mentalkörper lernt der Quabbalist durch diese Buchstabenschwingung die Mental-Matrize mit dem vollen Ich-Bewußtsein bei sich selbst und auch bei anderen Menschen kennen und vollkommen beherrschen. Die den Geist in allen Phasen — Elemente-Entsprechungen — betreffende tiefste Weisheit und tiefste Erkenntnis in bezug auf das Ich-Bewußtsein wird dem Quabbalisten durch die Schwingung des Buchstabens D zuteil.

A s t r a l : Alle dem Astralkörper analogen erotischen Aspekte werden dem Quabbalisten durch Beherrschung der D-Schwingung geoffenbart. Sämtliche Methoden der Liebesmagie — Sexualmagie — in allen Aspekten der vier Elemente sind ihm nicht nur theoretisch, sondern auch praktisch durch diese Buchstabenschwingung zugänglich, so daß er vollkommener Herr der Liebe in allen Phasen und Aspekten wird.

M a t e r i e : In der grobstofflichen Welt beherrscht die Schwingung des Buchstabens D alles, was die Fruchtbarkeit betrifft. Die praktische Anwendung dieser Schwingung in der grobstofflichen Welt ist so vielseitig, daß ich ein ganzes separates Buch füllen müßte, um näher darüber zu schreiben, was natürlich aus technischen Gründen nicht möglich ist. So z. B. kann durch Beherrschung der Buchstabenschwingung D ein Samen fruchtbar gemacht werden; ferner läßt sich schon aus einem Samenteilchen die Form erkennen; ein einzelnes Samenkörnchen läßt sich beeinflussen, veredeln usw.; im männlichen Samen können Imprägnierungen vorgenommen werden, die den Samen mit bestimmten Tugenden, Charaktereigenschaften usw. des zu zeugenden Kindes ausstatten. Sogar das Schicksal der aus dem Samen keimenden Frucht kann nicht nur gesehen, sondern auch beeinflußt werden usw. Unter diese Buchstabenschwingung fallen sämtliche Zeugungsakte alles dessen, was durch Zeugung zum Leben gebracht werden kann.

E

A k a s h a : Im Akashaprinzip repräsentiert diese Buchstabenschwingung das Allbewußtsein, welches wiederum als göttliche
Idee und Tugend die Allgegenwärtigkeit in allem, was erschaffen
wurde, darstellt. Diese Buchstabenschwingung vereinigt das
Normal-Bewußtsein des Quabbalisten mit dem Allbewußtsein, d.
h. mit dem kosmischen Bewußtsein, so daß der Quabbalist, der
diese Buchstabenschwingung im Akashaprinzip hervorruft, auch
gleichzeitig allgegenwärtig ist. Die Verbindung mit dem Allbewußtsein, also die Verallgegenwärtigung nennt die hermetische
Wissenschaft das kosmische Bewußtsein und die orientalische
Weisheit das Nirvi-Kalpa-Samadhi.

M e n t a l : Im Mentalreich, im Mentalkörper oder im Geiste
ruft diese Buchstabenschwingung höchste Intuition hervor. Sie
verleiht dem Quabbalisten die Mentaleigenschaft der allseitigen
Bewußtseinsversetzung. In diesem Zustand gibt es kein Zeit- und
kein Raumempfinden. Durch diese Buchstabenschwingung
spricht die Göttlichkeit in ihrer höchsten Form.

A s t r a l : Im Astralkörper repräsentiert die Schwingung des
Buchstabens E die astrale Bewußtseinsbeherrschung bei sich
selbst und auch bei anderen. Namentlich die Fähigkeit des besonderen Hellhörens kann durch diese Buchstabenschwingung sehr
leicht erreicht werden. Unter der Fähigkeit des „besonderen Hellhörens" ist nicht gemeint nur Wesen u. dgl. zu hören, sondern
auch die Sprache aller Tiere zu verstehen, akustische Wahrneh-
mungen der tiefsten Vergangenheit, Gegenwart und sogar der Zukunft ohne Unterschied der Entfernung und der Reiche — Menschenreich, Tierreich — aufzunehmen.

M a t e r i e : Durch Beherrschung dieser Buchstabenschwingung erschließen sich dem Quabbalisten die tiefsten Geheimnisse
der Materialisierung — Verdichtung — und der Entmaterialisierung — Verfeinerung —. Der Quabbalist lernt jede Idee, jeden Gedanken, jede mentale und astrale Form so zu verdichten, daß sie

grobstofflich wahrgenommen werden kann. Die Verdichtungsfähigkeit dieser Buchstabenschwingung ließ die sichtbare Materie, also alles Grobstoffliche entstehen, aber auch die Mysterien des umgekehrten Vorganges, wodurch alles Grobstoffliche in die feinere und feinste Form zurückversetzt werden kann. Alle Geheimnisse, die die Materialisierung und Entmaterialisierung betreffen, werden dem Quabbalisten durch den Gebrauch dieses Buchstabens vollkommen klar. Gleichzeitig erreicht er die Fähigkeit, alle diese Kenntnisse praktisch zu verwerten.

F

A k a s h a : Im Akashaprinzip repräsentiert der Buchstabe F die Gesetzmäßigkeit und Harmonie aller sichtbaren Welten, d. h. also des Makro- und Mikrokosmos. Durch den Gebrauch dieses Buchstabens lernt der Quabbalist die Gesetzmäßigkeit als vollkommenste Harmonie erkennen, ferner den Wirkungsbereich und die Analogiegesetze des Makro- und Mikrokosmos in ihrer wahrsten Form zu betrachten. Wer diesen Buchstaben quabbalistisch vollends beherrscht, wird für jede Idee sogleich die analoge Gesetzmäßigkeit bestimmen können.

M e n t a l : Im Mentalreich repräsentiert diese Buchstabenschwingung die Vereinigung und Abhängigkeit der vier Grundeigenschaften des Geistes, nämlich: der Wille, der Intellekt, das Gefühl — Leben und als Ganzes das Bewußtsein. Durch die Schwingung des Buchstabens F lernt der Quabbalist die Gesetzmäßigkeit im Mentalreich dieser vier Grundeigenschaften, sowie ihre analogen Zusammenhänge verstehen. Gleichzeitig kann er diese Grundeigenschaften des Geistes bei sich und bei anderen nach Belieben beherrschen. Daß der Quabbalist dadurch zum vollkommenen Herrscher über seinen eigenen Geist, sowie über den Geist eines jeden anderen Menschen wird, ist hieraus leicht ersichtlich.

A s t r a l : Die Beherrschung dieser Buchstabenschwingung läßt den Quabbalisten das Geheimnis des vierpoligen Magneten enthüllen, ferner den Wirkungsbereich der vier Elemente im

Astralreich erkennen und beherrschen. Der Quabbalist erreicht die Fähigkeit, jede Charaktereigenschaft, jede Tugend mit ihrem zustehenden Element zu beherrschen. Auch das Geheimnis des magischen Gleichgewichtes wird dem Quabbalisten vollends klar, und er ist fähig, alle Universalgesetze, alle abstrakten Ideen in ihrer Reinheit zu erfassen.

M a t e r i e : In der grobstofflichen Welt offenbart sich dem Quabbalisten durch diese Buchstabenschwingung das Geheimnis der magischen Quadratur des Kreises — das ist des vierpoligen Magneten —. Diesen lernt der Quabbalist namentlich in bezug auf den menschlichen Körper nicht nur erkennen, sondern auch praktisch anzuwenden, ohne Unterschied, ob er dieses Geheimnis auf das intellektuelle Wissen, auf die Physik oder Metaphysik beziehen will. Desgleichen wird dem Quabbalisten die Fähigkeit zuteil, das Geheimnis des Tetragrammatons — Jod-He-Vau-He — bei allen Methoden und Systemen, welche die Anwendung des vierpoligen Magneten beanspruchen, zu verstehen und praktisch zu verwerten.

G

A k a s h a : Diese Buchstabenschwingung läßt den Quabbalisten im Akashaprinzip aller Sphären und Ebenen die Tiefe der Göttlichen Gnade und Barmherzigkeit in allen Aspekten erkennen. Sie gibt ihm die Möglichkeit zu sehen, wie weit die Göttliche Gesetzmäßigkeit geht und wie sich die Göttliche Gnade und Barmherzigkeit bei Mensch und Tier auswirkt.

M e n t a l : Die Tugend des Göttlichen Friedens im Geiste, das Erleben der Friedseligkeit ist durch diese Buchstabenschwingung erreichbar, desgleichen der Segen der Göttlichen Vorsehung in allen Aspekten. Beherrscht der Quabbalist diese Buchstabenschwingung, erreicht er die Fähigkeit, wahren Göttlichen Segen zu erteilen.

A s t r a l : Im Astralkörper — Astralreich — kann durch diese Buchstabenschwingung das Gefühl der Glückseligkeit, der vollkommenen Zufriedenheit erreicht werden. Ebenso lassen sich bei Beherrschung dieser Schwingung durch die Elemente und durch das elektromagnetische Fluid auf quabbalistische Art Situationen schaffen, die auf der grobstofflichen Welt Glück, Erfolg und Wohlstand herbeiführen.

M a t e r i e : In der grobstofflichen Welt repräsentiert dieser Buchstabe alle Phasen des Reichtums und des Wohlstandes, des Glückes und der Zufriedenheit. Mit dieser Buchstabenschwingung hat die Göttliche Vorsehung den Überfluß geschaffen, und auch der Quabbalist kann — gleich dem Schöpfer — durch Beherrschung dieser Schwingung in der grobstofflichen Welt bei sich und bei anderen — wenn er es wünscht — Überfluß in allem herbeiführen.

H

A k a s h a : Im Akasha repräsentiert dieser Buchstabe die Macht des Wortes. Die quabbalistische Anwendung dieses Buchstabens im Akashaprinzip läßt den Quabbalisten die kosmische Sprache verstehen und quabbalistisch gebrauchen. Die hohe Bedeutung dieser Möglichkeit habe ich bereits im theoretischen Teil dieses Buches angeführt. Durch Beherrschung der H-Schwingung im Akashaprinzip erreicht der Quabbalist auch die Fähigkeit, jedem Buchstaben dynamische, also schöpferische Macht zu verleihen. Daß er dadurch jede Idee in quabbalistische Worte zu kleiden vermag, ist außer Zweifel.

M e n t a l : Im Mentalreich läßt diese Buchstabenschwingung den Quabbalisten die Fähigkeit erreichen, das Wirken der Göttlichen Vorsehung zu verstehen und nicht nur mit dem Intellekt zu erfassen, sondern auch symbolisch in Form von Bildern durch das geistige Gesicht aufzunehmen. Durch oftmaliges Wiederholen der Übungen mit dieser Buchstabenschwingung wird gleichzeitig auch die Fähigkeit des reinsten Hellsehens im Geiste erzielt.

A s t r a l : Die Beherrschung der H-Schwingung läßt den
Quabbalisten die Fähigkeit erreichen, ein jedes Schicksal nach Be-
lieben zu beeinflussen; ferner die Fähigkeit, alle quabbalistischen
Systeme, alle Mantra- und Tantra-Praktiken in ihrer wahrsten
Form richtig zu erfassen, zu verstehen und praktisch anzuwen-
den. Wer imstande ist, auch diese Buchstabenschwingung im
Astralkörper hervorzurufen, deren Beherrschung große Mühe er-
fordert, kann zuversichtlich annehmen, daß er ein vollkommener
Quabbalist wird.

M a t e r i e : In allen Reichen und Daseinsformen der grobstofflichen Welt lernt der Quabbalist durch diese Buchstabenschwingung den praktischen Gebrauch der Quabbalah, der kosmischen Sprache, vollkommen zu verstehen und erreicht außerdem die Fähigkeit, durch diese schöpferisch zu wirken. Er lernt
das, was in der Quabbalah mit den Worten „ES WERDE" angedeutet wird, vollkommen zu begreifen. Daß dadurch die Fähigkeit erlangt wird, vollkommener Herr auf der grobstofflichen
Welt zu sein, ist hieraus leicht ersichtlich.

Ch

A k a s h a : Im Akashaprinzip manifestiert die Schwingung des
Buchstabens Ch die Tugend der Klarheit und der vollkommenen
Reinheit. Ein diese Schwingung beherrschender Quabbalist er-
reicht die Fähigkeit, das Klare vom Unklaren richtig zu scheiden,
alle Unklarheiten aus dem Wege zu räumen und alles in der rein-
sten Form zu erkennen und zu verstehen. All das, was mit den
Worten: „Die Reinheit aller Ideen" gemeint ist, wird durch diese
Buchstabenschwingung zum Ausdruck gebracht.

M e n t a l : Mit Hilfe dieser Buchstabenschwingung lernt der
Geist — Mentalkörper — alle Sprachen des Universums, d. h. alle
Sprachen der Sphären und Ebenen in ihrer vollsten Klarheit bewußtseinsmäßig aufzufassen und zu verstehen; desgleichen die Fähigkeit, nicht nur die Sprache aller Wesen, Menschen und Tiere

zu verstehen, sondern von ihnen allen auch verstanden zu werden. Daß es dadurch ein leichtes ist, alle Symbole, die im Universum bestehen, zu verstehen, ist selbstverständlich.

A s t r a l : In astraler Hinsicht erlangt der Quabbalist mit Hilfe dieser Buchstabenschwingung die Fähigkeit, den Rhythmus in allen seinen Phasen im ganzen Makro- und Mikrokosmos zu verstehen und praktisch anzuwenden. Er erreicht hiermit die Macht über Leben und Tod eines jeden Wesens in allen Sphären und Ebenen. Erscheint es dem Quabbalisten wünschenswert, kann er Tote zu neuem Leben erwecken, jede abgestorbene Pflanze wiederbeleben, da ihm das Geheimnis des Rhythmus, also des Lebens durch diese Buchstabenschwingung geoffenbart wurde. Mit derselben Buchstabenschwingung kann er natürlich auch vom umgekehrten Rhythmus Gebrauch machen und ein sofortiges Absterben veranlassen; z. B. einen in voller Blüte stehenden Baum in wenigen Minuten verdorren lassen u. dgl. m. Selbst die Bibel erwähnt als Wunder ein derartiges Geschehnis, bei welchem Christus einen Baum zum Zeichen seiner Macht in wenigen Augenblicken verdorren ließ. Der Quabbalist weiß, daß dieses sogenannte Wunder nur durch die Macht des Wortes hervorgerufen werden konnte.

M a t e r i e : In der grobstofflichen Welt ist diese Buchstabenschwingung dem Wasser-Element analog. Sie gibt dem Quabbalisten die Fähigkeit, alle Geheimnisse des Wasser-Elementes und des magnetischen Fluids in allen Analogien zu erkennen und nach Belieben zu beherrschen. Mit Hilfe dieser Buchstabenschwingung bringt der Quabbalist das Wasser-Element auf unserer Erde je nach seinem Gutdünken unter seinen Willen. Wenn er es wünscht, kann er überall Wasser hervorbringen, kann Meereswogen besänftigen, auf dem Wasser gehen, Regenstürme einhalten oder umgekehrt, Regen hervorrufen, kann absoluter Herr über alle Wassergeister werden u. v. a.

I

A k a s h a : Im Akashaprinzip unterliegt diese Buchstabenschwingung dem Schicksal, also dem Karma-Gesetz, welches das
Gesetz von Ursache und Wirkung ist. Alles Tun und Handeln, alles Leben fällt unter diese Buchstabenschwingung. Ebenso wird
das Gesetz der Evolution alles Erschaffenen durch sie zum Ausdruck gebracht. Gleichzeitig manifestiert sich in dieser Buchstabenschwingung die Göttliche Vorsehung in subtilster Form. Im
Alphabet ist I der zehnte Buchstabe und die Zahl Zehn repräsentiert in ihrer höchsten Form im Akashaprinzip die Eins.

M e n t a l : Im Mentalkörper ist diese Buchstabenschwingung
dem Gedächtnis, der Erinnerung und dem Gewissen analog.
Durch die I-Schwingung — den Zehner-Rhythmus — kann der
Quabbalist je nach Belieben alles beleben, demnach vollkommen
beherrschen. Gleichzeitig erreicht er die geistige Fähigkeit, jede
Erinnerung im eigenen Gedächtnis und auch bei anderen Menschen hervorzurufen, ferner das Gewissen eines Menschen, also
die subtilste Form der Göttlichen Vorsehung, heben oder ab-
schwächen, je nach dem, was der Quabbalist mit Hilfe dieser
Buchstabenschwingung bezweckt. Kurz gesagt: Alle Fähigkeiten,
welche das Gedächtnis und das Gewissen in der Mentalebene betreffen, lassen sich durch diese Buchstabenschwingung erfassen
und beherrschen.

A s t r a l : Im Astralreich entspricht diese Buchstabenschwingung der Astralmatrize mit allen ihren Funktionen. Bekanntlich
ist die Astralmatrize das Bindeglied zwischen dem stofflichen
Körper und der Seele — dem Astralkörper —, sie ist das sogenannte Lebensprinzip. Desgleichen ist bekannt, daß die Astralmatrize
und mit dieser der ganze Astralkörper durch den Atem am Leben
erhalten wird. Mit Hilfe dieser Buchstabenschwingung ist der
Quabbalist in der Lage, auch den Atem in allen seinen Aspekten
und Anwendungsmöglichkeiten vollkommen zu beherrschen.
Ebenso kann er durch diese Buchstabenschwingung einen bereits
abgestorbenen Körper wieder zu atmen veranlassen, indem er die

Astralmatrize an den Körper zurückbannt und Körper und Seele wieder vereinigt. Dann ist es ihm schon ein Leichtes, den gewünschten Geist oder Mentalkörper an die Materie zu binden und den Menschen wieder zum Leben zu erwecken.

M a t e r i e : In der grobstofflichen Welt entspricht diese Buchstabenschwingung allen Analogie-Gesetzen zwischen Mikro- und Makrokosmos. Alles, was Form, Maß, Zahl und Gewicht hat, ist mit Hilfe dieser Buchstabenschwingung zustande gekommen. Beherrscht der Quabbalist diese Buchstabenschwingung, so erreicht er die Fähigkeit, durch jede Form, jedes Maß, jede Zahl und jedes Gewicht auf Grund der entsprechenden Analogien die größten Wunder in der grobstofflichen Welt hervorzurufen. Wie man sieht, sind hier Form, Maß, Zahl und Gewicht die Hauptbestandteile der grobstofflichen Welt, und die Beherrschung dieser Buchstabenschwingung macht den Quabbalisten zum vollkommenen Herrn in derselben. Daß ihm auch die Fähigkeit zuteil wird, ein vollkommener Metaphysiker zu sein, ferner alle bis jetzt noch unbekannten Gesetze unserer grobstofflichen Ebene zu verstehen und auf allen Gebieten nach Belieben anzuwenden, ist selbstverständlich.

J

A k a s h a : Im Akashaprinzip ist die J-Schwingung die Schwingung der höchsten, allumfassenden, also der kosmischen Liebe. Die J-Schwingung befähigt den Quabbalisten, diese Liebe, welche eine der höchsten göttlichen Tugenden ist, in allen ihren Aspekten sowohl im Mikro- als auch im Makrokosmos zu erfassen und zu empfinden.

M e n t a l : Mentalisch drückt diese Buchstabenschwingung das Geheimnis der Verzückung oder der Ekstase in ihrer höchsten Form aus. Diese Schwingung läßt das Geheimnis aller vier Ekstaseformen, die den Elementen analog sind, erkennen, beherrschen und nach Belieben hervorrufen. Beherrscht der Quabbalist diese Buchstabenschwingung, so ist er in der Lage, jede Ekstase, namentlich die, die dem Liebes-Element — Wasser-Element — analog ist, hervorzurufen. Eine auf quabbalistische Art und Weise hervorgerufene Ekstase hat aber — wohlgemerkt — nichts mit einer hypnotischen Ekstase oder mit einem Trancezustand zu tun, welcher meistens somnambulen Zwecken dient. In unserem Falle geht es um die Verzückung einer oder mehrerer Eigenschaften des Geistes. So gibt es z. B. eine Ekstase des Willens, eine des Verstandes — höchster erleuchteter Verstand —, eine der Liebe und eine des Bewußtseins. Durch die J-Buchstabenschwingung können nach Belieben zwei von diesen Zuständen auf einmal, im Gebrauchsfalle sogar alle vier im Geiste bei sich oder bei anderen hervorgerufen werden. Ein Zustand, bei welchem alle vier Elemente in die höchste Ekstase-Form gebracht werden, ist für einen Uneingeweihten kaum faßbar und läßt sich mit bloßen Worten nicht wiedergeben.

A s t r a l : Diese Buchstabenschwingung ist im Astral allen Gesetzen der Sympathie und der Anziehungskraft analog. Sie läßt die Fähigkeit erreichen, über Liebe und Sympathie, ohne Unterschied, ob bei Mensch oder Tier, nach Belieben zu herrschen, sie hervorzurufen oder abflauen zu lassen. Alle Mysterien der Liebesmagie in bezug auf den Menschen, auf Wesen und Gottheiten offenbaren sich jenem Quabbalisten, welcher diese Buchstabenschwingung beherrscht.

M a t e r i e : In der grobstofflichen Welt entspricht diese Buchstabenschwingung dem Zeugungsakte bei Mensch und Tier. Der Quabbalist, der diese Buchstabenschwingung auch im stofflichen Körper beherrscht, ist in der Lage, die Geschlechtslust bei Mensch und Tier hervorzurufen und zu steigern; desgleichen das Geschlecht des zu zeugenden Kindes im voraus zu bestimmen und zu beeinflussen; ferner beim Geschlechtsakt dem zu zeugenden Kinde alle gewünschten Fähigkeiten einzuverleiben. Noch viele andere Mysterien der Liebe in ihrer höchsten und niedrigsten Form auf allen Ebenen und Sphären erschließen sich dem diese Schwingung beherrschenden Quabbalisten.

K

A k a s h a : Im Akashaprinzip ist die Schwingung des Buchstabens K die Schwingung der Allmacht, welche gleichfalls eine der göttlichen Tugenden ist. Daselbst manifestiert sich die Allmacht als die höchste vorstellbare Kraft. Dem Quabbalisten, der diese Schwingung beherrscht, äußert sich diese Tugend als die allumfassende Macht, mit der er sowohl im Mikro- als auch im Makrokosmos direkte Wunder zu vollbringen vermag. Diese Tugend manifestiert sich im Akashaprinzip als das höchste und reinste Licht, welches dem Ur-Feuer-Prinzip analog ist.

M e n t a l : Im Mentalreich entspricht diese Buchstabenschwingung dem Manifestationszustand des Glaubens. Der Quabbalist, der auch die K-Buchstabenschwingung im Mentalkörper hervorzurufen imstande ist, erreicht als Ergebnis einen Manifestationszustand, in welchem sich ein jeder Gedanke, ein jeder Wunsch augenblicklich realisiert, ohne Unterschied, in welcher Ebene die Realisierung gewünscht wird.

A s t r a l : Im Astralkörper ruft diese Buchstabenschwingung die Tugend des Mutes mit allen seinen Aspekten wie z. B. Ausdauer, Zähigkeit u. dgl. hervor. Der Quabbalist ist in der Lage, durch diese Buchstabenschwingung einen hochgradigen Mut in sich selbst und auch bei anderen Personen aufzubringen und jedes Angstgefühl bei sich und bei seinen Mitmenschen je nach Belieben zu beseitigen. Auch den Selbsterhaltungstrieb kann er bei sich und bei anderen wunschgemäß hervorrufen und verstärken. Noch so manch andere dem Mut analoge Fähigkeit, wie z. B. Beharrlichkeit, Geduld usw. läßt sich mit Hilfe dieser Buchstabenschwingung erreichen.

M a t e r i e : In der grobstofflichen Welt ruft diese Buchstabenschwingung die Eigenschaft hervor, vollkommener Herr über alle irdischen Schätze zu werden. Ein Quabbalist, der diese Buchstabenschwingung bis in die Materie beherrscht, erreicht mühelos alles, was er für sich und auch für seine Mitmenschen wünscht.

L

A k a s h a : Im Akashaprinzip repräsentiert diese Buchstabenschwingung die höchsten göttlichen Tugenden, die sich mit
Worten wiedergeben lassen, ohne Unterschied ihrer Art. Von
dieser Buchstabenschwingung macht der Quabbalist meistens nur
dann Gebrauch, wenn er die göttliche Majestät oder die Größe
der Gottheit in Form von reinsten Tugenden erfassen will. Mit
Hilfe dieser Schwingung erkennt er, wie sich die göttlichen Tugenden in den einzelnen Sphären auswirken. Es ist unmöglich alle
der L-Schwingung analogen göttlichen Tugenden aufzuzählen.
Diese lassen sich in ihrer Größe, Reinheit und Tiefe nur empfinden, aber nicht beschreiben.

M e n t a l : Im Mentalkörper erreicht der Quabbalist durch die
L-Schwingung die Fähigkeit, die wahre, vom hermetischen Standpunkt aus betrachtete Moral geistig zu erfassen. Er gelangt zu der
Überzeugung, daß Gut und Böse, also positive und negative moralische Eigenschaften bestehen müssen, um sich gegenseitig zu
unterscheiden. Diese Schwingung ruft im Quabbalisten eine Erleuchtung hervor, welche an die Grenzen der Heiligkeit führt.

A s t r a l : Im Astralkörper offenbart sich dem Magier durch
diese Schwingung das Geheimnis des magischen Gleichgewichtes
in bezug auf den Charakter eines jeden Menschen. Gleichzeitig
erlangt der Quabbalist die Fähigkeit, seinen Astralkörper derart
zu vergeistigen, daß er Eins wird mit allen göttlichen Tugenden.
Das Geheimnis der astralen Unsichtbarmachung enthüllt sich
ihm vollends, da er mit Hilfe dieser Schwingung Herr über das
astrale Licht geworden ist. Erscheint es ihm wünschenswert, so
wird sein Astralkörper durch diese Schwingung unantastbar und
unterliegt nicht den Einflüssen der Elemente, d. h. also, daß der
Quabbalist den Grad der astralen Unsterblichkeit erreicht hat.

M a t e r i e : In der grobstofflichen Welt erreicht der Quabbalist durch diese Buchstabenschwingung vollkommene Gesundheit, Schönheit und Harmonie und wird zum absoluten Herrn

seiner eigenen Lebenskraft. Seinem Körper vermag er demzufolge dauernde Jugend und Anziehungskraft zu verleihen. Wenn er es wünscht und von der Göttlichen Vorsehung die Bewilligung dazu hat, kann er diese Buchstabenschwingung auch bei anderen Menschen erfolgreich anwenden. Die mit der L-Schwingung beherrschte Lebenskraft kann der Quabbalist auch noch mit einer anderen Buchstabenschwingung in Verbindung bringen und die Lebenskraft auf diese Weise verdichten, daß er sie nach Belieben in einen fluidischen Kondensator einverleibt und damit Wunderwirkungen auf dem Gebiete der Heilkunst vollbringt. Daß er hierdurch auch das quabbalistische Laden von Heilmitteln und fluidischen Kondensatoren kennen und gebrauchen lernt, d. h. die Gabe erreicht, jede Disharmonie in Harmonie zu verwandeln, ist selbstverständlich.

M

A k a s h a : Im Akashaprinzip ist diese Buchstabenschwingung dem Ur-Wasserprinzip analog. Die Göttliche Vorsehung hat mit Hilfe der M-Schwingung das Wasser in allen Daseinsformen, also im Urprinzip — Prinzip der Flüssigkeit — bis zur Realisierung auf unserer grobstofflichen Welt erschaffen. Der Quabbalist lernt durch diese Buchstabenschwingung im Akasha das Ur-Wasserprinzip vom Standpunkt der Schöpfung aus richtig erfassen, erkennen und beherrschen.

M e n t a l : Da sich im Mentalreich — Mentalkörper — das Ur-Wasserprinzip als das Leben, Gefühl und Empfinden manifestiert, erlangt der Quabbalist durch Beherrschung der M-Schwingung die mentale Fähigkeit im Geiste, vollkommener Herr über seine Gefühle, sein Empfinden und seinen Lebensgeist zu werden. Diese Fähigkeit ermöglicht es ihm auch, das Leben, das Gefühl und das Empfindungsvermögen jedes Menschen mit dem eigenen Bewußtsein zu durchdringen, zu erforschen und zu beherrschen.

A s t r a l : Die M-Buchstabenschwingung läßt den Quabbalisten das astrale Wasser-Element in allen Wirkungsbereichen der astralen Welt erfassen und beherrschen. Dadurch wird der Quabbalist gleichzeitig unbeschränkter Herrscher des reinen magnetischen Fluids, welchem das Wasser-Element analog ist, d. h., daß das magnetische Fluid seinen Ursprung im Ur-Wasserprinzip hat.

M a t e r i e : In der grobstofflichen Welt verleiht die M-Buchstabenschwingung dem Quabbalisten die Macht, über das Flüssigkeitsprinzip der ganzen Welt zu herrschen, also nicht nur im Mikro-, sondern auch im Makrokosmos. Nicht nur, daß der Quabbalist mit seinem Bewußtsein alles Flüssige im Ur-Prinzip erfaßt, er wird außerdem vollkommener Herrscher desselben. Die durch diese Schwingung erworbene Fähigkeit macht ihn gleichzeitig zum Herrscher über das magnetische Fluid und über alles, was mit diesem im Zusammenhang steht. So z. B. kann er nach Belieben die Gravitationsgesetze beherrschen u. v. a.

N

A k a s h a : Im Akashaprinzip ruft die Beherrschung dieser Buchstabenschwingung den höchsten Zustand der Glückseligkeit hervor, so daß der Quabbalist tatsächlich imstande ist, sich — wie man sagt — in den siebenten Himmel zu versetzen. In diesem Glückseligkeitszustand sind alle Tugenden, Empfindungen usw., welche die grobstoffliche, astrale und mentale Welt betreffen, ausgeschaltet und der Quabbalist erlebt die höchste Glückseligkeit, die sich mit Worten überhaupt nicht beschreiben läßt.

M e n t a l : Im Mentalkörper entspricht diese Buchstabenschwingung der Mental-Matrize und auch der mentalen Aura. Die Mental-Matrize ist jenes geistige Bindemittel, welches den Astralkörper mit dem Mentalkörper, also mit dem Geist vereint. Die Beherrschung dieser Buchstabenschwingung enthüllt dem Quabbalisten alle die Mental-Matrize betreffenden Mysterien und gibt ihm die Fähigkeit, die Mental-Matrize bei sich und bei anderen in ihrem Wirkungsbereich zu erfassen, zu sehen, zu empfinden und zu beherrschen. Auch die mentale Aura kann der Quabbalist bei sich und bei anderen Menschen sehen und in ihrem Wirkungsbereich definieren. Er sieht die eigene geistige Reife, als auch diejenige anderer Menschen und somit den Entwicklungsgrad eines jeden Geistes. Es ist ihm die Fähigkeit gegeben, genau zu wissen, in welchem Dichtigkeitsgrad des Astralreiches sich der Geist eines Menschen nach dem Ableben mit seinem Astralkörper aufhalten wird. Ferner gibt ihm die Beherrschung dieser Buchstabenschwingung die Fähigkeit, jeden Menschen, bei dem es ihm wünschenswert erscheint, seiner Reife gemäß zu erleuchten, indem er auf ihn diese Buchstabenschwingung überträgt, so daß dann der Betreffende alle Probleme, welche seinem Entwicklungsgrad entsprechen, mühelos zu lösen vermag. Es ist selbstverständlich, daß der Quabbalist in der Lage ist, jeden Geist durch die Aura oder durch die Mental-Matrize sowohl auf unserer grobstofflichen Welt als auch im Astralreich wunschgemäß zu durchblicken und zu beherrschen.

A s t r a l : Im Astralkörper, der astralen Welt, ruft diese Buchstabenschwingung den Selbsterhaltungstrieb hervor, welcher den Astralleib in der Erdgürtelzone festhält und ihn vom Wirkungsbereich der Elemente in der Astralwelt abhängig macht. Durch diese Buchstabenschwingung erreicht der Quabbalist die Fähigkeit, den Selbsterhaltungstrieb in der astralen Welt vollkommen unter seine Herrschaft zu bekommen, damit er in der astralen Welt von keinem Element angegriffen werden kann. Diese Fähigkeit wissen namentlich jene Magier zu schätzen, die sich mit ihrem Astralleib auf der Astralebene befinden und einen Zustand der absoluten Freiheit — Ungebundenheit — in der Astralwelt genießen, der es ihnen ermöglicht, die Genien oder Vorsteher in der Erdgürtelzone aufzusuchen, ohne sich erst mit der astralen Emanation dieser Genien identifizieren zu müssen. Magier, welche diese Buchstabenschwingung vollkommen beherrschen und die Fähigkeit haben in der Astralebene absolute Freiheit zu genießen, werden von allen Vorstehern der Erdgürtelzone sehr geachtet, da sie niemals von einem Vorsteher irgendwie — ob im positiven oder negativen Sinne — beeinflußt werden können. Solche Magier sind die absoluten Herrscher aller Wesen in der Erdgürtelzone und müssen sich nicht erst mit irgendeiner Ureigenschaft oder mit einer göttlichen Idee identifizieren.

M a t e r i e : In der grobstofflichen Welt wird von dieser Buchstabenschwingung alles beeinflußt, was die Bewegung und den Gang aller Menschen und Tiere betrifft. Beherrscht der Quabbalist diese Schwingung, wird er vollkommener Herr über alle Menschen und Tiere auf unserer Erde, und Bewegung und Gang aller Menschen und Tiere fällt unter seine Macht. Damit ist gesagt, daß der Quabbalist z. B. Lahme wieder gesund und beweglich machen kann. In unserem Mikrokosmos, in der gesamten grobstofflichen Welt, und in allen Ebenen und Welten des erschaffenen Kosmos ist diese Buchstabenschwingung mit der Kohäsion oder Zusammenhangskraft identisch und steht infolgedessen in einem ganz bestimmten Zusammenhang mit der spezifischen Schwere und Anziehungskraft alles Stofflichen. Der Quabbalist gewinnt daher — ähnlich wie beim Buchstaben M — über die Gravitation — Anziehungskraft alles Stofflichen — auch bei der N-Schwingung Macht über die Gesetze der Zusammenhangskraft einer jeden stofflichen Sache.

O

A k a s h a : Im Akashaprinzip ist die Schwingung des Buchstabens O die Schwingung der Gerechtigkeit als Urprinzip, als Einhaltung der Gesetzmäßigkeit, als Anerkennung und Würdigung der Göttlichen Gesetze. Der Quabbalist, der im Akashaprinzip die O-Schwingung hervorruft und sich mit ihr identifiziert, erreicht göttliche Gerechtigkeit. Er wird niemals ungerecht handeln und niemals ausgleiten, denn sobald er sich bis hierher durchgearbeitet hat, ist er mit der Gesetzmäßigkeit der Göttlichen Vorsehung, also mit der absoluten Gerechtigkeit vollkommen influenziert. Überall dort, wo es sich um das Prinzip der Gerechtigkeit handelt, herrscht die Schwingung des Buchstabens O.

M e n t a l : In der Mentalwelt drückt die O-Schwingung die absolute Gesetzmäßigkeit der Harmonie in allen vier Grundeigenschaften des Geistes und ihrer Schicksalsmäßigkeit aus, welche bei allen zukünftigen Inkarnationen mitbestimmend ist. Durch Beherrschung der O-Schwingung im Mentalkörper erlangt der Quabbalist hohe Urteilskraft und die Fähigkeit, in geistiger Hinsicht jede Gesetzmäßigkeit, jedes Eingreifen der Göttlichen Vorsehung vom Standpunkt der Gerechtigkeit aus zu begreifen. Durch die O-Schwingung zur verkörperten Gerechtigkeit selbst geworden, wird der bis hierher gelangte Quabbalist niemals jemand ungerecht verurteilen können.

A s t r a l : Im Astralkörper ruft diese Schwingung absolute astrale Zufriedenheit und Ausgeglichenheit hervor und erteilt dem Quabbalisten die Macht — ohne vom Schicksal irgendwie verantwortlich gemacht zu werden — auf quabbalistische Art jede Situation in der Astralwelt hervorzurufen, die sich dann entweder im Akashaprinzip in der Mentalwelt, also im Geist, oder in der Astralwelt im Astralkörper, oder in der grobstofflichen Welt wunschgemäß auswirken muß. Da der Quabbalist inzwischen die verkörperte Gerechtigkeit selbst geworden ist, wird er ohne strikten Auftrag der Göttlichen Vorsehung niemals ungünstige Situationen, ganz gleich in welcher Sphäre herbeiführen. Das Schicksal hat auf einen Quabbalisten, der soweit gekommen ist, keinen Einfluß mehr und nur der Göttlichen Vorsehung allein hat er sich zu verantworten. Diese Buchstabenschwingung löst im Quabbalisten ein Gefühl der Zufriedenheit, der absoluten Sicherheit, Unfehlbarkeit und Unantastbarkeit aus.

M a t e r i e : In der materiellen Welt ruft diese Schwingung Situationen hervor, die absoluten Erfolg und Glück in jeder Hinsicht herbeiführen. Ein diese Schwingung beherrschender Quabbalist lernt das Wirken und Walten des elektromagnetischen Fluids im menschlichen Körper und in der grobstofflichen Welt in bezug auf die höheren Sphären zu verstehen und vollends zu beherrschen. Der Quabbalist wird auf Grund dieser Fähigkeit zum vollkommenen Meister der Astrophysik — Metaphysik —.

P

A k a s h a : Im Akashaprinzip ruft diese Buchstabenschwingung die Sehnsucht nach geistigem Fortschritt, nach geistiger Vervollkommnung und nach höchster Vergeistigung überhaupt hervor. Es liegt in ihr die höchste Ausdrucksweise des Evolutionsgesetzes eines jeden Geistes verankert. Den Quabbalisten, den diese Buchstabenschwingung im Akashaprinzip dazu anhält, dem göttlichen Licht immer mehr emporzustreben, der wird die Sehnsucht nach Vereinigung mit den vier göttlichen Grundeigenschaften immer tiefer empfinden und wird fühlen, wie die im Menschen eingepflanzte göttliche Liebe ständig dazu drängt, mit der göttlichen Allmacht, Liebe und Weisheit verbunden zu werden und dieselbe in sich zu verkörpern. Die Sehnsucht nach göttlicher Vereinigung mit den vier göttlichen Grundeigenschaften ist ein spezifisches Empfinden, welches nur dem Praktiker verständlich ist und welches man nur durchleben kann, aber niemals zu beschreiben imstande ist.

M e n t a l : Im Mentalkörper ruft diese Buchstabenschwingung ein tiefes religiöses Empfinden, ein Gefühl der Verehrung höchster Unendlichkeit hervor, die sich aber auch in tiefster Demut im Geiste kund tut. Je mehr und je öfter der Quabbalist von dieser Buchstabenschwingung durchdrungen wird, umso mehr Demut empfindet er und erfaßt gerade in diesem Zustand die größte und mächtigste Nähe der göttlichen Majestät, der Göttlichen Vorsehung. Er empfindet gleichzeitig, daß er durch diese tiefste Demut der höchsten Allmacht, Alliebe, Allweisheit und Allgegenwärtigkeit am nächsten ist. Er wird sich dessen voll bewußt, daß er stets nur als treuer Diener der Göttlichen Vorsehung sein ganzes Denken dadurch zum Ausdruck bringen kann, wenn er jederzeit der leidenden Menschheit und denjenigen, die noch hart mit dem Schicksal zu kämpfen haben, helfend unter die Arme greift und nicht nur in materieller, sondern auch — und vor allem — in geistiger Hinsicht den Geist eines jeden aufwärts Strebenden zu erheben bereit ist.

A s t r a l : Im Astralkörper ruft diese Buchstabenschwingung die Sehnsucht nach Charakterveredlung, nach Charakterumbildung, die Sehnsucht nach dem magischen Gleichgewicht hervor; gleichzeitig die Fähigkeit, die Schönheit vom universalen Standpunkt aus als Folge vollkommener Harmonie zu empfinden. Nur ein ehrlich strebender Quabbalist ist in der Lage, den wahren Schönheitsbegriff zu empfinden, ohne sich hierbei an eine äußere Form zu halten oder zu binden, welche meistens nur relativ ist. Das Empfinden der absoluten Schönheit und Harmonie in ihrer absoluten Reinheit und Tiefe läßt sich nur durch Beherrschung dieser Buchstabenschwingung erreichen.

M a t e r i e : In der grobstofflichen Welt geht diese Buchstabenschwingung parallel mit einigen anderen Schwingungen jener Buchstaben, die mit dem Fortpflanzungstrieb identisch sind; sie hat keine direkten spezifischen Analogien, dafür aber einen bestimmten analogen Zusammenhang mit der Kinderliebe — Mutterliebe —. Sobald der Quabbalist diese Schwingung auch grobstofflich beherrscht, wird er in der grobstofflichen Welt alles erreichen können, was den Fortpflanzungstrieb, die Mutterliebe und Kinderliebe u. v. a. m. betrifft.

Qu

QU ist eine Zusammensetzung des KW und gilt daher nicht als alleinstehender Buchstabe. In der hebräischen Quabbalah gleicht das QU in der Aussprache dem K und ist auch wie das K zu deuten. Vom quabbalistischen Standpunkt aus wird QU als alleinstehender Buchstabe mit irgendwelchen eigenen Analogien nicht gewertet.

R

A k a s h a : Im Akashaprinzip wird diese Buchstabenschwingung mit einigen anderen Schwingungen der Ungebundenheit und Freiheit zugesprochen. Der Quabbalist, der diese Buchstabenschwingung im Akasha hervorruft, wird zum Hüter und Herr über Freiheit und Ungebundenheit. Er fühlt sich in diesem

Zustand innerlich als vollkommen, fühlt sich frei von der drückenden Last der Gesetze, denn infolge Beherrschung aller vorhergehenden Buchstaben hat er bereits einen derartigen Reifegrad erreicht, daß bei ihm das Gefühl des Ungebundenseins in einen absoluten Zustand der Sicherheit, der Unantastbarkeit übergegangen ist.

M e n t a l : Die Beherrschung dieser Buchstabenschwingung im Mentalkörper läßt den Quabbalisten einen ausgezeichneten Verstand erreichen, ferner das Gefühl der Willensfreiheit und Handlungsfreiheit, aber auch den Reifegrad, daß er niemals gegen ein Gesetz verstoßen kann und selbst Herr aller Gesetze geworden ist. Ein jedes in den Mikro- und Makrokosmos verlegte Gesetz wird von ihm verkörpert und muß ihm dienen. Das Gefühl der vollkommenen Sicherheit läßt sich mit Worten nicht wiedergeben. Der Quabbalist, der bis hierher gekommen ist, wird sich von dem hier Gesagten zunächst selbst überzeugen und wird sich trotz seiner Willensfreiheit der Göttlichen Vorsehung gern unterordnen und Missionen übernehmen, um der Göttlichen Vorsehung durch tiefste Demut, große Danksagung und höchste Verehrung zu dienen, ohne dabei das Gefühl der absoluten Willensfreiheit irgendwie einbüßen zu müssen.

A s t r a l : Die Hervorrufung dieser Buchstabenschwingung im Astralkörper erweckt eine Genialität, die sich in den verschiedensten Anlagen äußert. Alles, was ein auf diese Art geschulter Geist in einem ebensolchen Astralkörper unternimmt, ist mit einer hochgradigen Genialität ausgestattet, von der sich ein Uneingeweihter keinerlei Vorstellung machen kann.

M a t e r i e : Dagegen ruft in der grobstofflichen Welt diese Buchstabenschwingung eine verstandesmäßige Erweiterung des Intellektes beim Quabbalisten hervor, die es ihm ermöglicht, jedes Wissen rasch und leicht aufzufassen und es auch mit Worten zum Ausdruck zu bringen. Dadurch schafft sich der Quabbalist solche Anlagen, die er zur Erfüllung der übernommenen Mission braucht.

S

A k a s h a : Im Akashaprinzip ist die S-Schwingung die alles durchdringende Kraft — Allkraft — im Gegensatz zum K, welches die Allmacht vertritt. Der Buchstabe S ist demnach die quantitative Form im Vergleich zum Buchstaben K mit seiner qualitativen Form des ersten Urprinzipes der höchsten göttlichen Eigenschaften. Das S ist als Allkraft substantiell zu nehmen, das K hingegen als höchste göttliche Tugend zu werten. Wer im Akashaprinzip die S-Schwingung quabbalistisch hervorzurufen versteht, kommt mit der feinsten Substanz der göttlichen Wesenheit, mit dem göttlichen Urfeuer in Verbindung. Dieses göttliche Urfeuer wirkt in allem, was von der Göttlichen Vorsehung erschaffen wurde, als substantielle Kraft. Die Allmacht äußert sich dagegen in der Uridee als Urtugend des ersten göttlichen Prinzipes in allen Reichen und in allem Erschaffenen. Deshalb ist in Fällen, wo es sich um die Realisierung des göttlichen Urfeuers, also der Allkraft handelt, nicht die K-Schwingung, sondern die S-Schwingung anzuwenden.

M e n t a l : Im Mentalkörper erreicht der Quabbalist bei Anwendung dieser Schwingung die geistige Gabe der vollkommenen Beherrschung des elektrischen Fluids. Alles, was dem elektrischen Fluid oder dem Feuerprinzip analog ist, erkennt der Quabbalist und kann es auch beherrschen.

A s t r a l : Im Astralkörper ruft diese Buchstabenschwingung das absolute Hellsehen in reinster Form in allen Sphären und Ebenen der Schöpfung hervor. Gleichzeitig erhält der Quabbalist die Gabe der Prophetie, worunter das Sehen über Zeit und Raum zu verstehen ist; ferner vollkommene Macht über alle Menschen und Tiere und viele andere, dieser Schwingung analoge Fähigkeiten.

M a t e r i e : In der grobstofflichen Welt ist es die Gabe der vollkommenen Beherrschung des Bewußtseins bei sich selbst, sowie bei allen Menschen und Wesen sämtlicher Sphären und Ebenen unseres Makrokosmos, beginnend vom Elementereich bis zu den höchsten Engelswesen, Urwesen, Genien usw., welche durch die Beherrschung dieser Schwingung erreicht werden kann. Es ist selbstverständlich, daß durch die Gabe der Bewußtseinsversetzung auch noch andere magische Fähigkeiten mitentwickelt werden.

Sch

Bei Beschreibung der S-Schwingung erwähnte ich, daß der Buchstabe K die Allmacht — das Urlicht — und S das Urfeuer bedeutet. Die Schwingung des Sch-Buchstabens verbindet beides — Urlicht und Urfeuer — und deutet damit die unmanifestierbare Allmacht an. Die Sch-Schwingung repräsentiert demnach das dem K und S übergeordnete Urprinzip. Sch ist daher jener Buchstabe, mit welchem die Göttliche Vorsehung das Urprinzip des Feuers und des Urlichtes der unmanifestierten Allmacht vertritt. Die Schwingung des Sch-Buchstabens deutet sozusagen den ersten Erguß göttlicher Schöpfung an. Sch gilt daher als der höchste Buchstabe und S und K sind in ihrer Manifestierung diesem Mutter-Buchstaben unterstellt.

In der Quabbalah wird darauf hingewiesen, daß die Göttliche Vorsehung durch die drei Buchstaben A, Sch und M die Urprinzipien der Elemente erschaffen hat und daß aus diesen Grundbuchstaben alle übrigen Buchstaben entstanden sind. Laut quabbalistischer Gesetzmäßigkeit ist A dem Urelement des Luftprinzips analog, Sch dem Urfeuer und M dem Ur-Wasserelement. A entspricht dem Verstand — Weisheit —, der Gesetzmäßigkeit des Gleichgewichtes usw., Sch dem Willen, der Allkraft und Allmacht und M der Liebe. Sch ist als Urprinzip das Aktive mit dem elektrischen Fluid und M als Gegensatz das Urwasser-Elementeprinzip mit dem diesem Prinzip analogen magnetischen Fluid. Dem A fällt als Ausgleich die Vermittlerrolle zwischen dem Urfeuer und dem Urwasser zu. Also wohlgemerkt:

Die Sch-Schwingung repräsentiert das Urelement des Feuers, die M-Schwingung das des Wassers, und die A-Schwingung hat die Vermittlerrolle zwischen beiden Schwingungen.

Infolgedessen gelten diese drei Buchstaben als die Ur-Buchstaben oder Grundbuchstaben — Mutterbuchstaben —.

Dieser kurze Hinweis war notwenig, um die richtige Stellung der Sch-Buchstabenschwingung zu beleuchten, damit beim Gebrauch dieser Schwingung keine Verwechslung vorkommen kann. Aus diesen drei Buchstaben sind dann, wie ich schon erwähnte, weitere Buchstaben mit ihren spezifischen Wirkungen entstanden.

A k a s h a : Wer diese Buchstabenschwingung im Akashaprinzip hervorzurufen versteht, wird aus dem Akashaprinzip heraus das Ur-Element des Feuers mit dem Urlicht erkennen und dadurch zur höchsten Erleuchtung gelangen. Symbolisch erscheint das Sch im Akashaprinzip als glänzende Sonne mit dem Urfeuer — als Substanz — in der Mitte und dem Urlicht als Ausstrahlung des Urfeuers. Auch in der normalen Schöpfung ist dem so, wobei die Sonne als Urfeuer die glühendste Hitze bedeutet und die Ausstrahlung des Feuers der Sonne als Licht gewertet wird. Es ließen sich zahlreiche Analogien zwischen der Symbolik und der Buchstabenschwingung in bezug auf ihre universalen Ureigenschaften anführen, aber dem praktisch arbeitenden Quabbalisten werden diese kurzen Angaben genügen.

M e n t a l : Im Mentalkörper des Quabbalisten führt diese Buchstabenschwingung zur höchsten Erleuchtung, höchsten Vergeistigung, die sich bis zum Zustand der Ekstase steigert. Diese Ekstase ist eine positive Art der Verzückung und nur um ein Weniges anders, als von mir in der Schwingung des Buchstabens J beschrieben. Die J-Schwingung hat das Urprinzip der Liebe, die Sch-Schwingung dagegen das Prinzip des Urfeuers. Durch die Sch-Schwingung wird gewissermaßen auch der Verstand erleuchtet, ebenso das Bewußtsein, so daß beide aufnahmefähiger werden.

A s t r a l : Im Astralkörper ruft die Sch-Schwingung einen Urzustand der Manifestation des Glaubens hervor, ferner eine

Transmutationsfähigkeit und vollkommene Beherrschung des Feuer-Elementes in allen Reichen. Da das Willensprinzip mit dieser Buchstabenschwingung auch im Astralen identisch ist, kommt es logischerweise auch hier zur Geltung.

M a t e r i e : Im stofflichen Körper festigt der Quabbalist mit dieser Schwingung seinen absoluten Glauben, erreicht die Beherrschung des elektrischen Fluids in allen drei Reichen — in der grobstofflichen Welt im verstärkten Maße — und gleichzeitig die Fähigkeit, durch das elektrische Fluid oder durch das Feuer-Element in der grobstofflichen Welt alles zu beeinflussen, wo es analog am Platze ist.

T

A k a s h a : Im Akashaprinzip erweckt diese Buchstabenschwingung hohe Inspiration, die sich insbesondere auf alles Gesetzmäßige dieses Prinzips bezieht. Ein durch die T-Schwingung im Akashaprinzip mit dieser Gabe ausgestatteter Quabbalist wird wahrnehmen, daß ihm bei allem, was seine Aufmerksamkeit und sein Interesse einnimmt, Göttliche Inspiration und Intuition zuteil wird.

M e n t a l : Im Mentalkörper erweckt diese Buchstabenschwingung gute Erfindungsgabe, die sich namentlich dafür als günstig erweist, wofür ein besonderes Interesse aufgebracht wird. Mit dieser Gabe wird gleichzeitig das Gedächtnis — namentlich das mechanische — günstig beeinflußt.

A s t r a l : Diese Buchstabenschwingung befähigt den Astralkörper, wahre Astralmagie in ihrem ganzen Ausmaß zu betreiben. Da diese Fähigkeit gleichzeitig mit der Herrschaft über alle Elemente im Zusammenhang ist, bieten sich dadurch dem Quabbalisten weitere große Vorteile, die er sicherlich begrüßen und gebührlich einschätzen wird.

M a t e r i e : Im stofflichen Körper, d. h. also in der grobstofflichen Welt ermöglicht diese Buchstabenschwingung dem Quabbalisten sämtliche Analogiegesetze in allen drei Reichen — Mineral-, Pflanzen- und Tierreich — richtig zu verstehen und praktisch anzuwenden.

U

A k a s h a : Die Schwingung des Buchstabens U im Akashaprinzip verleiht dem Quabbalisten die Fähigkeit, dieses Prinzip im Schöpfungsakt und vom Standpunkt des Karmas aus zu begreifen. Bemeistert der Quabbalist diese Schwingung — was sich durch oftmaliges Wiederholen der Übungen erzielen läßt —, wird sich ihm das Ursein allen Seins mit seinen Formen offenbaren, so daß er es vollends begreifen und seinem Bewußtsein nahe bringen kann. Diese Eigenschaft und Gabe läßt sich durch nichts anderes als durch die Schwingung des Buchstabens U erreichen.

M e n t a l : Im Mentalkörper ruft die U-Schwingung höchste Intuitions- und Inspirationsfähigkeit hervor und gibt gleichzeitig die Möglichkeit, sein eigenes Karma, sowie dessen Änderung zu erforschen und zu beherrschen.

A s t r a l : Durch Beherrschung der U-Schwingung im Astralkörper erreicht der Quabbalist die Fähigkeit, sein Bewußtsein überall dorthin zu versetzen, wo es ihm wünschenswert erscheint, um dadurch vollkommener Herr über sein Bewußtsein zu werden. Gleichzeitig erreicht er die Fähigkeit, Trancezustände aller Art nach Belieben hervorzurufen und die Kunst des Astralleibaussendens vollkommen zu beherrschen.

M a t e r i e : In der grobstofflichen Welt läßt diese Buchstabenschwingung die Geheimnisse des Akashaprinzipes in bezug auf die Materie verstehen und anwenden, desgleichen gibt sie Möglichkeit, die Wirkungsweise des vierpoligen Magneten in bezug auf die gesamte Materie zu begreifen und in alle ihre Mysterien einzudringen und sie zu beherrschen. Außer anderem lernt der

Quabbalist mit Hilfe dieser Schwingung das Prinzip des Äthers auf unserer grobstofflichen Welt auch vom magischen Standpunkt aus quabbalistisch anzuwenden.

V

Der Buchstabe V ist vom quabbalistischen Standpunkt aus kein direkter Buchstabe und wird zumeist als F, welches dieselbe phonetische Ausspruchsweise hat, gewertet. Wird V weich ausgesprochen, so ist es schon ein W, dagegen scharf ausgesprochen hört es sich phonetisch wie ein F an. Infolgedessen entfallen die analogen Entsprechungen des V und es folgt die Beschreibung des Buchstabens W.

W

A k a s h a : Im Akashaprinzip ruft die W-Schwingung die kosmische Bewußtseinsvereinigung und die kosmische Bewußtseinseingebung oder quabbalistisch genommen, die kosmische Intuition hervor. Vom höheren kosmischen Standpunkt aus ist diese Buchstabenschwingung außerdem ein Aspekt der kosmischen Allliebe. Nur den Quabbalisten, der die W-Schwingung im Akashaprinzip hervorzurufen versteht, läßt die Göttliche Vorsehung das Urprinzip der kosmischen Intuition in ihrer ganzen Reichweite begreifen und erfassen. Diese kosmische Intuition ist gleichzeitig als Erguß kosmischer Liebe anzunehmen. Diese muß der Quabbalist erleben, denn mit Worten allein lassen sich die Wirkungen dieser Schwingung im Akashaprinzip nicht wiedergeben.

M e n t a l : Im Mentalreich — Mentalkörper — des Quabbalisten weckt diese Buchstabenschwingung alle medialen Fähigkeiten. Unter vielen anderen entwickelt sich bei ihm z. B. ein ausgezeichnetes Hellempfinden, so daß der Quabbalist in der Lage ist, seinen Geist mit jeder Idee ohne Unterschied des Wissensgebietes derart zu influenzieren, daß er sich selbst als diese oder jene Idee empfindet. Gleichzeitig wird durch diese Buchstabenschwingung die Konzentrationsfähigkeit erhöht und zwar bis zu jenem

Höchstzustand, welchen die Inder das S a m a d h i nennen. Wer also in Quabbalah nicht genug konzentrationsfähig ist oder wen vielleicht quabbalistische Konzentrationsübungen geistig leicht ermüden oder erschöpfen, der wende diese Buchstabenschwingung an. Gar bald gelangt er zu der Erfahrung, daß sich auch nach längerer Anwendung dieser Dreisinnen-Konzentration weder ein geistiges noch ein astralisches oder grobstoffliches Gefühl der Müdigkeit oder des Erschöpftseins einstellt.

A s t r a l : Im Astralkörper weckt diese Schwingung das für wahre Mystik erforderliche religiöse Empfinden, desgleichen die hierfür notwendige Veranlagung. Mit Hilfe dieser Schwingung vermag der Astralkörper jederzeit, wo und wann er es braucht, eine Tempelatmosphäre in sich und in seiner Umgebung nach Belieben hervorzurufen. Begreiflicherweise werden jene sich in der Nähe des Quabbalisten befindlichen Menschen von einer religiösen und mystischen Ehrfurcht ergriffen, welche in eine Art Verzückung und Weltentrückung übergeht. Ein öfteres Wiederholen dieser Buchstabenschwingung entfaltet die absolute Fähigkeit des Hellhörens und Fernsprechens. Der Quabbalist wird nicht nur alle Wesen hören und alles, was in tiefster Vergangenheit gesprochen wurde, gegenwärtig und auch in Zukunft gesprochen wird, gehörmäßig aufnehmen können, sondern er wird, wohin er sein Bewußtsein einstellt, auch auf die weiteste Entfernung alles klar und deutlich vernehmen und in seinen Astralkörper — als Sender — Worte hineinsprechen können, die sogar magisch Ungeschulte weit entfernt grobstofflich wahrzunehmen vermögen. Damit ist gesagt, daß der Quabbalist seinen Astralschall derart verdichten kann, daß die Worte nicht nur gehört, sondern wenn es dem Quabbalisten wünschenswert erscheinen sollte, auch auf Entfernung auf Schallplatten oder auf ein anderes Aufnahmegerät aufgenommen werden können, ohne daß der stoffliche Körper des Quabbalisten anwesend sein müßte. Diese Fähigkeit erreicht natürlich nur ein wahrer Quabbalist, der sich bis hierher ehrlich durchgerungen hat.

M a t e r i e : Im grobstofflichen Körper läßt diese Buchstabenschwingung den Quabbalisten die Fähigkeit erreichen, alles Vergängliche — unserer grobstofflichen Welt — vom Ewigen — Universalen — zu unterscheiden. Alles Relative auf unserer Erde versteht der Quabbalist unter seine Kontrolle zu bekommen und es sich dienstbar zu machen. Bei allen Wesen — Mensch und Tier — erkennt er augenblicklich jede Art von Blendung, ist aber auch imstande, diese nach Belieben bei Mensch und Tier hervorzurufen. Da diese Buchstabenschwingung einen gewissen Zusammenhang mit dem Wasserelement hat, wird dem Quabbalisten gleichzeitig auch die Herrschaft über das Wasserelement auf unserer Welt übertragen. Noch so manche andere Fähigkeit, welche dem Wasserelement und dem magnetischen Fluid analog ist und sich in der grobstofflichen Welt verwerten läßt, wird dem Quabbalisten als Belohnung für seine Arbeit zuteil. Unter anderem ist es z. B. die Fähigkeit der magnetischen Heilkunst, ferner die Kunst, in der größten Hitze und Trockenheit augenblicklich Wasser hervorzurufen; Letzteres je nach Wunsch entweder zu materialisieren oder zu entmaterialisieren; nach Belieben Wasser in Eis zu verwandeln u. v. a. m.

X

Dieser Buchstabe ist — ebenso wie V — quabbalistisch kein selbständiger Buchstabe, sondern eine Verbindung von IKS und daher als solche zu werten. Infolgedessen hat auch X als Buchstabe keinen quabbalistischen Zusammenhang, so daß die analoge Beschreibung dieses Buchstabens entfällt.

Y (Ü)

A k a s h a : Wer im Akashaprinzip diese Schwingung beherrscht, erfährt vom wahren Ursprung des Lebensrhythmus und von seiner Bewandtnis. Diese Buchstabenschwingung beeinflußt auch die Gesetze der Evolution vom Beginn der Schöpfung bis zur Vervollkommnung. Da diese Schwingung sehr schwer zu verstehen ist, wird es daher nur einem erfahrenen Quabbalisten, der mit seiner wissenschaftlichen Arbeit bis hierher gekommen ist, gelingen, die Ur-Rhythmen des Lebens und die Gesetze der Harmonie — Gesetzmäßigkeit — vollkommen zu verstehen und zu beherrschen.

M e n t a l : In der Mentalebene, also im Geist, ruft diese Schwingung gleich der vorhergehenden die Fähigkeit tiefster kosmischer Intuition und Inspiration hervor, welche gleichzeitig als Gabe für die völlige Hingebung und tiefste Liebe zur Göttlichen Vorsehung zu werten ist. Ein weiterer Vorteil ist der, daß aus dieser mentalen Fähigkeit noch viele andere Fähigkeiten erwachsen, die sich mit bloßen Worten überhaupt nicht wiedergeben lassen, weil sie ausschließlich makrokosmisch zu werten sind.

A s t r a l : Im Astralkörper beherrscht, ruft diese Buchstabenschwingung ausgezeichnete Fähigkeiten der Weissagung hervor, welche jedes Fehlgreifen ausschließen. Wem diese Schwingung zur Gewohnheit geworden ist, der hat seinen Astralkörper so durchgeistigt, daß er in der Lage ist, das Schicksal einer jeden Sache, eines jeden erschaffenen Dinges bei Mensch und Tier vom mikrokosmischen Standpunkt aus prophetisch einwandfrei zu sehen und zu wissen. Seine Weissagungen sind so sicher und unfehlbar, als ob sie direkt von der Göttlichen Vorsehung kommen würden. Durch keine andere Buchstabenschwingung ist eine so hochgradige Prophetiefähigkeit zu erreichen. Die größten Propheten aller Zeiten erwarben ihre die Weissagung betreffende Fähigkeiten nur in geheimen Prophetenschulen, in welchen die wahre Quabbalah gelehrt wurde.

M a t e r i e : Im grobstofflichen Körper hervorgerufen führt diese Buchstabenschwingung zur Fähigkeit, das absolute Wirken des Akashaprinzipes in der grobstofflichen Welt in bezug auf alle Formen und Körper im Mineral-, Pflanzen-, Tier- und Menschenreich zu erforschen, genau zu wissen und mit demselben zu arbeiten. Gleichzeitig wird mit Hilfe dieser Schwingung die Fähigkeit der astralen und grobstofflichen Unsichtbarmachung erreicht, denn wer das Akashaprinzip auf der grobstofflichen Welt in allen

Daseinsformen erkennt und beherrscht, kann den Dichtigkeitsgrad auf unserer grobstofflichen Welt nach Belieben ändern. Daher wird der Quabbalist durch diese Fähigkeit in die Lage versetzt, seinen Körper zu dematerialisieren und auf die größte Entfernung in wenigen Augenblicken wieder zu materialisieren. Es ist ihm also möglich, nicht nur mentalisch und astralisch, sondern auch grobstofflich, auf jede Entfernung Zeit und Raum zu überbrücken. Noch viele andere magische Fähigkeiten kann sich der Quabbalist aneignen, der es fertigbringt, diese Buchstabenschwingung zu beherrschen. Viele in der Bibel zitierten Wunder, die von Eingeweihten aller Zeitalter vollbracht wurden, bestätigen die Wahrheit des hier Angeführten.

Z

A k a s h a : Die Z-Schwingung im Akashaprinzip hervorgerufen, beeinflußt die höhere Verstandeskraft, namentlich in bezug auf die sogenannte Erkenntnis. Diese Fähigkeit — stark geweckt — steht im Einklang mit allen Universalgesetzen des Mikro- und Makrokosmos. Natürlich äußert sie sich auch in allen Bewußtseinsformen und kommt in quabbalistischer Hinsicht zur vollen Geltung.

M e n t a l : In der Mentalwelt — im Geist — führt diese Buchstabenschwingung zur allgemeinen Hebung aller intellektuellen Fähigkeiten und Talente, ohne Unterschied ihrer Art. Insbesondere vermag sie im Gedächtnis alle Erinnerungen an vorherige Verkörperungen wachzurufen. Aber nicht nur das allein: der Quabbalist erreicht außerdem die Fähigkeit, sämtliche in den vorherigen Existenzen errungenen intellektuellen Veranlagungen — Talente — in der jetzigen Verkörperung zu erneuern. Er wird sich plötzlich dessen bewußt, daß zwischen den einzelnen Verkörperungen bis zur jetzigen Inkarnation eigentlich keine Zeit verflossen ist, d. h. daß er kein Zeit- und Raumbewußtsein empfindet. Es kommt ihm vor, als ob er all die tausend Verkörperungen, die er durchgemacht hatte, in ganz kurzer Zeit durchlebte. Alle Fähigkeiten, die er je besaß, werden plötzlich in ihm wach. Sprachen, die er einstmals beherrschte, kann er nach Belieben wieder gebrauchen, ohne sie erst von neuem lernen zu müssen. Der Quabbalist hat — mit einem Wort gesagt — mit Hilfe dieser Buchstabenschwingung die Fähigkeit erreicht, sich jeder Situation anzupassen, so daß er selbst dann kein Chaos in sich hervorruft, wenn er sich aller durchgemachten Verkörperungen bewußt sein sollte. Allerdings solche Magier, die, ohne entsprechend vorbereitet zu sein, ihre einstmaligen Verkörperungen zu erfahren anstreben, haben gewöhnlich schwer zu kämpfen, um sich den gegebenen Situationen anzupassen. Das Gefühl der Verantwortung für eventuelle schlechte Taten kommt auf und äußert sich in schweren Gewissensbissen. Außerdem ruft ein Rückblick in die verflossenen Inkarnationen ohne entsprechende Vorbereitung ein Abhängigkeitsgefühl vom Schicksal hervor, eine beschränkte Willensfreiheit in Gedanken und Taten macht sich bemerkbar. Auch kann es bei einem unvorbereiteten Magier vorkommen, daß ihm dann das Alter, welches ihn infolge eines Rückblickes befällt, in seiner Handlungsweise stark hindert, da er nicht imstande ist, sich in die Lage der Jugendfrische zu versetzen. Diese Nachteile zeigen sich jedoch — wie gesagt — nur bei solchen Magiern und Menschen, die nicht ausreichend geschult sind. Ein Quabbalist, der sich bis hierher durchgearbeitet hat und die Z-Schwingung tatsächlich beherrscht, hat nichts Derartiges zu befürchten.

A s t r a l : Im Astralkörper ruft die Z-Schwingung sämtliche künstlerischen Fähigkeiten hervor, namentlich jene, die dem Quabbalisten besonders wünschenswert erscheinen. Desgleichen entwickelt sich bei ihm die Fähigkeit, alle abstrakten Ideen in leicht verständliche Worte zu kleiden. Außerdem macht diese Schwingung den Quabbalisten fähig, Botschaften durch die Luft auszusenden und zu empfangen. Wahre Eingeweihte des Orients, die sich mit hoher Tantramagie befassen und auch die Z-Schwingung praktisch beherrschen, besitzen die Fähigkeit, sich mit Hilfe des Luftprinzipes gegenseitig Botschaften zu geben. Diese Fähigkeit ist nicht zu verwechseln mit der normalen uns bekannten Telepathie, bei welcher sich nur Gedanken auf Gedanken binden, also Geist zu Geist spricht. Die Fähigkeit Botschaften durch die Luft mit Hilfe der Z-Schwingung zu geben, ist eine ganz andere und zwar wird das Luftprinzip als Leiter der Schallschwingungen gebraucht, was allerdings etwas anderes ist als das, was man nur unter Telepathie versteht.

M a t e r i e : Im grobstofflichen Sinne macht diese Schwingung den Körper zäh und stattet ihn mit einer übergroßen Ausdauer aus. Der Quabbalist kann z. B. lange Reisen zu Fuß unternehmen, ohne im geringsten zu ermüden. Der Quabbalist, dem es wünschenswert erscheint mit Hilfe dieser Schwingung seine Aufmerksamkeit auf die grobstoffliche Welt zu richten, ist imstande seinen Körper derart zu präparieren, daß er mit Hilfe dieser Schwingung viele Meilen zu Fuß zurücklegen kann, ohne die geringste Müdigkeit, Mattigkeit oder sonstige nachteilige Begleiterscheinungen langer Märsche zu verspüren. In Tibet gibt es sogenannte „Läufer", die Hunderte von Kilometern sprungweise zurücklegen, ohne zu ermüden und diese Leistungen mit Hilfe von Tantraformeln, welche einen gewissen analogen Zusammenhang mit dieser Z-Schwingung haben, erzielen. Noch viele andere Fähigkeiten verleiht die Z-Schwingung dem grobstofflichen Körper; unter anderem z. B. die Beherrschung von Stürmen — das Heraufbeschwören und Stillegen derselben, beliebige Änderung der Windrichtungen — usw. Da der Z-Schwingung Frohsinn und alle einschlägigen Eigenschaften, wie Heiterkeit, Lustbarkeit usw. analog sind, braucht der Quabbalist in sich oder in seiner Umgebung nur die Z-Schwingung einzuleiten und bringt die traurigste Gesellschaft augenblicklich auf heitere Gedanken und versetzt sie in die beste Laune.

Obwohl in unserem Alphabet Z als der letzte Buchstabe gilt, beschreibe ich nachstehend noch zwei weitere Buchstaben, und zwar das Ä und Ö, die ich aus ganz bestimmten Gründen in diesem Kapitel als die letzten gelassen habe.

Ä

A k a s h a : Ruft der Quabbalist im Akashaprinzip die
Ä-Schwingung hervor, so ist es ihm möglich den Ursprung und
das Geheimnis des Lebens und des Todes in bezug auf die Umwandlung kennen zu lernen. In seiner Überzeugung wird er
vom neuen gestärkt, daß es in Wirklichkeit keinen Tod gibt
und daß der sogenannte Tod nur eine Umwandlung von einem
Zustand in den anderen ist. Auch über die Ursachen der Umwandlung und über den ganzen Zusammenhang wird der Quabbalist durch die Ä-Schwingung im Akashaprinzip aufgeklärt. Desgleichen lernt er alle negativen Wesen in allen Sphären und auf
allen Ebenen in ihrem Wirkungsbereich kennen und sie vollkommen beherrschen. Es wird ihm vollends klar, zu welchem
Zweck negative Wesen erschaffen wurden. Da sich im Urprinzip
alle Wesen gleich sind und jedes von der Göttlichen Vorsehung
für eine bestimmte Aufgabe erschaffen wurde, gibt es kein Ver-
stellen der negativen Wesen, denn vom Standpunkt der Quabbalah aus ist alles rein. Hierin liegt auch der eigentliche Sinn des
Spruches: „Dem Reinen ist alles rein!" Würde es keine negativen
Wesen geben, wäre es in hermetischer Hinsicht unmöglich, das
Gute vom Bösen zu unterscheiden und es gäbe ohne Leidenschaften auch keine Tugenden. Diese Schwingung bestätigt dem Quabbalisten auch das in der Bibel enthaltene Zitat: „Durch Nacht
zum Licht", dessen tiefer symbolischer Sinn ihm jetzt ganz klar
wird.

M e n t a l : Die Beherrschung der Ä-Schwingung im Mentalkörper verleiht die Fähigkeit, alle sich auf die Materie beziehen-
den Gedanken, Handlungen und Wünsche zu sehen und ihrer
vollkommen Herr zu werden. Diese und noch manch andere Fähigkeit, welche der Quabbalist im Mentalkörper mit Hilfe der Ä-
Schwingung erreichen kann, bezieht sich gleichzeitig auch auf die
Materie, so daß diese Schwingung als die grobstofflichste angenommen wird, auch dann, wenn es sich um Beherrschung der Ä-
Schwingung im Mentalreich handelt.

A s t r a l : Die Ä-Schwingung repräsentiert im Astralreich sämtliche Begierden, Leidenschaften, den Hang zur Selbstbefriedigung usw. Wer diese Buchstabenschwingung im Astralkörper beherrscht, wird vollkommener Meister und Herr über alle Begierden und Leidenschaften; erreicht ferner die Fähigkeit des Nichthängens an mentalen, astralen und grobstofflichen Tugenden und Dingen. Für den Quabbalisten bedeutet dies völlige Freiheit und Ungebundenheit und die wahre Bedeutung des Sprichwortes: „Binde dich und du wirst frei!" wird ihm hierdurch erst so recht verständlich.

M a t e r i e : Da die Schwingung des Buchstabens Ä eine der grobstofflichsten Schwingungen ist, ohne Unterschied, ob im Mental, Astral, Akasha oder in der Materie hervorgerufen, wird von ihr die Erde in erhöhtem Maße beeinflußt. Der Quabbalist erreicht durch diese Schwingung daher die Fähigkeit, die grobstofflichsten Bestandteile unserer Erde, ganz gleich, ob es sich um Mineralien, Erze u. dgl. handelt, zu erkennen und quabbalistisch zu beeinflussen. Mit Hilfe dieser Schwingung wird er demnach zum absoluten Herrn der grobstofflichen Materie auf unserem Planeten.

Ö

Als letztes folgt die Beschreibung des Buchstabens Ö.

A k a s h a : Im Akashaprinzip ruft die Ö-Schwingung tiefste Erkenntnis hervor, welche nur durch göttliche Liebe erfahren werden kann; ferner Erkenntnisse, welche die quabbalistische Quintessenz genannt werden. Der Quabbalist lernt mit Hilfe dieser Schwingung alle Umwandlungsmöglichkeiten des Geistes kennen, alle hierzu führenden Systeme und Wege und alle Erkenntnisse, welche die Umwandlung auf allen übrigen Gebieten betreffen. Er erfährt von allem, was vom Schöpfungsakt ausgegangen alle Umwandlungsformen durchmachen mußte, um sich wieder zu vereinen. Der Quabbalist muß alle Fähigkeiten, welche ihm die Ö-Schwingung im Akashaprinzip bietet, erreichen, alle Möglichkeiten erfassen, um sich zu überzeugen, daß sie sich mit

Worten nicht beschreiben lassen, sondern erlebt werden müssen. Die Buchstaben Ä und Ö habe ich in der Übungsreihe als die letzten angeführt, da man mit Hilfe ihrer Schwingung die Krone sämtlicher Weisheiten im Mikro- und Makrokosmos vom Schöpfungsakt angefangen bis zum jetzigen Evolutionszustand, ja sogar bis zur endgültigen Entfaltung vom Akashaprinzip aus erfassen kann.

M e n t a l : Die Ö-Schwingung im Mentalreich hervorgerufen sichert die vollkommene Beherrschung quabbalistischer Alchimie. Darunter versteht man durch quabbalistisch ausgesprochene Worte umgewandelte Ideen, Tugenden usw., das ein sehr großes und umfangreiches Gebiet ist.

A s t r a l : Im Astralreich entwickelt die Ö-Schwingung die Fähigkeit der vollkommenen Astralprojektion, sowie Beherrschung aller okkulten und magischen Phänomene, die sich auf die Umwandlung beziehen, so daß z. B. der Quabbalist jede gewünschte Form im Astralkörper annehmen kann, ohne von anderen Wesen erkannt zu werden und nur die Göttliche Vorsehung ihn durchblicken kann. Außerdem vermag der Quabbalist jede astrale Schwingung in die von ihm gewünschte Schwingung umzuwandeln und dasselbe mit jedem Element zu vollbringen.

M a t e r i e : Die Ö-Schwingung im grobstofflichen Körper beherrscht, führt zur vollkommenen Kenntnis der quabbalistischen Alchimie auf der grobstofflichen Welt. Der Quabbalist lernt die wahre Zubereitung und Ladung des Steines der Weisen im grobstofflichen Sinne. Da er jede Schwingung — Atomschwingung, Elektronenschwingung — durch Quabbalah nach Belieben beeinflussen kann und in die von ihm gewünschte Schwingung umzuwandeln imstande ist, beherrscht er natürlich auch die Transmutationsgesetze vollkommen. Er kann daher, wenn er will, jedes Metall in Gold verwandeln, jeden gewöhnlichen Stein in einen Edelstein u. dgl. m. Mit Hilfe dieser Schwingung wird der Quabbalist mit noch so vielen anderen Fähigkeiten ausgestattet, von denen er vorläufig nicht einmal träumen wird und die ein Uneingeweihter für ganz unmöglich halten würde.

Die Beschreibung des quabbalistisch-mystischen Gebrauches des ganzen Alphabets und zwar mit einzelnen Buchstaben ist hiermit beendet. In der hermetischen Quabbalah wird es der Gebrauch des Einser-Schlüssels genannt. Gleichzeitig ist Teil II der praktischen Buchstabenmystik damit abgeschlossen. Der Quabbalist hat quabbalistisch buchstabieren gelernt, steht im Einklang mit dem Mikro- und Makrokosmos, hat sich sämtliche zur weiteren Formelmagie nötigen Fähigkeiten angeeignet und kann nun entsprechend vorbereitet zum III. Teil der Praxis übergehen. Inzwischen gelangte der Quabbalist auch zu der Überzeugung, daß dies eine ganz andere Mystik ist, als sie in den üblichen Büchern beschrieben steht und daß die in meinem ersten Werk „Der Weg zum wahren Adepten" angegebenen Vorbereitungsübungen für die praktische quabbalistische Formelmagie unumgänglich notwendig waren, denn ohne die erworbenen Vorkenntnisse und Fähigkeiten kann niemand wahre quabbalistische Formelmagie betreiben.

Der hier beschriebene Einser-Schlüssel dient dazu, direkt aus dem Akashaprinzip heraus auf die mentale, astrale und grobstoffliche Welt zu wirken, d. h. Ursachen direkt in der Ursachenwelt zu schaffen und ihre Wirkungen im Geist — Mentalebene —, im Astral — Astralebene — und in der grobstofflichen Welt — physische Ebene — zu erzielen. Der quabbalistische Gebrauch der einzelnen Buchstaben befähigt den Quabbalisten zunächst direkt in der Mentalebene, später in der Astralebene und nachher direkt auch in der grobstofflichen Welt wirksam zu sein, ohne erst vom Akashaprinzip aus Ursachen zu schaffen, um Wirkungen zu erreichen. Hat sich der Quabbalist durch Absolvierung der ganzen Buchstabenreihe — des Alphabets — alle Fähigkeiten angeeignet, die zum weiteren quabbalistischen Arbeiten notwendig sind, braucht er beim weiteren Gebrauch von quabbalistischen Formeln — die von Eingeweihten kosmische Sprache genannt wird — nicht mehr direkt aus dem Akashaprinzip zu wirken, d. h. er muß sich nicht in den dazu nötigen Trancezustand versetzen, sondern er kann gleich von jeder Ebene aus Wirkungen durch Machtworte erzielen, also schöpferisch wirken.

Die hier angeführten Fähigkeiten sind nur ein minimaler Teil aller derjenigen, welche der Quabbalist erreichen kann. Es ist ein Ding der Unmöglichkeit, alle Fähigkeiten anzuführen, die sich durch quabbalistische Mystik erzielen und aneignen lassen, da sie — ohne zu übertreiben, an das Unsagbare, mit dem bloßen Verstand Unfaßbare grenzen. Es bleibt daher dem Quabbalisten überlassen, sich auf Grund eigener systematischer und praktischer Arbeiten selbst zu überzeugen.

Noch niemals ist über die Wirkungsbereiche öffentlich so viel gesagt worden, wie ich es in diesem Werke tue, was allen angehenden Quabbalisten als Ansporn für ihre eigene Arbeit dienen möge. Die alphabetische Buchstabenreihe kann man als Emanationseinflüsse Göttlicher Vorsehung betrachten, die den Weg von der untersten Schicht der grobstofflichen Welt angefangen bis hinauf zur höchsten Stufe der Vereinigung mit der Göttlichen Vorsehung angeben. Mit den 22 Buchstaben, welche in der hermetischen Wissenschaft als die großen Arkanen gelten, ist alles erschaffen worden, was im ganzen Mikro- und Makrokosmos, also in der kleinen und in der großen Welt vorhanden ist. All das wird der Quabbalist, welcher den Einser-Schlüssel schon durchgenommen hat, richtig begreifen.

Im nächsten Kapitel kommen schon die zusammengesetzten Buchstaben und ihre Wirkungen auf die mentale, astrale und grobstoffliche Welt an die Reihe, die aber nicht mehr als Übung zu werten ist, sondern mit welchen man schon direkt quabbalistisch arbeitet und wirkt.

Ende der siebenten Stufe

Teil III
PRAXIS — FORMELMAGIE

Stufe VIII

Das quabbalistische Alphabet

— Der Zweier-Schlüssel — Doppelbuchstaben —

Der in Stufe VII beschriebene Einser-Schlüssel ist der wichtigste Schlüssel in der Quabbalah und dient dem Quabbalisten als eine Art Vorbereitung. Er wird vor allem deshalb der Einser-Schlüssel genannt, weil er die Zahl E i n s repräsentiert und E i n s die Zahl der Gottheit ist. Der Quabbalist kommt bei entsprechender Meditation darauf, daß er vom Einser-Schlüssel nur für seine eigene Entwicklung Gebrauch machen soll und es sich nicht empfiehlt, mit einfachen Buchstaben auch für andere zu wirken, weil der Einser-Schlüssel direkt aus der Ursachensphäre — dem Akasha — wirkt. Wollte der Quabbalist auch für jemand anderen direkt aus der Ursachensphäre wirksam sein, würde er auf diese Weise kein Karma bilden und müßte die Verantwortung für alles selbst tragen. Arbeitet er hingegen mit mehreren Buchstaben, so geht die Wirkung nicht von der Ursachenwelt aus, sondern entweder von der mentalen, astralen oder von der grobstofflichen, je nachdem, wie viele Buchstaben er quabbalistisch gebraucht, und die geschaffenen Ursachen registrieren sich im Akashaprinzip.

Der Einser-Schlüssel wirkt im Akashaprinzip, ohne eine Ursache zu schaffen, da er aus der Ursachenwelt herausgeht.

Der Zweier-Schlüssel schafft Ursachen mentalischer Art und somit auch mentalische Wirkungen.

Der Gebrauch des Dreier-Schlüssels hat astralische Wirkungen zur Folge — schafft Situationen — und die Wirkungen sind infolgedessen astralischer Art.

Mehrstellige Formeln schaffen grobstoffliche Ursachen und somit auch grobstoffliche Wirkungen, welche das Schicksal — Karma — grobstofflich begründen.

Nachfolgend beschreibe ich den Zweier-Schlüssel, der nicht mehr die mikro- und makrokosmische vorbereitende Mystik vertritt, sondern schon in das Gebiet der Formel-Magie gehört.

Mikro- und makrokosmische Mystik wird nur durch den Einser-Schlüssel als dem Vertreter der Göttlichen Vorsehung gekennzeichnet.

Beim Gebrauch des Zweier-Schlüssels arbeitet der Quabbalist mit zwei Buchstaben, welche schon als Formel betrachtet werden, so daß ich von jetzt ab den Quabbalisten als Formelmagier bezeichne.

Der Zweier-Schlüssel ist mit der Mental-Ebene, mit dem Mentalleib oder Geist identisch. Die Praxis der Formelmagie in der mentalen Sphäre bedingt den Gebrauch von zwei Buchstaben. Je nachdem, welche Wirkung man anstrebt, ist diese oder jene Buchstaben-Kombination zu wählen. Der analoge Schlüssel der einfachen Buchstaben dient auch hier als Leitmotiv. Bei Zusammensetzung der Buchstaben bildet die Idee die Grundlage, so daß in der verstandesüblichen Sprache eine bestimmte Aneinanderreihung von Buchstaben etwas ganz anderes bedeutet, als beim quabbalistischen Arbeiten. Z. B. hat das Wort Hund vom quabbalistischen Standpunkt aus eine andere Bedeutung als bloß ein Tier. Dies nur zur Information.

Mit kurzen aufklärenden Worten beschreibe ich den Zweier-Schlüssel mit Wirkung auf die Mentalebene. Beim Arbeiten mit diesem Schlüssel muß sich der Formel-Magier genau wie beim Einser-Schlüssel zuerst seinen astralen und zu guter Letzt seinen Mentalkörper mit seinem Ich-Bewußtsein vorstellen und als Geist die gewählten zwei Buchstaben aussprechen. Er muß sich also dessen bewußt sein, daß nicht das physische Sprech-Organ — Zunge, Lippen, Kehle usw. — die beiden Buchstaben quabbalistisch ausspricht, sondern daß dies sein Geist tut. Auch beim Aussprechen der zwei Buchstaben ist genau so, wie beim Einser-Schlüssel die Dreisinnen-Konzentration einzuhalten, d. h. also, daß jeder einzelne Buchstabe visionär, akustisch und gefühlsmäßig ausgesprochen werden muß. In unserem Falle zuerst der erste und dann der zweite Buchstabe. Man kann beim Zweier-Schlüssel gerade so, wie bei den anderen Schlüsseln induktiv oder deduktiv, d. h. für den eigenen Geist — Mentalkörper — arbeiten. Man kann aber auch die Schlüssel für andere anwenden und zwar entweder direkt auf den betreffenden Geist — Mentalkörper —, falls es sich um eine direkte Influenzierung handeln sollte, oder auf die allgemeine Mentalebene. Daselbst wiederum im eigenen Mikrokosmos oder im Mikrokosmos eines anderen Menschen, je nachdem, welche Ursachen man mit Hilfe der Formeln schafft und welche Wirkungen man erzielen will.

Der Gebrauch des Zweier-Schlüssels
mit dem Buchstaben A

A—A

Schon bei der Beschreibung des Einser-Schlüssels erwähnte ich, daß der Buchstabe A dem Luftprinzip, somit dem Verstand und Intellekt in allen seinen Phasen analog ist. Infolgedessen wird bei Anwendung des Zweier-Schlüssels in der Mentalsphäre das A—A ob nun induktiv oder deduktiv gebraucht, ob für sich selbst oder für andere, insbesondere stark auf den Verstand einwirken. Der Formelmagier wird den Doppelbuchstaben A—A gebrauchen, wenn er eine Erinnerung wachzurufen wünscht, den Verstand zu erhellen braucht, das Gedächtnis stärken will und intellektuelle Fähigkeiten u. dgl. m. zu wecken beabsichtigt.

A—B

Diese zwei Buchstaben quabbalistisch ausgesprochen führen mit Hilfe des elektromagnetischen Fluids zur Heilung von geistigen Leiden, beseitigen Bedrücktsein, Angstgefühl usw. In diesem Falle braucht sich der Formelmagier das elektromagnetische Fluid nicht vorzustellen, sondern es wirkt automatisch und indirekt durch die mit der quabbalistischen Aussprache erfolgte Dreisinnen-Konzentration. Der Formelmagier ist auch in der Lage bei sich und bei anderen auf die Brustregion heilend einzuwirken und mit Hilfe dieser zwei Buchstaben jedes Brustleiden quabbalistisch von der Mentalebene aus zu behandeln, namentlich in Fällen, bei welchen die Ursache mentalischer Art ist, wie z. B. Brustbeklemmung, die durch Angstzustände heraufbeschworen wurde usw.

A—C

Mit Hilfe dieser beiden quabbalistisch ausgesprochenen Buchstaben vermag der Formelmagier jede Idee, Tugend usw. je nach Wunsch entweder einer Flüssigkeit oder einer festen Form, ganz gleich welcher Art, ähnlich wie bei einem fluidischen Kondensator, einzuverleiben. In dem jetzigen Reifezustand benötigt der Quabbalist keine Herstellungsrezepte mehr für fluidische Kondensatoren, da er in der Lage ist jede Sache, jedes Ding, ob fest oder flüssig, mit der von ihm gewünschten Tugend quabbalistisch zu laden.

A—D

Diese zwei Buchstaben quabbalistisch ausgesprochen stärken insbesondere das Ich-Bewußtsein und die gesamte Mentalmatrize, d. h. ihre Ausstrahlung, und werden vom Formelmagier namentlich dann angewendet, wenn er fernwirkend — also telepathisch — arbeiten will. Durch diese Formel wird die Fähigkeit der Fernwirkung speziell im Mentalkörper stark gehoben.

A—E

Diese Formel ermöglicht eine leichtere Bewußtseinsversetzung. Gleichzeitig gibt sie dem versetzten Bewußtsein die Möglichkeit, helle und wahre Eindrücke aufzunehmen und sie ins Normalbewußtsein zu übertragen.

A—F

Die Buchstaben A—F quabbalistisch angewendet beheben jede mentale Unausgeglichenheit, namentlich in intellektueller Hinsicht und stärken ganz besonders die vier Grundeigenschaften des Geistes. Diese Formel wird daher zumeist dort quabbalistisch angewendet, wo es sich um eine starke intellektuelle Anstrengung handelt und Wille, Gefühl und Bewußtsein durch diese Anstrengung übermüdet sind. Durch Anwendung dieser Buchstabenverbindung werden die drei Grundeigenschaften: Wille, Gefühl und Bewußtsein besonders gestärkt und ins Gleichgewicht gebracht, wodurch jede Ermüdung schwindet.

A—G

Überall dort, wo eine Atmosphäre des Friedens, der Ruhe und Ausgeglichenheit walten soll, werden diese beiden Buchstaben mit dem Zweier-Schlüssel angewendet. Induktiv für sich selbst gebraucht, bringt diese Formel den Segen Göttlicher Vorsehung. Will man für jemand anderen irgendwo ein Verzeihen erwirken, läßt sich dies mit Hilfe dieser zwei Buchstaben erzielen. Diese Buchstabenverbindung führt zur sofortigen Beschwichtigung jedes Aufgeregtseins des Geistes bei jedem Menschen.

A—H

Das Wirken der göttlichen Intuition bei sich selbst und auch bei anderen Menschen ist durch diesen Schlüssel zu erreichen. Namentlich unreife Menschen, die sich von Feinden umgeben fühlen und infolgedessen sehr bedrückt sind und verfolgt werden, können durch quabbalistische Anwendung dieser zwei Buchstaben geheilt und befreit werden. Auch Menschen, welche glauben, daß ihnen Unrecht getan wird, kann durch diesen Schlüssel Erleuchtung beigebracht werden, indem sie zu der Ansicht gelangen, daß alles, was geschieht, mit Recht geschieht.

A—Ch

Diese Buchstabenverbindung ist eine Spezialformel, mit deren Hilfe das Gedächtnis besonders gestärkt wird, längst verschollene Erinnerungen auftauchen, Ideen- und Gedankengänge wieder ins Bewußtsein zurückkehren u. v. a. Induktiv — also für sich selbst — angewendet hat dieser Schlüssel die Macht, im Gedächtnis des Formelmagiers Erinnerungen an seine frühere Inkarnation wachzurufen und zwar derart intensiv, als ob er sie gestern durchgemacht hätte.

A—I

Dieser Schlüssel eignet sich besonders dazu, das Gewissen eines Menschen zu wecken. Er ist überall dort anzuwenden, wo man mit Unrecht verfolgt wird oder wo man es mit gewissenlosen

Menschen und Handlungen zu tun hat. Bei sich angewendet weckt diese Formel hohe Inspiration und reine Intuition.

A—J

Dieser Zweier-Schlüssel steigert die mentale Begeisterung, ohne Rücksicht darauf, welchem Zweck sie dient. Für sich angewendet, verwandelt diese Formel Gleichgültigkeit in die entgegengesetzte Eigenschaft, für andere gebraucht, weckt sie das Interesse entweder für die eigene Person oder für einen bestimmten Zweck.

A—K

Um jeden Zweifel bei sich oder bei anderen zu beseitigen, wird diese Buchstabenverbindung angewendet. Sie weckt Zuversicht zu sich selbst, falls man induktiv arbeitet. Bei deduktiver Arbeit ruft sie Vertrauen und Zuversicht hervor, so daß jeder Zweifel behoben wird.

A—L

Wenn jemand gefehlt hat und es nicht zugeben will oder sich schämt seinen Fehltritt einzugestehen, so kann ihm mit Hilfe dieser Formel in dieser Hinsicht die richtige Einsicht gegeben werden. Bei sich angewendet ruft die A—L-Verbindung im Mentalleib ein besseres Sicheinfügen in jede Idee hervor.

A—M

Gleich der vorherigen Formel ist auch diese in der Lage, bei sich das Einfühlungsvermögen zu stärken, namentlich in Fällen, wo das Gefühl weniger betätigt ist und der Verstand vorherrscht. Auch bei solchen Menschen kann diese Buchstabenverbindung mit Erfolg angewendet werden, die neben der verstandesmäßigen Aufnahme auch das Gefühl, also das Herz mehr sprechen lassen sollten.

A—N

Durch Anwendung dieser Formel kann man bei sich jede Unlust und bei anderen jede geistige Ermüdung leicht beseitigen. Na-

mentlich nach langwierigen körperlichen und astralen Erkrankungen, die eine mentale Insuffizienz, also Müdigkeit hervorrufen, läßt sich durch diesen Zweier-Schlüssel Abhilfe schaffen.

A—O

Wenn jemand schwer zu irgend einer Erkenntnis kommen, irgend einen Stoff schwer begreifen kann, läßt sich durch diese Formel die Erleuchtung herbeiführen. Auch dann, wenn jemand etwas Unrechtes getan hatte, kann man ihm durch diese Buchstabenverbindung quabbalistisch eingeben, daß er unrecht handelte.
Der Betreffende wird trachten das Verschuldete rasch gutzuma-
chen.

A—P

Durch diese Formel läßt sich ein besonderes religiöses Empfinden herbeiführen. Bei sich angewendet, ruft sie eine mentale Tempelatmosphäre hervor. Nimmt man von dieser Formel bei Menschen Gebrauch, welche religiös vollkommen unempfindlich
sind, so weckt sie ein bestimmtes Interesse für Religion, respektive ein religiöses Empfinden. Ein erfahrener Formelmagier kann
mit dieser Formel, wenn er es wünscht, auch dem hartnäckigsten
Materialisten ein religiöses Empfinden einimpfen.

A—R

Mit diesem Zweier-Schlüssel vermag der Formel-Magier bei
sich und bei anderen das Gemüt aufzuheitern, melancholische
Depressionszustände zu beseitigen, aber auch die Fähigkeit hervorzurufen, die schwersten Probleme leicht zu lösen.

A—S

Wünscht der Formelmagier die tiefsten Ursachen und mit diesen verbundene Wirkungen des elektrischen Fluids besonders zu
verstehen, d. h. geistig zu erfassen, bedient er sich dieses Zweier-
Schlüssels. Dasselbe kann er natürlich auch bei anderen bewirken.
Mit dieser Formel vermag er aber auch den Erfindungsgeist bei

sich und bei anderen Personen zu wecken, namentlich wenn es um Erfindungen gehen sollte, die dem elektrischen Fluid analog sind.

A—Sch

Um sich eindringlich und eingehend in eine Angelegenheit oder Sache vertiefen zu können, wende man bei sich und bei anderen Personen die A—Sch-Formel an, welche den Verstand zu reger Arbeit anfacht.

A—T

Diese Buchstabenverbindung quabbalistisch angewendet stärkt insbesondere das Gedächtnis für materielle Dinge. Einen besonders günstigen Einfluß übt diese Formel auf das mechanische Gedächtnis aus, namentlich wenn man etwas auswendig lernen und behalten soll. Schüler, Studenten, Schauspieler u. dgl., welche alle sehr viel auswendig lernen müssen, würden nur zu gerne von dieser quabbalistischen Formel Gebrauch machen, wenn sie allerdings quabbalistisch zu arbeiten imstande wären. Dieser Zweier-Schlüssel eignet sich ausgezeichnet auch dort, wo es sich um ein Rückerinnern an materielle Dinge handelt.

A—U

Mit Hilfe dieser Formel kann man das Wirken der Göttlichen Vorsehung durch den Intellekt erfassen. Das Verstehen des allgemeinen Spruches: „Gottes Mühlen mahlen langsam, aber trefflich fein" wird durch diese Formel zum Ausdruck gebracht. Jeder Formelmagier, welcher das Wirken der Göttlichen Vorsehung in ihrer Tiefe verstandesmäßig begreifen will, wird von der A-U-Formel Gebrauch machen.

A—W

Durch diese Formel wird besonders die akustische Konzentrationsfähigkeit im Mentalkörper und im Bewußtsein bei sich und — wenn man es wünscht — auch bei anderen Personen stark gehoben. Diejenigen, welche zu stark gefühlsmäßig veranlagt sind und die gehörmäßige, d. h. akustische Konzentrationsfähigkeit immer gewaltsam im Gleichgewicht halten müssen, mögen sich dieser Formel bedienen. Auch der Formelmagier, der wünscht, daß seine im Geist ausgesprochenen Worte auch auf die weiteste Entfernung akustisch besser wahrgenommen werden, kann vorher diese Formel anwenden. Sie hebt die akustische Konzentrationsfähigkeit, d. h., daß ein besseres Verdichten der mentalen Schallwellen zustandekommt.

A—Y (A—Ü)

Diese Buchstabenverbindung gewährt die Fähigkeit einer besseren Eingebung im intellektuellen Sinne, namentlich, wenn man schriftstellerisch tätig ist oder mit sonstigen schriftlichen Arbeiten zu tun hat. Sie verleiht natürlich auch die Fähigkeit, die richtigen Worte zu finden, um eine Eigenschaft, Tugend oder eine abstrakte Idee — auch ganze Ideengänge — in Worte zu kleiden und schriftlich niederzulegen. Mit großer Vorliebe machen von dieser Formel jene Formelmagier Gebrauch, die sich mit schriftlichen Arbeiten befassen oder schriftstellerisch tätig sind.

A—Z

Um die Fähigkeit zu erreichen spielend leicht auswendig zu lernen, empfiehlt es sich, diese Formel bei sich oder bei anderen anzuwenden. Namentlich jene Menschen können wiederholt von ihr Gebrauch machen, die ein phänomenales Gedächtnis erzielen wollen. Der Formelmagier kann sich selbst oder — wenn er es wünscht — auch andere Personen durch diese Formel zu direkten Gedächtniskünstlern heranbilden.

A—Ä

Diese Buchstabenverbindung beeinflußt die intellektuelle Seite in bezug auf die Materie. Will man also z. B. irgendwelche zufriedenstellende Ergebnisse aus der Mentalebene in bezug auf die Materie erreichen, dann kann man diese nur mit Hilfe dieser Formelverbindung durch den Zweier-Schlüssel erzielen. Derselbe Effekt stellt sich natürlich auch bei Menschen ein, für welche man diesen Schlüssel anwendet.

A—Ö

Die letzte Formel der A-Verbindung ist A—Ö. Dieser Zweier-Schlüssel verleiht die Fähigkeit, Probleme quabbalistischer Alchimie leicht zu lösen. Der Formelmagier gebraucht diese Formel bei seinen Schülern, welche in das Problem der quabbalistischen Alchimie nur schwer eindringen. Ist man mitunter, namentlich bei alchimistischen Umwandlungsexperimenten, welche die Quabbalah als Grundlage haben, also die Umänderung einer Kraft, Fähigkeit usw. betreffen, über eine Formel im Zweifel, oder bereitet dieselbe Schwierigkeiten, so gebrauche man diese Buchstabenverbindung, welche die gewünschte Fähigkeit leicht hervorrufen wird.

*

Alle Buchstaben des Alphabets habe ich im analogen Zusammenhang mit dem ersten Buchstaben in bezug auf die mentalen Wirkungen geschildert. Die intellektuelle Seite habe ich besonders hervorgehoben, da beim Buchstaben A das Intellektuelle vorherrscht. Wird mehr als ein einziger Buchstabe in Anwendung gebracht, so ist nicht mehr von einem Buchstaben, sondern von einer Formel die Rede, d. h. also, daß ein Doppelbuchstabe bereits eine quabbalistische Formel ist, in welcher zwei den betreffenden Buchstaben analoge Kräfte wirken. Aus rein technischen Gründen kann ich natürlich nicht auf alle Einzelheiten eines jeden Buchstabens eingehen. Der Formelmagier hat die nötige Reife erreicht, er sieht, daß ich mit Recht wiederholt darauf aufmerksam machte, daß er beim praktischen Studium meines dritten Werkes die in meinem ersten Werk: „Der Weg zum wahren Adepten" angeführten Fähigkeiten der Dreisinnen-Konzentration entwickelt haben muß, damit er über die Funktionen des grobstofflichen, astralen und mentalen Körpers genau im Bilde ist, um sich bei sich und bei anderen eine genaue Vorstellung von Körper, Seele und Geist machen zu können. Ohne diese Kenntnis ist eine quabbalistische Anwendungsmöglichkeit nicht denkbar. Vieles läßt sich verstandesmäßig nur schwer beibringen, denn gerade in der Quabbalah gibt es derart große Feinheiten, die eben nur ein Praktiker erfassen kann.

Der Gebrauch des Zweier-Schlüssels
mit dem Buchstaben B

Das B ist laut Angabe im Einser-Schlüssel ein Buchstabe der Polarität, in welchem sich das elektrische und magnetische Fluid auswirkt und im Bereich der Tugenden und Eigenschaften das positive und negative Prinzip versinnbildlicht. Der B-Buchstabe verkörpert daher die Polarität und ihren Gebrauch auf quabbalistischer Grundlage. Das Doppelpolige wirkt positiv in der ganzen Reihenfolge des Alphabets.

B—A

Mit Hilfe dieser Formel werden durch das elektromagnetische Fluid Verstand und Gedächtnis gleichzeitig sehr geschärft, ihre Kräfte werden sowohl qualitativ als auch quantitativ enorm gehoben. Wenn man induktiv, also für sich selbst arbeitet, unterscheidet man einen hellen und einen scharfen Verstand. Es ist schwer, diese zwei Begriffe unterschiedlich zu beschreiben. Aber wenn man bedenkt, daß in der hebräischen Quabbalah von 32 Eigenschaften des Verstandes die Rede ist und man beispielsweise einen hellen, einen scharfen, einen erleuchteten Verstand usw. unterscheidet, so wird man beim praktischen Arbeiten diese Unterschiede sichtlich wahrnehmen. Dasselbe gilt natürlich auch vom Gedächtnis, welches in gewisser Hinsicht parallel mit dem Verstand, also mit dem Begriff der intellektuellen Fähigkeit verläuft.

B—B

Mit dieser Buchstabenkombination steigert der Formelmagier die Fähigkeit, bei sich und bei anderen elektromagnetische Volte für die verschiedensten Zwecke auf der Mentalebene oder im Mentalkörper zu bilden. Über die Herstellungsweise elektromagnetischer Volte habe ich bereits in meinem ersten Werk „Der Weg zum wahren Adepten" eingehend geschrieben. Die Anwendung der B—B-Formel erleichtert die Einfügung des elektromagnetischen Fluids in die verschiedenen Voltformen.

B—C

Der Gebrauch dieser Formel ermöglicht es, Raumimprägnierungen, ganz gleich wo und in welchem Umfang, quabbalistisch vorzunehmen. Jede Tugend, jede Eigenschaft, die man geistig in den Raum ausspricht, kann man durch diese Formel an den gewünschten Raum bannen, damit sie dort mentalisch wirkt. Die Anwendungsmöglichkeit der B—C-Verbindung richtet sich nach dem Zweck, welchen man dabei verfolgt. Der Formelmagier wird dies verstehen und richtig anzuwenden wissen.

B—D

Von dieser Buchstabenverbindung macht der Formelmagier Gebrauch, wenn er bei sich oder bei jemand anderem die Mentalmatrize besonders stärken will. Das Lebensband zwischen dem Astral- und dem Mentalkörper kann man sowohl qualitativ, als auch quantitativ — namentlich Letzteres — festigen, so daß z. B. Geisteskranke, bei welchen die Ursache ihrer Erkrankung auf eine schwache Mentalmatrize zurückzuführen ist, mit Hilfe dieser Formel ausgeheilt werden können. Hohe Eingeweihte können mit dieser Formel, wenn es ihnen wünschenswert erscheint und von der Göttlichen Vorsehung genehmigt wird, die Lebensdauer zwischen Astral- und Mentalkörper beliebig verlängern. Will der Formelmagier beim mentalen Wandern längere Zeit außerhalb des Astralkörpers verweilen oder sich namentlich in gefährlichen Sphären, wenn es sich um Besuche bei negativen Wesen handeln sollte, aufhalten, so kann er die Mentalmatrize mit Hilfe dieser Formel vergrößern und das Band zwischen Mental- und Astralkörper stärken.

B—E

Die Fähigkeit, sein Bewußtsein wunschgemäß zu versetzen und durch das elektromagnetische Fluid mentalisch zu wirken, läßt sich durch die B—E-Formel quabbalistisch leicht erreichen. Im Mentalkörper ruft diese Formel eine größere Aufnahmefähigkeit in der Sprache in Verbindung mit Wesen hervor, so daß man auch Wesen leicht verstehen kann, die wenig Intellekt haben oder sich nur schwer äußern können.

B—F

Um bei mentalen Wanderungen oder bei Bewußtseinsversetzungen Wille, Intellekt und Gefühl gleichmäßig wirken lassen zu können, empfiehlt es sich vorher die B—F-Formel anzuwenden. Außerdem verhilft sie zur Fähigkeit, Wirksamkeit und Funktion der vier Grundeigenschaften des Geistes und ihren Zusammenhang in bezug auf die mentale, astrale und grobstoffliche Welt nicht nur zu erfassen, sondern je nach Belieben mit Hilfe des elektromagnetischen Fluids auch zu beeinflussen. Wer die Zusammenhänge zwischen Wille, Intellekt, Gefühl und als Ganzes, das sogenannte Ich-Bewußtsein in bezug auf das elektromagnetische Fluid nicht vollständig in seinen Funktionen erfaßt hat, kann durch diese Formel die Fähigkeit des Begreifens aller Zusammenhänge erreichen. Daß damit der vierpolige Magnet in bezug auf den Mentalkörper, auf die Mentalmatrize und auf die Mentalebene gemeint ist, geht hieraus eindeutig hervor.

B—G

Die Anwendung dieser Formel versetzt den Formelmagier in die Lage, auch den größten Zwist und Streit von der Mentalsphäre aus zu beseitigen und vollkommenen geistigen Frieden zu stiften. Durch seinen Mentalleib erreicht der Formelmagier mit Hilfe dieser Formel infolge seiner elektromagnetischen Dynamik, die qualitative und quantitative Kraft, wahren göttlichen Segen zu erteilen, der sich nicht nur im Mentalreich — Mentalebene — auswirkt, sondern auch auf die Astralebene und auf die grobstoffliche Welt bezieht.

171

B—H

Überall dort, wo es sich um Werke göttlicher Intuition, die mentalisch gesehen werden sollen, handelt, können diese mit Hilfe der B—H-Formel einwandfrei gesehen werden. Diese Formel stärkt infolge ihrer Polarität namentlich das Sehen — Hellsehen —. Der Formelmagier, der nicht klar genug Bildsehen kann, wird sich dieser Formel gern bedienen, da er durch wiederholten Gebrauch dieses Zweier-Schlüssels mit seinem mentalen Gesicht eine vollkommene Klarheit seiner Visionen erreicht, eine derartige Schärfe seines geistigen Gesichtes erzielt, die physische Augen überhaupt niemals besitzen können. Er kann bei Anwendung dieser Formel die feinsten Schwingungen mentaler Art mit seinen geistigen Augen wahrnehmen. Die B—H-Formel kann der Formelmagier natürlich auch als Unterstützungsmittel bei seinen Schülern anwenden, welche zwar die nötige Reife erlangt haben, aber nicht in der Lage sind, gesehene Vibrationen klar und scharf wahrzunehmen. Auch das physische Augenlicht wird durch diese Formel gestärkt, wenn man das elektromagnetische Fluid auf die materiellen Augen einstellt.

B—Ch

Ein besonderes Sprachentalent läßt sich durch diesen Zweier-Schlüssel erzielen, so daß man die mentale Fähigkeit erreicht, nicht nur alle Sprachen bei Mensch, Tier und Wesen zu verstehen, sondern man erkennt auch, ob ein bestimmtes Symbol elektromagnetisch geladen ist oder nicht. Es ist daher möglich, mit Hilfe dieser Formel die Wirksamkeit und die Dynamik eines Symbols in bezug auf das elektrische Fluid und seine Wirkung genau festzustellen. Quabbalah-Eingeweihte können diese Fähigkeit durch diese Formel auch auf andere Personen übertragen, die hierfür genügend reif sind.

B—I

Diese Formel vermag jede schlechte Erinnerung, jedes schlechte Erlebnis, ferner unnötige Gewissensbisse im Bewußtsein auszulöschen. Diesen Zweier-Schlüssel wird besonders jener Formelmagier begrüßen, der überempfindlich ist.

B—J

Der Formelmagier, der diesen Zweier-Schlüssel wiederholt anwendet, vermag durch das elektromagnetische Fluid bei jedem Menschen und Wesen das Bewußtsein auszuschalten und eine tiefe Ekstase herbeizuführen. Ekstatische Formeln haben also — wohlgemerkt — nichts mit einer Schreckhypnose zu tun, die insofern ein wenig anders ist, als eine Willensüberrumpelung herbeigeführt wird, die auf Kosten der Nerven geht. Die B—J-Formel dagegen im Mentalkörper einer anderen Person ausgesprochen, versetzt diese augenblicklich in Ekstase. Damit ist gesagt, daß Wille, Verstand und Gefühl derart dynamisch hervorgehoben werden, daß das Bewußtsein nicht gleichen Schritt halten kann und infolgedessen in Ekstase fällt. Bei sich selbst angewendet, ruft diese Formel eine Verzückung hervor, aber keinen Bewußtseinsverlust.

B—K

Bei Anwendung dieser Buchstabenverbindung erreicht der Formelmagier die Fähigkeit, das elektromagnetische Fluid derart zu verdichten, daß es im Rahmen der Gesetzmäßigkeit direkte Wunderdinge vollbringt. Daß hiermit der Glaube gefestigt und die Überzeugungskraft durch das elektromagnetische Fluid gestärkt wird, ist selbstverständlich. Dem Quabbalahschüler, dem es nicht gelingen will, seinen Glauben bis zu einem Manifestationszustand zu steigern, der kann sich erfolgreich dieser Formel bedienen. Auch auf andere Personen ist diese Fähigkeit übertragbar und wird im Orient Machtübertragung oder Abisheka genannt.

B—L

Die Fähigkeit, moralische Tugenden vom Standpunkt der Wirksamkeit in bezug auf das elektromagnetische Fluid, also Plus und Minus, voneinander unterscheidbar zu machen, läßt sich durch die B—L-Formel erreichen. Auf andere übertragen, kann es das Plus und Minus in bezug auf das magische Gleichgewicht beeinflussen. Derjenige Formelmagier, der seinen Schüler in das Geheimnis des magischen Gleichgewichtes einweihen will, influenziert dessen Mentalkörper mit der B—L-Formel, mit Hilfe welcher er natürlich auch eine vollkommene Harmonie nach Belieben in wenigen Augenblicken erzielen könnte, falls es ihm wünschenswert erscheinen sollte.

B—M

Dieser Zweier-Schlüssel gibt dem Formel-Magier die Fähigkeit, das Wasserprinzip mentalisch vollkommen zu beherrschen, d. h. alle Wesenheiten und Kräfte, die dem Wasserprinzip unterliegen, unter seine Macht zu bekommen. Wendet der Formelmagier die B—M-Formel beim mentalen Wandern an und versetzt er sich in den Bereich der Wassergeister, spüren alle Wasserwesen seine Macht und dienen ihm vom höchsten bis zum niedrigsten gern, ohne daß der Formelmagier vorher die Form eines Wasserwesens annehmen muß.

B—N

Dieser Zweier-Schlüssel gibt dem Magier die Möglichkeit, jede Mentalmatrize zu durchschauen und zu beherrschen. Er kann also die mentale Aura, das ist die Strahlung des Mentalkörpers, sehen und nach Belieben bei sich und bei anderen Personen imprägnieren. Daß es ihm möglich ist, auch den leisesten Gedanken eines Geistes, ohne Unterschied, ob sich dieser im physischen Körper oder nur im Astralkörper befindet, zu sehen, ist selbstverständlich. Übrigens fühlen alle Wesen die übergeordnete Kraft eines derart geistig entwickelten Menschen und würden es kaum wagen, einen Formelmagier bewußt zu hintergehen. Bei längerem Gebrauch dieser Formel erzielt man, abgesehen von einem scharfen durchdringenden Blick, auch die Fähigkeit des absoluten Gedankenlesens.

B—O

Der Gebrauch dieser Formel führt zu einer vollkommenen Harmonie im Mental- und Astralkörper. Die hervorgerufenen Mentalschwingungen lassen eine vollkommene mentale Zufriedenheit aufkommen. Daß Glück und Erfolg in materieller Hinsicht die Begleiterscheinungen einer mentalen Zufriedenheit sind, kann der Formelmagier bestätigt erhalten.

B—P

Diese Formel verwandelt allen Hochmut in tiefste Demut und Ehrfurcht, sie läßt gleichzeitig ein gewisses religiöses Empfinden aufkommen. Die B—P-Formel versetzt auch in die Lage, jeden Gegenstand — z. B. ein Bild — durch das elektromagnetische Fluid oder durch ein Volt, welches mit Hilfe dieser Formel gebildet wird, zu laden, so daß jeder, der mit dem geladenen Gegenstand — Bild — in Kontakt kommt, denselben schön findet. Wird dieser Zweier-Schlüssel vom Mentalkörper aus für das Grobstoffliche angewendet, läßt er Sehnsucht nach Kind und Kindesliebe aufkommen, wodurch auch der Fortpflanzungstrieb entfacht wird.

B—R

Will sich in einer mentalen oder auch astralen Eigenschaft der Formelmagier eine ganz bestimmte Genialität aneignen, kann er diese durch die B—R-Formel leicht erzielen. Er kann aber auch durch diese Formel, falls er sie mit dem elektromagnetischen Fluid als Volt lädt, jede Handlungsfreiheit eines Menschen nach Belieben beeinflussen und ihm sogar, wenn er es wünscht, den Willen entziehen. Der Formelmagier wird hierzu aber nur im Notfalle oder in Todesgefahr greifen, um den Gegner seines Willens und unter Umständen auch seines Verstandes zu berauben.

B—S

Die Gabe, vollkommener Meister des elektrischen Fluids zu werden, läßt sich durch die B—S-Formel erreichen, desgleichen die Gabe der Prophetie auf allen Gebieten. Gleichzeitig führt diese Formel zu ausgezeichneter Hellsichtigkeit in bezug auf das Schicksal, also Schauen in die Vergangenheit, Gegenwart und Zukunft. Der Formelmagier gewinnt außerdem völlige Macht über Mensch und Tier. Erscheint es ihm wünschenswert, ruft er durch diese Formel augenblicklich Hypnose hervor, trübt das Bewußtsein oder führt Schlaf ein, je nachdem, womit er das mit der Formel verbundene elektromagnetische Fluid ladet. Die B—S-Formel ist elektrischer Natur und beeinflußt den Willen, den der Formelmagier bei jedem, wenn er es wünscht, ausschalten kann, damit augenblicklich Bewußtlosigkeit oder Schlafhypnose eintritt. Noch viele andere Phänomene lassen sich mit der B—S-Formel erreichen.

B—Sch
Die Fähigkeit der geistigen Transmutation, d. h. Umwandlung einer Fähigkeit in die andere, läßt sich durch die B—Sch-Formel erreichen. Sie gibt dem elektrischen Fluid eine besonders starke Durchdringungskraft, Expansion und ermöglicht es, namentlich dort viele Phänomene zustande zu bringen, wo mit dieser Formel das elektrische Fluid ganz besonders zur Geltung kommen soll.

B—T
Die Fähigkeit absoluter Herr des Gedächtnisses bei sich und bei anderen Menschen zu sein, läßt die B—T-Formel erreichen. Ebenso kann astrale Magie durch Quabbalah in allen ihren Formen durch diesen Zweier-Schlüssel zum Ausdruck gebracht werden. Der Formelmagier erreicht durch diese Buchstabenverbindung absolute Macht über die Elemente in allen drei Reichen, d. h. in der mentalen, astralen und grobstofflichen Welt.

B—U
Diese Buchstaben-Kombination ist eine sehr verantwortungsvolle, denn sie ermöglicht es dem Quabbalisten, Schicksal und Karma jedes Menschen unter seine Kontrolle zu bekommen, es also nach Belieben zu beherrschen. Der Formelmagier wird jedoch niemals einen Eingriff ohne reife Erwägung vornehmen, weil er für eine etwaige unüberlegte Handlung die Verantwortung selbst tragen müßte. Das elektromagnetische Fluid geht nämlich bei Anwendung dieser Formel direkt in das Akasha hinein und schafft von dort aus Situationen. Für sich angewendet, ermöglicht diese Formel eine erleichterte Verwendung des Akashaprinzips in

bezug auf die einzelnen Ebenen. Daß auch die Fähigkeit erreicht wird, mit dem elektromagnetischen Fluid in das Akashaprinzip der Materie — unseren Äther — einzudringen, ist außer Zweifel.

B—W

Mit Hilfe dieses Zweier-Schlüssels kann der Formelmagier durch das elektromagnetische Fluid, wenn er es wünscht, bei sich und bei anderen sämtliche medialen Fähigkeiten enorm steigern. Auch die Konzentrationsfähigkeit, namentlich die gefühlsmäßige oder empfindende Konzentration — Wasser-Prinzip — kann hiermit besonders gehoben werden. Im Zusammenhang damit tritt religiöses Empfinden in erhöhtem Maße auf. Diese Formel trägt auch zu besserem Hellhören und Fernsprechen bei — akustische Wiedergabe durch das elektromagnetische Fluid auf Entfernung. Ferner erreicht der Formelmagier durch die B—W-Formel vollkommene Macht über das Wasser-Element und vermag mit diesem auf der grobstofflichen Erde wahre Wunder zu vollbringen.

B—Y (B—Ü)

Bedarf der Formelmagier irgend einer hohen Inspiration, dann wird er die B—Y-Formel anwenden, denn durch diese erlangt er die mentale Fähigkeit, sich mit Leichtigkeit mit dem Akashaprinzip in allen seinen Formen zu verbinden. Dasselbe erreicht er natürlich auch bei anderen Personen, wenn es ihm wünschenswert erscheint. Daß der Formelmagier mit Hilfe der B—Y-Formel auch das Schicksal eines jeden materiellen Dinges schon im voraus bestimmen, respektive nach seinem eigenen Willen lenken kann, ist außer Zweifel.

B—Z

Diese Formel hilft bei sich und bei anderen viele intellektuelle Fähigkeiten zu heben, vor allem z. B. Rednergabe, Rednertalent, Organisationstalent usw. Der Formelmagier erreicht gleichzeitig die Fähigkeit, mit Leichtigkeit Botschaften durch die Luft — Luftprinzip — auf die weiteste Entfernung zu geben. Gleichzeitig kann er bei Anwendung dieser Formel durch ein eigens geladenes elektromagnetisches Fluid augenblicklich jedes Lebewesen, ob Mensch oder Tier, lähmen. Macht er aber von der umgekehrten Buchstabenverbindung — Z—B-Formel — Gebrauch, ist er imstande, die hervorgerufene Lähmung sofort wieder aufzuheben.

B—Ä

Diese Formel versetzt den Formelmagier in die Lage, bewußt alle Wünsche, Gedanken und Handlungen nach Belieben zu beeinflussen. Er kann mit Hilfe derselben Begierden und Leidenschaften steigern, aber auch umgekehrt, nach Belieben abflauen lassen. Desgleichen vermag er durch das elektromagnetische Fluid diese Formel so stark zu laden, daß ein schnelleres Wachstum hervorgerufen wird. Magier, die sich darauf einstellen wollen, können mit der B—Ä-Formel ohne weiteres das in Indien bekannte Mangobaumwunder nach Belieben vollbringen.

B—Ö

Durch diese Formel projiziert der Formel-Magier das elektromagnetische Fluid in Form von Licht und Wärme, um Phänomene von Astralprojektionen hervorzurufen. Ebenso kann er mit diesem Zweier-Schlüssel jedes Heilmittel beleben und eine stärkere Wirkung desselben veranlassen. Da diese Formel das Geheimnis beinhaltet, die Mentalmatrize zwecks Herstellung des Steines der Weisen zu bilden, so kann der Formelmagier auch jedes materielle Ding nach eigenem Wunsch beleben.

*

Hiermit ist die Beschreibung der Wirkungs-Bereiche bei Anwendung der B-Formel-Kategorie des ganzen Alphabets beendet. Erwähnt habe ich nur das Allernotwendigste, obwohl sich durch das elektromagnetische Fluid in Verbindung mit der entsprechenden Formel sehr viele Wirkungen erzielen lassen können. Wollte ich sie alle anführen, würden sie einem Uneingeweihten mehr als märchenhaft vorkommen und nur dem erfahrenen Formelmagier etwas Selbstverständliches sein.

Es folgt nun die alphabetische Reihenfolge der C-Formel, die eine gewisse Bewandtnis mit der Umwandlung — Eucharistie —, mit der Alchimie, Materienbelebung und allen analogen Phasen hat.

Der Gebrauch des Zweier-Schlüssels mit dem Buchstaben C

C—A

Mit der C—A-Formel kann man die Vitalität aller intellektuellen Fähigkeiten bei sich und bei anderen verstärken. Auch Asthma-Erkrankungen aller Art, Brustverschleimungen beseitigt die Beherrschung dieser Formel. Desgleichen können alle für die Heilung dieser Krankheiten in Frage kommenden Heilmittel mit diesem Zweier-Schlüssel günstig beeinflußt werden.

C—B

Jede Speise, die mit der C—B-Formel, also mit dem elektromagnetischen Volt geladen ist, erhöht den Nährgehalt, und wird die Speise — auf diese Weise beeinflußt — dem menschlichen Körper zugeführt, stärkt sie auch das elektromagnetische Fluid des stofflichen Körpers. Diesen Zweier-Schlüssel werden jene Formelmagier zu schätzen wissen, die mit Hilfe der Formelmagie einen größeren elektromagnetischen Einfluß auf die grobstoffliche Welt ausüben wollen und sich vorwiegend mit der magnetischen Krankenbehandlung befassen. Mit der C—B-Formel können auch Talismane beeinflußt werden, die mittels eines Voltes geladen wurden.

C—C

Durch Anwendung der C—C-Formel kann man Mental- und Astralkörper mit göttlichen Ideen wie folgt influenzieren: Durch Meditation und Konzentration in Verbindung mit der C—C-Formel wird der Mentalleib und durch den dynamischen Atem der Astralleib mit der spezifischen Tugend imprägniert.

C—D

Mit Hilfe dieser Formel kann die Fähigkeit der tiefen Erkenntnis, des Eindringens in die tiefen Mysterien — erweitertes Ich-Bewußtsein — im Mentalleib, und in Verbindung mit dem dynamischen Atem das Liebesempfinden in allen Aspekten je nach Wunsch gehoben werden. In Speisen einverleibt und dieselben regelmäßig genossen läßt sich durch die C—D-Formel der Samen bei Mann und das weibliche Ei mit der gewünschten Tugend für das zeugende Kind beeinflussen. Ebenso wird die Fruchtbarkeit bei Mann und Frau durch diesen Zweier-Schlüssel in Speise und Trank oder in entsprechende Heilmittel versetzt, ausgezeichnet beeinflußt.

C—E

Die C—E-Formel verhilft zur Hebung der Intuitionsfähigkeit, besonders des Hellhörens. Auch die Fähigkeit einer leichten Entmaterialisierung und Materialisierung von Wesen aller Art läßt sich durch diese Formel erzielen.

C—F

Diese Formel trägt zur Festigung der Harmonie im Mental- und Astralleib bei. Positive Eigenschaften werden gefestigt und negative isoliert. In Speisen als Eucharistie einverleibt, macht diese Formel den Körper gegen jeden schlechten Einfluß überaus widerstandsfähig.

C—G

Die C—G-Formel ruft im Mentalleib eine Bändigung der Gelüste hervor, die sich in Ruhe und Zufriedenheit verwandeln. In Verbindung mit dem dynamischen Atem macht diese Formel den Astralleib gegen jeden schlechten Einfluß widerstandsfähig, wodurch der Zersetzung der Elemente im Astralkörper Einhalt geboten wird. In der grobstofflichen Welt führt die C—G-Schwingung zu Wohlstand oder zu Reichtum, je nachdem, wie es Vorsehung und Karma zulassen, wenn man in der Astralwelt durch Imprägnierung eines Gegenstandes — am besten Talismanes — die erforderlichen Situationen schafft.

C—H

Mit diesem Zweier-Schlüssel kann der Formelmagier Gnade von der Göttlichen Vorsehung erwirken und sein Schicksal oder das Schicksal anderer nach Belieben beeinflussen. Die C—H-Formel in Speisen und Getränke einverleibt führt zur Realisierung aller Wünsche. Wird reines Wasser mit dieser Formel influenziert, in welches vier Tropfen Quinta-Essentia Universalis — Alchimistische Universaltinktur — gegeben wurden, so erhält die Person, die dieses imprägnierte Wasser trinkt, die Gabe, daß jeder Wunsch, den sie im materiellen Sinne in Verbindung mit dieser Formel ausspricht, in Erfüllung geht. Gleichzeitig kann durch die Einverleibung der C—H-Formel in die Quinta-Essentia — Belebung derselben — Verjüngung, Lebensverlängerung und vollkommene Gesundheit erzielt werden. Alchimisten, die all dies nicht wissen, scheitern gewöhnlich an der Bereitung der Quinta-Essentia, da sie nicht in der Lage sind, diese mentalisch zu beleben. Die Universaltinktur muß nicht nur grobstofflich hergestellt werden, sondern sie muß den analogen Zusammenhängen gemäß astralisch und mentalisch geladen oder influenziert werden, abgesehen von anderen Bestrahlungen, die mit dem vierpoligen Magneten im Zusammenhang stehen.

C—Ch

Durch diese Formel wird der mentale Rhythmus, das Mentalleben in Einklang gebracht. Astralisch in Verbindung mit dem dynamischen Atem — verdichtete Dreisinnen-Konzentration — angewendet, bringt sie den Astralkörper in den universalen Rhythmus und stattet ihn mit allen analogen Fähigkeiten aus. Gleichzeitig ermöglicht diese Formel daselbst eine vollkommene astrale Imprägnierung in bezug auf die Vitalität, Gesundheit, Widerstandsfähigkeit usw. In Speisen einverleibt, vermag sie alle Krankheiten, deren Ursache der Verlust des magnetischen Fluids ist, auszuheilen, wie z. B. Fieber, Tuberkulose, fressende Flechten usw.

C—I

Die C—I-Formel ist ein ausgezeichnetes Unterstützungsmittel zur Belebung aller astralen Funktionen, welche sie gleichzeitig hebt und stärkt. Im Astral und in der Materie führt sie zur vollkommenen Harmonie, Ausgeglichenheit und Ruhe. Ebenso wie viele andere Formeln trägt auch diese dazu bei, die Strahlkraft — Ausstrahlung des elektromagnetischen Fluids — im Astralleib und im grobstofflichen Körper zu verstärken.

C—J

Diese Formel ist die sogenannte Sympathie- oder Liebesformel, welche in Liebes- und Sympathiemagie am meisten angewendet wird. Der Mentalkörper bekommt durch diese Buchstabenverbindung eine wunderschöne Ausstrahlung — Aura —, im Astralkörper ruft sie Sympathiegefühle hervor, und im grobstofflichen Körper führt sie zur Einigung in der Zeugung und beim Geschlechtsakt. Sympathie- und Liebesmagie verbindet der Formelmagier mit diesem Zweier-Schlüssel. In Speise und Trank einverleibt gilt diese Formel als das sogenannte Aphrodisiakum, welches den Geschlechtstrieb anregt. Unfruchtbarkeit, Sterilität und Impotenz werden behoben, wenn man die entsprechenden Heilmittel mit dieser Formel imprägniert.

C—K

Diese Formel beseitigt Angst- und Depressionszustände im Mental, heilt Melancholie, läßt Mut aufkommen und ruft im Astralreich Situationen hervor, die je nach Reife und Karma Wohlstand und Reichtum herbeiführen. In Speisen einverleibt führt sie zu Vollblütigkeit und eventuell auch Dickleibigkeit. Sie wird mit Vorliebe von Personen angewendet, die gerne an Gewicht zunehmen möchten. Formelmagier, die schwach und mager sind, geben gleichfalls dieser Formel den Vorzug, denn die durch diese Buchstabenverbindung beeinflußte Drüsenfunktion macht in Kürze aus ihnen blühende Menschen. Bei anderen Personen angewendet wird geistige und seelische Disharmonie beseitigt.

C—L

Im Mentalreich ruft diese Formel ein Gefühl der Sicherheit hervor, im Astralleib durch den dynamischen Atem Charakterfestigkeit und gute Eigenschaften, und macht den Astralkörper gegen den Angriff negativer Eigenschaften gefeit, d. h. schlechte Eigenschaften kommen weniger zum Ausbruch. Gleichzeitig wird der Astralkörper so isoliert, daß er von keinem Elementar und Elemental angegriffen werden kann. Einverleibt in Speise und Trank wird die Lebenskraft und Gesundheit gesteigert und bei ständiger Imprägnierung der Speisen mit dieser Formel hört man auf zu altern.

C—M

Im Mentalleib, im Geist, vertieft diese Formel das Empfindungsvermögen und im Astralleib stärkt sie das magnetische Fluid mehr quantitativ als qualitativ, d. h., daß das magnetische Fluid dichter, fester wird und durchdringender wirkt. Speisen und Getränke mit dieser Formel imprägniert stärken den persönlichen Magnetismus, auch das magnetische grobstoffliche Fluid, führen zu körperlicher Ruhe und Ausgeglichenheit. Die C—M-Formel gilt als Hauptformel für Imprägnierungen des magnetischen Fluids, ganz gleich, ob es sich um Ladungen oder um das Verdichten desselben handelt. Auch Formelmagier, die Materialisierungen vornehmen wollen, laden sich vorher gern mit der C—M-Formel, um eine genügende Menge des magnetischen Fluids zu haben. Überall, wo es sich um ein Konzentrieren des magnetischen Fluids handelt, ob im Astral oder in der Materie, empfiehlt es sich von dieser Formel Gebrauch zu machen.

C—N

Will der Formelmagier eine qualitative und quantitative Verdichtung der Mentalmatrize erreichen, so wird er von dieser Formel in Verbindung mit der B—M-Formel Gebrauch machen. Der Astralkörper wird quantitativ elementisch verdichtet und gegen den zersetzenden Einfluß der verschiedenen ungünstigen Vibrationen in der Astralwelt widerstandsfähig gemacht. Durch die

C—N-Formel kann man Gang und Bewegung jedes Menschen und Tieres quabbalistisch beeinflussen. Die C—N-Formel in Verbindung mit verdichtetem magnetischen Fluid — magnetische Dynamik — ausgesprochen, vermag Mensch und Tier augenblicklich zu lähmen. Dies kommt namentlich für Bändigungen von wilden Tieren in Frage. Desgleichen kann ein Dieb, selbst weit entfernt, auf der Stelle des Diebstahles gelähmt und in diesem Zustand solange festgehalten werden, wie es der Formelmagier benötigt. Letzterer vermag mit dieser Formel auch Schwere und Stofflichkeit herbeiführen. Ein hochstehender Magier wird jedoch niemals eine derartige Formel mißbrauchen!

C—O

Auch die C—O-Formel führt in den vier Grundeigenschaften des Geistes zu vollkommener Harmonie und bringt alle Unregelmäßigkeiten, die etwa durch ungünstige Situationen und Schicksale entstanden sind, wieder in ihre normale Lage. Astralisch, mentalisch und auch grobstofflich kommt es durch diese Formel zu einer vollkommenen Ausgeglichenheit des elektromagnetischen Fluids und der Elemente im menschlichen Körper. Die Formel läßt sich — in Speise und Trank einverleibt — natürlich auch dazu benützen, den Astralkörper und grobstofflichen Körper zu einem Magneten des Erfolges und Glücks zu machen. Diesen Umstand kann der Formel-Magier auch bei anderen in die Wege leiten, nur wird er die endgültige Entscheidung niemals selbst fällen, sondern stets der Göttlichen Vorsehung überlassen, die ihn dann schon richtig inspiriert.

C—P

Die C—P-Formel ruft im Mentalkörper ein ausgezeichnetes Empfindungsvermögen, im Astralkörper die Fähigkeit der absoluten Psychometrie und im grobstofflichen Körper einen starken Geschlechtstrieb — Fortpflanzungstrieb —, sowie das Beliebtsein beim anderen Geschlecht hervor, so daß derjenige, der diese Formel regelmäßig in Speise und Trank einverleibt, von jeder Person geliebt wird und jeder Person sympathisch ist.

C–R

Diese Formel ruft im Mentalkörper ein Gefühl der Freiheit und des Ungebundenseins hervor und wird mit Vorliebe von Formelmagiern vor jedem mentalen Wandern angewendet. Im Astral ruft sie in Verbindung mit dem dynamischen Atem eine verstärkte Genialität hervor. Talente, die man hat und namentlich jene, für welche man sich einstellt, werden gefestigt, so daß die Genialität niemals nachläßt. Einverleibt in Speise und Trank entwickelt diese Formel Geschäftstüchtigkeit in grobstofflichen Dingen, führt zu raschem Handeln, verleiht Widerstandsfähigkeit und ein leichtes Beseitigen aller materiellen Hindernisse.

C–S

Die C–S-Formel hebt die Konzentrationsfähigkeit, insbesondere die visionäre. Im Astralkörper festigt sie, verbunden mit dem dynamischen Atem die Macht über Mensch und Tier und verleiht die Gabe der Prophetie. Speise und Trank mit dieser Formel imprägniert und genossen stärken das elektrische Fluid im menschlichen Körper nicht nur qualitativ, sondern vor allem quantitativ, so daß Krankheiten, die durch Disharmonie im magnetischen Fluid hervorgerufen wurden, wie z. B. Lähmungen, Rheumatismus, Muskel-Erschlaffung, Nervenschwäche usw. durch Kräftigung und Hebung des elektrischen Fluids wieder ausgeheilt werden können.

C–Sch

Diese Formel ruft im Mentalkörper die Fähigkeit hervor, jede gewünschte Form des Mentalkörpers nach Belieben hervorzurufen; im Astralkörper wiederum die Fähigkeit, die Elemente quantitativ so zu verdichten, daß diese induktiv und deduktiv leicht projiziert werden können; der grobstoffliche Körper mit dieser Formel imprägniert, wird widerstandsfähig gegen die Macht der Elemente. Wünscht sich der Formelmagier darin zu spezialisieren, so bringt er es leicht zustande, den Körper durch diese Formel so widerstandsfähig zu machen, daß er sich jedem Element aussetzen kann, ohne von ihm angegriffen zu werden. Gleichzeitig erreicht er mit Hilfe dieser Formel durch das elektrische Fluid die Fähigkeit, die Materie zu beleben, so daß er in der grobstofflichen Welt wahre Wunder vollbringen kann.

C—T

Im Mentalkörper angewendet, verleiht diese Formel ein ausgezeichnetes Gedächtnis; im Astralkörper die Möglichkeit, jede Form mit Tugenden und Eigenschaften zu laden; und den grobstofflichen Körper isoliert sie gegen jeden schlechten Einfluß, ohne Unterschied, aus welcher Ebene er kommen mag. Durch die C—T-Formel kann man vollkommenen Schutz in jeder Hinsicht erreichen, so daß man diese Buchstabenverbindung als eine Art astralmagische Tarnkappe ansehen kann, die unantastbar und unangreifbar gegen jeden geistigen Einfluß ist.

C—U

Zur Erreichung der mentalen Fähigkeit, als Liebling der Göttlichen Vorsehung zu gelten, eignet sich am besten die C—U-Formel, welche gleichzeitig die Macht verleiht, das Schicksal zu beherrschen und Schicksalsschläge erträglicher zu machen, d. h., daß sich diese nicht auf einmal in krasser Form, sondern allmählich und in erträglichem Maße auswirken. Diese Formel im Astralleib durch das dynamische Atmen angewendet, ruft die dauernde Fähigkeit hervor, seinen Astralleib mit vollem Bewußtsein und mit voller Kraft — nicht nur astrales Wandern — nach Belieben überall dorthin aussenden zu können, wohin es dem Formelmagier wünschenswert erscheint. Der Formelmagier ist durch diese Formel in der Lage, seinen wohin immer versetzten Astralleib daselbst auch zu verdichten und sogar grobstofflich wirken zu lassen. Nur muß der Formelmagier mit dieser Formel auch seine Nahrung imprägnieren, um in dieser Fähigkeit auch von der grobstofflichen Welt aus unterstützt zu werden.

C—W

Der Formelmagier macht von dieser Formel nur dann Gebrauch, wenn er ganz bestimmte mediale Fähigkeiten nicht nur entwickeln will, sondern die Absicht hat, diese auf die Dauer seines ganzen Lebens zu behalten. Im übrigen ruft die C—W-Formel im Mental einen starken Hang zum Mystizismus hervor; im Astral gibt sie eine fabelhafte Urteilskraft und Schlagfertigkeit. Trank und Speise mit dieser Formel imprägniert lassen vollkommene Herrschaft über das magnetische Fluid in der grobstofflichen Welt erreichen, desgleichen die Herrschaft über das ganze Wasser-Element, also nicht nur über die Wassergeister, sondern auch über das Wasser-Element in der grobstofflichen Welt. Mit Hilfe der C—W-Formel in Verbindung mit dem magnetischen Fluid kann der Formelmagier, als Herr des Wasser-Elementes, viel und Großes auf dem Gebiete der Krankenbehandlung leisten.

C—Y (C—Ü)

Diese Formel gibt dem Formelmagier die mentale Fähigkeit, nach Belieben mit der Göttlichen Vorsehung in Kontakt zu sein. Gewöhnlich erhält er durch diese Formel von der Göttlichen Vorsehung die höchsten Intuitionen und Inspirationen, wird aber dann in den meisten Fällen als ihr Diener mit einer Mission betraut. Es gibt dann kein Zurück mehr, aber auch keinen Fall. In astraler Hinsicht ist es die Gabe der Prophetie, der Weissagung, welche durch diese Formel erreichbar ist. In der Materie erhält der Formelmagier die Fähigkeit, das Schicksal einer jeden Sache, eines jeden Tieres und ebenso eines jeden Menschen nach Belieben zu ändern. Imprägniert er auch seine Nahrung mit dieser Formel, so kann er nach Belieben seinen physischen und astralen Körper infolge dauernder Verbindung mit dem Akashaprinzip je nach Wunsch unsichtbar machen. Noch vieles andere ist durch diese Formel erreichbar.

C—Z

Mit Hilfe dieses Zweier-Schlüssels kann der Formelmagier alle Fähigkeiten seines Mental- und Astralkörpers festigen. Speise und Trank mit dieser Formel imprägniert und genossen, machen den Körper bis ins hohe Alter zäh und widerstandsfähig. Jede Mißstimmung und Unruhe wird durch diese Formel verscheucht und an ihre Stelle tritt Freude und Lust. Die C—Z-Formel gilt als die Festigungsformel alles dessen, was man im Grobstofflichen haben möchte und im Astralen schon hat.

C—Ä

Im Mentalleib ruft diese Formel Zufriedenheit, im Astralleib vollkommene Herrschaft über den eigenen Charakter — Charakterfestigkeit — und in der grobstofflichen Welt die vollkommene Erkenntnis der Materie nebst ihrer Beherrschung durch den vier-poligen Magneten hervor.

C—Ö

Die C—Ö-Formel läßt im Mentalleib die Alchimie in allen ihren Phasen erkennen und den richtigen Zusammenhang mit den Universal-Gesetzen finden. Im Astralkörper weckt sie die Fähigkeit einer dauernden Astralprojektion, ganz gleich, ob es sich um die Projektion des Universallichtes, des Fluids, der Elemente oder irgend welcher anderer Umwandlungs-Phänomene handelt. In der grobstofflichen Welt läßt diese Formel, in Speise und Trank einverleibt, den Formelmagier einen vollkommenen Alchimisten werden, ausgestattet mit allen dazugehörigen grobstofflichen Kenntnissen, Fähigkeiten usw. Diese Formel ist namentlich für jene Formelmagier sehr wichtig, die einmal vollkommene Alchimisten werden wollen!

*

Die Beschreibung des dritten Buchstabens des Alphabets im Gebrauch mit dem zweiten quabbalistischen Schlüssel ist hiermit beendet. In hermetischen Eingeweihten-Kreisen wird er als der zweite alchimistische Schlüssel, also der alchimistisch-quabbalistische Schlüssel, genannt. In meinen informativen Angaben mußte ich mich so kurz fassen, als es nur ging. Ein mit diesen Formeln arbeitender Magier wird sich auf Grund seiner eigenen Erfahrungen und Kenntnisse noch weitere Formelanalogien mit Rücksicht auf die Analogiegesetze zusammenstellen können, wozu ihm meine Angaben behilflich sein sollen.

Der Gebrauch des Zweier-Schlüssels
mit dem Buchstaben D

Nachstehend beschreibe ich die D-Reihe, welche in Verbindung mit den übrigen Buchstaben im Mental, Astral und in der Materie allen Phasen der Liebe und der Erotik entspricht.

D—A

Diese Buchstabenverbindung hebt und stärkt ganz besonders das Mentalbewußtsein, indem sie die Mentalmatrize ladet, was speziell den Intellekt belebt. Gleichzeitig wird auch das Gedächtnis sehr gestärkt. Diese Formel dient auch dazu, längst vergessene Erinnerungen im Bewußtsein wieder wachzurufen und sie zu beleben. Wird diese Formel bei Menschen angewendet, die sehr vergeßlich sind, entwickelt sich bei diesen ein ausgezeichnetes Gedächtnis.

Im Astralleib angewendet, hebt diese Formel den Selbsterhaltungstrieb und ebenso den Elan, sie ruft daselbst eine starke Intensität hervor. Menschen, die lebensmüde geworden sind, bekommen wieder frischen Mut und Lebensgeist. Diese Formel läßt sich mit großem Erfolg auch bei Menschen anwenden, welche sich mit Selbstmordgedanken befassen; diese werden ganz plötzlich vom Verlangen nach weiterem Leben ergriffen und bekommen neuen Lebensmut. Mit dieser Formel wird ihnen geradezu ein neues Leben eingepflanzt.

In Speise und Trank versetzt, imprägniert diese Formel je nach Bedarf und Wunsch den männlichen oder den weiblichen Samen mit verschiedenen Tugenden und Fähigkeiten. Ist eine Frau schwanger, so läßt sich bei ihr durch diese Formel die Frucht im Mutterleibe imprägnieren, d. h. die gewünschte Fähigkeit dem zu gebärenden Kind schon vorgeburtlich einverleiben. Vor allem anderen ist es die Fähigkeit einer ausgezeichneten Auffassungsgabe, ferner die des guten Lernens, welche man dem Kind schon im voraus durch die D—A-Formel einverleiben kann. Natürlich können auch noch andere intellektuelle Fähigkeiten mit dieser Formel erreicht werden. Wendet der Quabbalist diese Formel für sich selbst eucharistisch an, so erreicht er bei dauerndem Gebrauch die Fähigkeit, aus allen materiellen Dingen Erkenntnisse in bezug auf die hermetische Wissenschaft und ihren Zusammenhang zu schöpfen und zu verwerten.

D—B

Diese Formel dient dazu, die Mentalmatrize entweder bei sich selbst oder bei anderen Personen je nach Wunsch und Bedarf entweder zu festigen oder zu lockern. Durch oftmaligen Gebrauch verbunden mit der Idee erreicht man die Fähigkeit, jeden Mentalkörper, ob nah oder fern, im Schlaf herbeizurufen und vollkommen unter seine Gewalt zu bekommen, so daß man in der Lage ist, dem Mentalkörper Befehle zu erteilen, die sich dann im Geiste der betreffenden Person unmittelbar nach ihrem Erwachen unbedingt realisieren müssen. Es ist jedoch anzunehmen, daß sich der Quabbalist niemals dazu verleiten läßt, eigennützige oder sogar vernichtende Befehle zu erteilen.

In den Astralkörper verlegt, erreicht man mit dieser Formel die astrale Fähigkeit, das elektromagnetische Fluid im Astralkörper zu stärken oder mit einer beliebigen Idee zu influenzieren. Je nach dem, was man anstrebt, kann durch diese Formel eine starke magnetische Anziehung oder eine ebensolche Abstoßung hervorgerufen werden. Dies spielt namentlich bei der Entwicklung von Sympathie, Beliebtsein u. dgl. eine sehr große Rolle.

In die Materie versetzt, ob nun direkt in den grobstofflichen Körper oder durch den Genuß von eucharistisch beeinflußten Speisen und Getränken, vergrößert diese Formel die heilmagnetische Kraft, mit Hilfe welcher man dann sogar physikalisch wirken kann. Die D—B-Formel eignet sich daher insbesondere für Heilmagnetiseure, welche sich mit magnetischer Krankenbehandlung befassen. Durch wiederholte Beeinflussung des grobstofflichen Körpers mit dieser Formel erreicht man eine besonders starke Dynamik des elektromagnetischen Fluids. Diese Buchstabenverbindung ist daher namentlich dort anzuwenden, wo man eine starke elektromagnetische Kraft einzusetzen hat. Bei großer Erschöpfung oder bei starker Od-Abnahme — namentlich bei Heil-magnetiseuren — bedient man sich mit Vorliebe dieser Formel, da sie die angegebenen Kräfte sehr rasch ergänzt und auffrischt.

D—C

Dieser Buchstabenverbindung bedient man sich, wenn man eine radikale Reinigung des Mentalkörpers erzielen will. Von Quabbalah-Eingeweihten wird diese Formel der „quabbalistische Mentalbesen" genannt. Überall dort, wo es sich um eine rasche Reinigung der Gedanken oder der negativen mentalen Eigenschaften handelt, wie z. B. vor verschiedenen magischen Operationen, die eine absolute Reinheit des Geistes erfordern, ferner beim mentalen Wandern in andere Sphären, die eine vollkommene Harmonie oder Ausgeglichenheit beanspruchen, kann diese Buchstabenverbindung mit überraschend gutem Erfolg angewendet werden. Bei oftmaligem Gebrauch weckt diese Formel eine erhöhte Intuitionsfähigkeit.

In den Astralkörper verlegt, reinigt diese Formel auch diesen. Kurz gesagt: Überall dort, wo ein sofortiger Ausgleich der Elemente im Astralkörper notwendig ist, bedient sich der Quabbalist dieser Buchstabenverbindung, denn abgesehen von der ausgezeichneten Elementereinigung des Astralkörpers, wird insbesondere die astrale Inspirationsfähigkeit gehoben. Daß diese Formel auch die astrale Matrize stärkt, ist außer Zweifel.

In der grobstofflichen Welt quabbalistisch angewendet, belebt diese Buchstabenverbindung jeden Körper, ohne Unterschied, ob es sich um einen Gegenstand, um einen menschlichen oder einen anderen lebenden Körper handelt. Stellt sich der Formelmagier speziell auf diese Formel ein, so kann er die Elektronenschwingung, die um einen jeden Körper kreist, beliebig ändern, d. h. entweder verlangsamen oder beschleunigen. Natürlich kann man auch mit Hilfe dieser Formel — namentlich bei längerem Gebrauch — die qualitativen Eigenschaften des Körpers nach Belieben beeinflussen und ändern. Auch die Strahlkraft sowohl der eigenen, als auch der Aura anderer Menschen wird durch direkte oder eucharistische Anwendung dieser Formel beeinflußt, damit dieselbe dynamisch wirkt, was z. B. bei verschiedenen magischen Operationen notwendig ist.

D—D

Mit Hilfe dieser Buchstabenverbindung kann man nach längerem Gebrauch das Bewußtsein im Mentalkörper subtiler machen, d. h. verfeinern, damit es für jede gewünschte Idee empfänglich wird. Auf andere übertragen, kann man das Bewußtsein bei jedem Menschen für jede Idee, die man in den Mentalkörper versetzt, zugänglich machen. Wird diese Formel während des Schlafzustandes der betreffenden Person angewendet, so kann ihr Bewußtsein so stark empfänglich gemacht werden, daß es sogar jede posthypnotische Suggestion auf die größte Entfernung verwirklichen muß.

Im Astralkörper bei sich oder bei anderen Personen angewendet, hebt und stärkt diese Formel im Astralkörper alle erotischen Aspekte. Daß dadurch die Sehnsucht nach Geliebtwerden, die Sehnsucht nach Begehr, ferner die Sehnsucht nach Versöhnung auch beim größten Feind geweckt wird, ist selbstverständlich.

In die materielle Welt verlegt, kann diese Buchstabenverbindung die Elemente jedes Gegenstandes oder Stoffes zu größerer Wirksamkeit entfachen. Die D—D-Formel eignet sich für alle Arbeiten, die eine verstärkte Elementeschwingung des stofflichen Körpers bei der Elemente-Magie erfordern. Die Elemente werden durch diese Formel nicht qualitativ, sondern quantitativ verstärkt.

D—E

Ein oftmaliger Gebrauch dieser Buchstabenverbindung im Mentalkörper führt zu einer ausgezeichneten intuitiven Begabung und gleichzeitig dazu, sich in das Bewußtsein jedes Menschen und wenn notwendig, auch in das eines Tieres leicht zu versetzen und alles, was sich im Bewußtsein abspielt, nicht nur zu wissen, sondern es nach Belieben auch zu beherrschen. Von dieser Buchstabenverbindung machen mit Vorliebe Eingeweihte Gebrauch, die ihren Schülern eine Abisheka erteilen wollen, d. h. ei-

ne Bewußtseins-Machtübertragung, eine Bewußtseinsempfäng-
lichkeit oder die Erleuchtung einer Idee bei anderen Personen
durchzuführen beabsichtigen. Ist z. B. ein Schüler reif, aber nicht
in der Lage ein Problem aufzugreifen und es mentalisch richtig zu
verarbeiten, so hat der Guru die Möglichkeit, mit Hilfe dieser
Formel das Bewußtsein des betreffenden Schülers insofern zu erhellen, als der Schüler die übertragene Idee in vollem Ausmaße
begreift. Auf diese Weise lassen sich auch verschiedene Talente
und Fähigkeiten im Geist übertragen.

In der Astralwelt gebraucht der Formelmagier diese Formel dazu, um die Entfernung zwischen sich und seinem Partner zu überbrücken, d. h. freizulegen, so daß alles, was der Quabbalist
spricht, sein Partner selbst auf die größte Entfernung einwandfrei
vernimmt. Dies nennt man den „quabbalistischen Gebrauch des
Fernsprechens und Fernhörens".

In der materiellen Welt dient diese Buchstabenformel dazu, eine
Idee auf der grobstofflichen Welt derart zu verdichten, daß sie
grobstofflich zum Ausdruck kommt. Bei guter Beherrschung dieser Formel ist der Quabbalist in der Lage, z. B. in einem stockfin-
steren Raum das universale Licht so zu verdichten, daß auch Uneingeweihte alles sehen und vernehmen können. Diese Buchstabenverbindung kann in Verbindung mit der Raumimprägnierung
für Zwecke, wo es sich um eine Verdichtung der Idee oder der
Kraft im Raum selbst handelt, angewendet werden. Auch für die
Ladung von Talismanen eignet sich diese Buchstabenverbindung
ausgezeichnet, ohne Unterschied, ob es sich um Beeinflussungen
mit oder ohne Fluid-Kondensatoren handelt, ferner für Ladungen von Amuletten, Pentakeln usw.

Eucharistisch in Speisen und Getränke versetzt, stärkt diese
Formel bei sich und auch bei anderen die Nerven, so daß man
sich ihrer bei allen Arten von Nervenerkrankungen mit großem
Erfolg bedienen kann.

D—F

Diese Buchstabenverbindung hat viele mentale Möglichkeiten.
Vor allem stärkt sie den Willen, hebt die Willenskraft und den In-

tellekt, hebt das Einfühlungsvermögen besonders stark im Bewußtsein. Infolgedessen bedient man sich dieser Formel namentlich vor jedem mentalen Wandern, da man dann in der Lage ist, alle Erinnerungen und Erlebnisse, die man in den Sphären und überall dort, wo man sich gerade hinbegibt, gewinnt, in die grobstoffliche Welt leichter zu übertragen.

Für den Astralkörper oder für die Astralwelt angewendet, wird jede Charaktereigenschaft nach Belieben gehoben oder gehemmt, je nach dem, was man bezweckt. Vor allem läßt sich der Ausbruch negativer Charaktereigenschaften vereiteln.

In materieller Hinsicht beseitigt diese Buchstabenverbindung spielend leicht jede Disharmonie im Körper, hilft Erregungszustände beheben, alle geistigen Erkrankungen zu heilen, ohne Unterschied, ob man die Formel direkt anwendet oder dem stofflichen Körper durch den Genuß von eucharistisch beeinflußten Speisen und Getränken zuführt.

D—G

Diese Formel ermöglicht es, überall, wo es notwendig ist, ein versöhnendes Gefühl hervorzurufen. Selbst der aufgeregteste Geist läßt sich in wenigen Augenblicken beschwichtigen. Überall dort, wo es darum geht, Versöhnung, Freundschaftsgefühl, Zuneigung usw. im Mentalkörper hervorzurufen, bevorzugt man den Gebrauch dieser Formel. Auch für Liebesmagie wird diese Buchstabenverbindung gern angewendet, da sie ein Gefühl der Glückseligkeit hervorruft.

Direkt in die Astralwelt verlegt, treten Situationen ein, die zu Glück und Erfolg im Unternehmen führen. Dort, wo Ehezwist, Verfeindung und andere astrale Disharmonien auftauchen, können mit Hilfe dieser Formel Situationen aufkommen, die alle Disharmonien in völlige Harmonie verwandeln.

In Verbindung mit Liebesmagie kann man mit dieser Buchstabenverbindung in der grobstofflichen Welt Situationen schaffen, die zu Reichtum, Wohlstand, Glück usw. führen. Verwendet man diese Formel in der Naturmagie, so erzielt man eine größere Fruchtbarkeit.

D—H

Diese Formel dient zur Schärfung des mentalen Auges und zwar sowohl bei sich selbst, als auch bei anderen Personen, so daß man auf der geistigen Ebene klarer, besser und durchdringender sehen kann. Den Quabbalisten, die beim Hellsehen die Farben schwer unterscheiden oder nicht klar genug hellsehen, ermöglicht diese Buchstabenverbindung ein deutliches Erkennen mit genauen Umrissen. Bei somnambulen Medien erreicht man durch diese Formel eine reine und schärfere Wahrnehmung, wenn man die Formel während des Trance-Zustandes des Mediums anwendet.

Die D—H-Formel dient auch zur Aufhebung von Schicksalsschlägen. Desgleichen wird sie bei Durchführung von Sexual-Magie — Voltmagie — gebraucht, wenn man mit ihrer Hilfe die eigene Sprechweise dynamisieren will, um die astrale Fähigkeit zu erreichen, suggestiv wirken zu können. Überall dort, wo man Erfolg im suggestiven Arbeiten haben will, ob es sich nun um Einzel- oder Massensuggestion handelt, kann man sich dieser Formel bedienen. Niemals wird der Erfolg ausbleiben. Briefe mit dieser Buchstabenverbindung dynamisiert, respektive geladen, können den Empfänger zu restloser Erfüllung der im Schreiben erteilten Befehle anhalten.

Eucharistisch in Speise und Trank einverleibt, hilft diese Formel jeden materiellen Wunsch durch die Elemente zu erfüllen. Noch zahlreiche andere Verwendungsmöglichkeiten könnten genannt werden, aber diese wenigen Hinweise genügen, um die Vielseitigkeit dieser Formel zu bestätigen.

D—Ch

Mentalisch angewendet ruft diese Formel ein ausgezeichnetes Sprachentalent sowohl bei sich selbst als auch bei anderen Personen hervor. Jedem Wesen, ohne Unterschied ob Geist, Mensch oder Tier kann man mit Hilfe dieser Formel seine Gedanken beliebig einflößen. Jeden Gegenstand kann man bei Anwendung dieser Formel mit einer Idee dynamisch imprägnieren und denselben beleben. Der Quabbalist vermag mit dieser Formel Tote wieder zum Leben zu erwecken, falls den Tod nicht gar zu große organische Störungen hervorgerufen haben, wie z. B. Krebs, Lungentuberkulose usw. Dagegen z. B. an Herzlähmung — Embolie — gestorbene Menschen können mit dieser Formel nur dann zum Leben erweckt werden, wenn kein karmischer Grund gegen die Wiedererweckung vorliegt und der Quabbalist im Gebrauch der kosmischen Sprache besonders gut bewandert ist. Mit dieser Formel kann man jedes im Wasser lebende Tier nach Belieben beherrschen und jedes Wesen des Wasser-Elementes zwingen, dem Willen des Quabbalisten zu gehorchen und auf seinen Wunsch sichtbar zu erscheinen.

D—I
Ähnlich vielen anderen Formeln, vermag auch die D—I-Formel Erinnerungen — Erinnerungsbilder — wachzurufen oder nach Wunsch wieder auszulöschen. In materieller Hinsicht kann man das Gedächtnis, namentlich das mechanische — Auswendiglernen —, mit dieser Buchstabenverbindung besonders stärken. Die Menschen, die große Rollen auswendig lernen müssen, wie z. B. Schauspieler, Redner usw. finden in dieser Formel einen guten Behelf für ihren Beruf. Gleichzeitig vermag der Quabbalist mit Hilfe der D—I-Formel das Gewissen eines Menschen zu größerer Tätigkeit anzuregen, d. h. wunschgemäß Gewissensbisse leicht hervorzurufen und zu beschwichtigen.

In die Astralwelt — Astralkörper — verlegt, ruft die D—I-Formel große Sympathie und gleichzeitig Treue hervor und vermag bereits bestehende Treue zu festigen. Wird diese Formel für ein Eheleben gebraucht und in die Astralwelt verlegt, vereitelt ihre Wirkung jede Untreue zwischen Mann und Frau schon im voraus.

Mit Naturmagie verbunden, läßt sich jede Idee auf der grobstofflichen Welt spielend leicht verwirklichen. In Speise und Trank verlegt, bringt sie Erfolg und Glück in jeder Hinsicht.

D—J
Wer von dieser Buchstabenverbindung Gebrauch macht, kann sich und andere jederzeit in Ekstase — Verzückung — versetzen.

Auch Medien oder medial veranlagte Personen bringt man mit Hilfe dieser Formel in wenigen Augenblicken in somnambulen Zustand.

In den Astralkörper verlegt, ruft die D—J-Formel bei Mensch und Tier beiderlei Geschlechts einen starken Geschlechtsreiz hervor.

Wird diese Formel bei Mensch und Tier in die materielle Ebene verlegt, verhindert sie Unfruchtbarkeit, ob direkt angewendet oder durch Eucharistie in Speisen und Getränke einverleibt.

D—K

Diese Formel hebt enorm die Kraft des Glaubens im Geist, aber namentlich im Bewußtsein. Die Lichtprojektion oder das Arbeiten mit Universal-Licht gelingt leichter, wenn der Formelmagier diese Buchstabenverbindung oftmals wiederholt.

Astralisch angewendet behebt die D—K-Formel jeden Angstzustand und sichert Erfolg in Liebeswerbungen. In der Astralwelt schafft diese Formel Situationen, die zu Reichtum und Wohlstand führen.

Materiell läßt sich diese Formel überall dort anwenden, wo man reichlich Früchte erwartet, z. B. Erntesegen usw.

D—L

Diese Formelverbindung vermag jede gewünschte Tugend, die im Geiste gebraucht wird, dem Mentalkörper einzuverleiben. Sie kann selbstverständlich auch bei anderen Personen mit Erfolg angewendet werden.

Astralisch gebraucht, dämpft diese Buchstabenverbindung jede Begierde, jede Leidenschaft; sie löst ferner jedes astrale Elementar auf.

Die D—L-Formel eignet sich ganz besonders für vorgeburtliche Erziehungen, soweit diese die Gesundheit betreffen, indem Speise und Trank mit dem Wunsch der Samenimprägnierung für Gesundheit beeinflußt wird. Ein oftmaliger Gebrauch dieser Formel im grobstofflichen Körper — auch durch Eucharistie — führt eine bis an Wunder grenzende körperliche Widerstandsfähigkeit und

Zähigkeit herbei. Ein auf diese Weise quabbalistisch imprägnierter Körper zeichnet sich durch große Arbeits- und Sportleistungen aus und jeder Quabbalist, der Sportleistungen verfolgt, wird gerne von dieser Formel Gebrauch machen.

D—M

Zur Erzielung geistiger Frische, geistigen Elans und Interesse für etwas, was geistig von Belang ist, kann diese Buchstabenformel sowohl bei sich selbst, als auch bei anderen erfolgreich angewendet werden. Geistige Müdigkeit verwandelt diese Formel in geistige Frische.

Im Astralkörper weckt diese Formel eine starke Sehnsucht nach Liebe und nach Geliebtwerden. Ein mit Hilfe dieser Formel gebildetes und ins Astralreich versetztes Volt, welches Liebes- und ähnliche Gedanken entfachen soll, schafft Situationen, die zur Realisierung dieser Wünsche beitragen.

In der grobstofflichen Welt, respektive im grobstofflichen Körper stärkt diese Buchstabenverbindung das magnetische Fluid. Beim anderen Geschlecht wird die Sehnsucht nach sexueller Befriedigung geweckt. Benötigt man eine Verstärkung des eigenen magnetischen Fluids, kann man diese Buchstabenverbindung entweder direkt oder eucharistisch anwenden, d. h. in Speise und Trank verlegen. Die D—M-Formel hilft auch alle Leiden, welche die Wasser-Region — Bauchregion — betreffen, in Verbindung mit dem magnetischen Fluid zu heilen. Namentlich ist es: chronische Obstipation, Darmgicht, Bauchwassersucht und alle Krankheiten, welche dem Wasserprinzip analog sind.

D—N

Diese Buchstabenverbindung stärkt die Mentalmatrize und hebt dadurch die Aufnahmefähigkeit des Geistes. Sowohl bei sich selbst, als auch bei anderen angewendet, stärkt sie die geistige Ausstrahlung, das ist die Aura und hebt sämtliche Qualitäten des Geistes. Nur besteht die Gefahr, daß bei anderen Personen gleichzeitig die negativen Qualitäten des Geistes gestärkt werden, so daß bei Anwendung dieser Formel für andere Vorsicht sehr am

Platze ist. Will man von dieser Formel für sich selbst Gebrauch machen, so ist es angebracht, vorher jene Formel zu wiederholen, welche den Mentalkörper reinigt.

Astralisch angewendet, erfüllt diese Formel bei Mann und Frau jeden Wunsch in der Liebe. Für sich selbst angewendet, führt sie zu guter Eheschließung, zu glücklichem Eheleben und zur Schließung von guten und dauernden Freundschaften.

In grobstofflicher Hinsicht ist diese Buchstabenverbindung eine fabelhafte Sympathieformel, welche gegenseitige Liebe und Zuneigung hervorruft.

D—O

Durch Wiederholung dieser Formel gewinnt man eine ausgezeichnete Urteilskraft — Urteilsvermögen —. Sowohl bei sich selbst, als auch bei anderen angewendet, kommt es zu vollkommener Harmonie und Ausgeglichenheit, sowie Ruhe im Geiste.

Astralisch werden durch diese Buchstabenverbindung Situationen geschaffen, die zu aller Art Liebesbefriedigung führen.

In Speise und Trank einverleibt, vermag diese Formel Geschmacksänderungen hervorzurufen, so daß man z. B. bitteren Kaffee süß machen kann, ohne ein Süßmittel gebrauchen zu müssen. Durch den Gebrauch dieser Formel ist man sogar in der Lage, Wasser in Wein und umgekehrt, Wein in Wasser zu verwandeln.

D—P

Diese Formel ruft Demut und Ehrfurcht im Geiste hervor. Bei anderen angewendet, bringt sie Hochmut, Stolz, Eingebildetsein zu Fall und läßt schwere Gewissensbisse aufkommen. Sogar das kälteste Herz wird durch die D—P-Formel erweicht.

Astralisch wird diese Formel zum Zweck der Bilderbelebung benützt, damit dieselben schön und anziehend wirken. Daß dadurch Inkubuse und Sukkubuse quabbalistisch bewußt gebildet werden können, sei nur nebenbei bemerkt. Infolge einer starken Bilderbelebung kommt es nämlich zu einer gleichfalls starken

Verdichtung des betreffenden Bildes, so daß dasselbe wie lebend erscheint, herauszitiert werden kann und die Belebung des Bildes auch Ungeschulte wahrnehmen können.

Materiell angewendet ruft auch diese Formel, ebenso wie viele andere Formeln der D-Reihe den Wunsch nach geschlechtlicher Befriedigung hervor und weckt die Sehnsucht nach Kinderbesitz.

D—R

Im Mental — im Geiste — führt diese Formel zu einem klaren Verstand, weckt das Gefühl des Ungebundenseins und der völligen Freiheit. Es empfiehlt sich daher, diese Buchstabenverbindung vor jedem mentalen Wandern zu wiederholen, da sie eine leichtere Loslösung des Mentalkörpers verursacht und man sich leichter mentalisch bewegen kann.

Astralisch angewendet macht die D—R-Formel bei anderen Menschen beliebt und weckt jede Genialität, die man zu haben wünscht.

Grobstofflich verleiht sie dem Körper überaus große Geschicklichkeit und Handfertigkeit und gibt die Möglichkeit, erworbenes Wissen derart zu verwerten, daß es materielle Früchte trägt. Außerdem läßt diese Buchstabenverbindung das Verständnis für die Sorgen anderer Menschen aufkommen.

D—S

Um bei sich selbst und eventuell auch bei anderen eine spezielle Begeisterung zu entfachen, bediene man sich der D—S-Formel, da sie das elektrische Fluid im Mentalkörper besonders stärkt.

Astralisch angewendet, zwingt diese Formel Menschen zu Gehorsam und weckt beim anderen Geschlecht das Gefühl zu großer Unterwürfigkeit. Bei sexualmagischen Operationen gebraucht, verleiht der Gebrauch der D—S-Formel vor allem die Fähigkeit des astralen Schauens in Vergangenheit, Gegenwart und Zukunft.

In der grobstofflichen Welt kann man mit Hilfe dieser Buchstabenverbindung dem größten und ärgsten Feind panischen Schrecken einjagen. Außerdem schützt diese Formel vor allerlei magischen Eingriffen, bösen Einflüssen usw., die eine Schädigung oder Vernichtung des grobstofflichen Körpers oder irgend einer materiellen Angelegenheit im Sinne haben.

D—Sch

Im Mentalleib ruft diese Formel Hellwissen hervor. Mit Vorliebe bedienen sich ihrer Gurus, wenn sie ihren Schülern ein Abisheka — Bewußtseinsübertragung — für ein bestimmtes hermetisches Wissen telepathisch übermitteln wollen. Mit dieser Formel wird auch die Fähigkeit des leichteren Begreifens irgend eines Problemes erreicht.

Im Astralkörper angewendet, gibt diese Formel die Macht, vollkommener Herr der Liebe zu werden und sich durch keinerlei Liebeseinflüsse berauschen zu lassen. Der Formelmagier soll daher seinen Mentalkörper mit dieser Formel imprägnieren, wenn er die Absicht hat, die Venussphäre — die Sphäre der Schönheit und Liebe — zu besuchen, um von den tückischen Reizen verschont zu bleiben.

Materiell angewendet, kann man jedes Samenkorn derart magisch-quabbalistisch imprägnieren, daß es übernatürlich rasch keimt und wächst. Hierbei kommt sicherlich jedermann das bekannte Mangobaum-Wunder ins Gedächtnis, welches sich durch diese quabbalistische Formel verwirklichen läßt. Mit der D—Sch-Formel läßt sich jede Materie beleben und jede Idee grobstofflich verwirklichen.

D—T

Mit Vorliebe wird diese Formel zur Stärkung des Gedächtnisses bei sich und bei anderen angewendet. Auch für Ladungen von Talismanen zwecks Stärkung des Gedächtnisses eignet sich diese Formelverbindung ausgezeichnet.

Astralisch angewendet, beseitigt sie das Gefühl der Kälte in bezug auf die Liebe zwischen Mann und Frau und hebt das Liebesempfinden in jeder Beziehung.

Im grobstofflichen Körper verstärkt diese Formel die allgemeine Vitalität, behebt Erschöpfungszustände usw. Eucharistisch oder direkt angewendet, versetzt diese Buchstabenverbindung den Formelmagier in die Lage, seinem eigenen Sperma oder auch dem eines anderen Menschen — ob bei Mann oder Frau — eine überaus starke Vitalität zu verleihen, wodurch eine leichtere Befruchtung erzielt werden kann, falls man außerdem noch die Sexualgegend mit dieser Formel quabbalistisch beeinflußt.

D—U

Diese Formelverbindung weckt insbesondere die Fähigkeit des Gedankenlesens, ferner die Fähigkeit, das mentale Schicksal — Karma von Vergangenheit, Gegenwart und Zukunft — bei sich und bei anderen zu wissen und etwa nach Belieben günstig zu beeinflussen. Jeder Quabbalist weiß, daß es ein mentales, ein astrales und ein grobstoffliches Karma oder Schicksal gibt.

Astralisch kann von dieser Formelverbindung zwecks Beeinflussung von Liebesangelegenheiten Gebrauch gemacht werden. Auch für Ladungen von Liebestalismanen kann diese Formel zu Hilfe genommen werden.

Materiell angewendet, wird das telepathische — geistige — Band zwischen Mann und Frau hergestellt und Gefühlsübertragungen zwischen beiden bewerkstelligt. Gleichzeitig stärkt diese Formel das Akashaprinzip im menschlichen Körper, was namentlich für Fähigkeiten des Hellsehens, Hellhörens, Hellempfindens, auf die Materie übertragen, von großem Vorteil ist.

D—W

Als Formel gebraucht, verstärkt sie die Konzentrationsfähigkeit namentlich in bezug auf das Empfindungsvermögen — Gefühlskonzentration —. Der Quabbalist, der es nicht fertigbringt, das Gefühl zu einem dynamischen Potenzial — Kraftfeld — zu machen, schafft dies leichter mit Hilfe dieser Buchstabenverbindung. Bei oftmaligem Wiederholen dieser Formel werden verschiedene Fähigkeiten im Mentalkörper wachgerufen.

Astralisch angewendet, erzeugt diese Formel ein religiöses Empfinden und eine heilige Stimmung, die sogenannte Tempelatmosphäre. Auch für Raumimprägnierungen zwecks Hervorrufung einer Tempelatmosphäre wird die D—W-Formel zu Hilfe genommen, da dieselbe eine demütige Stimmung, eine große Hingabe an die anzubetende Gottheit herbeiführt.

In grobstofflicher Hinsicht sichert diese Formel größten Erfolg in Liebeswerbungen. Das Unwirkliche kann durch sie dem anderen Geschlecht glaubhaft gemacht werden, demnach kann sie Leichtgläubigkeit eingeben. Außer für Raumimprägnierungen wird diese Formelverbindung von wahren Eingeweihten nicht gebraucht und ich führe sie auch nur ihrer Seltsamkeit wegen an.

D—Y (D—Ü)

Durch diese Buchstabenverbindung wird besonders die Gottverbundenheit im Liebesaspekt gehoben. Das Ergebnis ist eine gute Intuition und eine ebensolche Inspiration im Mentalkörper.

Astralisch gibt diese Formel ein gutes Empfindungsvermögen und läßt die Liebe zum anderen Geschlecht richtig begreifen, desgleichen den Grad des Liebesempfindens genau feststellen.

Diese Buchstabenverbindung gilt als eine Art Spezialformel für Ladungen von Talismanen mittels Sexualmagie. Legt man unter anderem z. B. diese Formel in das Akashaprinzip eines Samens ein, so kann man den Samen dadurch nicht nur beeinflussen, sondern auch die Wirkungsweise ersehen. Konzentriert sich also der Quabbalist in das Akashaprinzip eines Samenkornes und wendet daselbst diese Formel mit der Bewußtseinsversetzung an, so ist er in der Lage, nicht nur den aus diesem Samen wachsenden Baum schon in seiner ganzen Größe zu sehen, sondern gleichzeitig das ganze Schicksal des Baumes zu erschauen.

D—Z

Als quabbalistische Formel gebraucht, festigt sie sämtliche intellektuellen Fähigkeiten des Geistes, namentlich des Gedächtnisses und weckt im Mentalkörper eine ausgezeichnete Kombinationsgabe.

Astralisch oftmals angewendet, schärft diese Buchstabenverbindung jede künstlerische Begabung und die Veranlagung, abstrakte

Ideen in Worte zu kleiden. In die Kopfregion konzentriert, steigert diese Formel die Telepathie-Empfänglichkeit.

Eucharistisch in Speise und Trank einverleibt, führt sie zu Zähigkeit, zu Ausdauer und eignet sich ganz besonders für große Sportleistungen. Bei Raumimprägnierungen verwendet, ruft sie große Geselligkeit hervor, ferner die Lust zu Unterhaltungen, zu Spaß, Tanz usw. Wo im Raume eine bedrückende Stimmung herrscht, kann sie durch die D—Z-Formel beseitigt werden.

D—Ä

Sie ruft wie viele andere Formeln der D-Gruppe Sehnsuchtsgedanken betreffend die sexuelle Befriedigung hervor. Die D—Ä-Formel wird aber auch dort erfolgreich angewendet, wo es darum geht, Melancholie und alle ihre Begleiterscheinungen zu beseitigen. Diese Formel schafft Situationen, welche die Befriedigung eigener Wünsche herbeiführen, namentlich solcher der Liebe und der geschlechtlichen Erotik.

In grobstofflicher Hinsicht ist diese Formel gut gegen Sterilität — Unfruchtbarkeit — und eucharistisch gebraucht, d. h. in Speise und Trank einverleibt, ist sie gegen nächtliche Pollutionen.

D—Ö

gibt dem Mentalkörper die Fähigkeit, jeden Gedanken quabbalistisch leicht zu beherrschen und wenn erwünscht in den entgegengesetzten mühelos zu verändern — transmutieren —. Die D—Ö-Formel stärkt gleichzeitig die geistige Ausdauer.

Astralisch gebraucht, dämpft diese Formel jede Art von Begierde und Leidenschaft, namentlich die erotische und perverse.

In der grobstofflichen Welt — Materie — dient diese Formel dazu, die Sexualkraft entweder in Vitalität oder in irgend eine intellektuelle Fähigkeit umzuändern.

Der Gebrauch des Zweier-Schlüssels
mit dem Buchstaben E

Sämtliche Verbindungen mit dem Buchstaben E haben in allen drei Reichen einen geheimen Zusammenhang mit dem Bewußtsein des Menschen, gleichzeitig aber auch mit der Verdichtung oder Materialisierung.

E—A

Mentalisch angewendet verstärkt diese Formel die Intuition, erweitert das Bewußtsein, erleichtert die Bewußtseinsversetzung, schärft ferner Geist und Verstand.

Im Astralkörper hebt sie die Fähigkeit des astralen Hörens, insbesondere des Hörens von Wesen, steigert die Macht über die Luftgeister und weckt zahlreiche mediale Fähigkeiten, unter anderem auch die Fähigkeit der richtigen Verwertung dieser Formel im astralen Sinne.

Grobstofflich angewendet beschwichtigt diese Buchstabenverbindung die größten Stürme und das größte Unwetter. Eucharistisch gebraucht beseitigt diese Formel jedes allergische Asthma.

E—B

Mit dieser Formel kann man im Mentalkörper jeder Gedankenform — Elemental — eine starke Dynamik verleihen und dadurch auf der Mentalebene leichter wirken. Vor dem mentalen Wandern im Mentalkörper wiederholt, verleiht diese Buchstabenverbindung eine stärkere Widerstandsfähigkeit, die es zuläßt, längere Zeit vom grobstofflichen Körper getrennt zu bleiben.

Im Astralkörper wird durch diese Formel eine starke Ladung des elektromagnetischen Fluids für die verschiedensten Zwecke herbeigeführt. Gleichzeitig dient diese Buchstabenverbindung für quabbalistische Ladungen von Talismanen, Amuletten, Pentakeln, ferner zur Materialisierung von Wesen, die mittels elektromagnetischer Volte auf einen Gegenstand übertragen werden sollen, für Spiegelladungen mit Fluid-Kondensatoren mittels Quabbalah usw.

E—C

Um eine abstrakte Idee oder Vorstellung bewußtseinsmäßig leichter zu erfassen, ferner eine Tugend oder Fähigkeit dem Geiste — Mentalkörper — einzuverleiben, kann man von der E—C-Formel Gebrauch machen.

Wünscht man eine astrale Fähigkeit dauernd zu haben, bedient man sich gleichfalls dieser Buchstabenverbindung, welche sich namentlich auch für die astrale Imprägnierung der astralen Frische und des Ausgeglichenseins eignet. Auch vor Experimenten, die eine Materialisierung des eigenen Astralkörpers bezwecken, ohne Unterschied ob unmittelbar neben dem physischen Körper oder weit entfernt, empfiehlt es sich diese Formel anzuwenden. Die Verdichtung wird viel leichter gelingen.

Für materielle Zwecke wird vor allem die E—C-Formel dazu gebraucht, wenn man eine Verjüngung des physischen Körpers erreichen will. In einem solchen Falle sind Speisen und Getränke mit der E—C-Formel zu imprägnieren. Nach längerem Gebrauch wird man nicht nur dem Aussehen nach jünger sein, sondern es wird sich auch die Lebenskraft und die Vitalität steigern.

E—D

Mit dieser Buchstabenverbindung kann man sehr leicht das Unterbewußtsein beeinflussen, d. h. mit Hilfe telepathischer Suggestion in Verbindung mit dieser Formel die verschiedensten intellektuellen Fähigkeiten wecken, heben und nach außen hin wirksam machen.

Astralisch angewendet wird man vom anderen Geschlecht erhört. Es ist daher angebracht, diese Formel vor etwaigen Liebeswerbungen zu wiederholen. Auch bei anderen Persönlichkeiten, deren Gunst man gerne gewinnen möchte, ist das Wiederholen dieser Formel sehr am Platze. Bei sich selbst angewendet verleiht die E—D-Formel Anziehungskraft und trägt zu großer Sympathie bei anderen Menschen bei.

Was die Materie anbetrifft, so kann man mit Hilfe dieser Buchstabenverbindung ein Samenkorn rascher zum Keimen bringen, Fruchtbarkeit in der Natur fördern, ferner die Sexualkraft günstig beeinflussen, Erfolg in allen möglichen Situationen herbeiführen, insbesondere in Freundschaftsangelegenheiten usw. Wer diese Formel eucharistisch anwendet, d. h. Speisen und Getränke mit ihr imprägniert und dieselben genießt, bei dem verwandelt sich Hagerkeit in Dickleibigkeit.

E—E

Als quabbalistische Formel im Mentalleib angewendet erleichtert diese das mentale Wandern, ferner die Bewußtseinsversetzung, ohne Unterschied wohin, ob an einen Ort oder in einen Gegenstand. Macht man von dieser Formel bei Kranken Gebrauch, die an Bewußtseinsstörungen leiden, wird das Normalbewußtsein wieder hergestellt. Die E—E-Formel gilt als eine Art Schutzformel gegen das Betrinken. Wer sich daher dieser Formel bedient, kann weder betrunken werden, noch irgend eine Bewußtseinsstörung erleiden. Schleudert man diese Formel quabbalistisch in den Astralkörper eines Betrunkenen, so wird derselbe sofort nüchtern.

Im eigenen Astralkörper angewendet, ruft diese Formel die Fähigkeit des astralen Hörens hervor. Macht man von dieser Formel in Verbindung mit der Raumimprägnierung Gebrauch, so sind alle sich im Raume befindlichen Personen in der Lage, die unsichtbare Welt — Wesen usw. — leicht wahrzunehmen. Bei Raumimprägnierungen auf Entfernung vermag der Quabbalist mit Hilfe dieser Formel so zu sprechen, daß seine Worte in dem imprägnierten Raum — selbst wenn dieser noch so weit entfernt sein sollte — auch von magisch ungeschulten Personen so deutlich vernommen werden, wie wenn der Quabbalist dort selbst zugegen wäre. Es empfiehlt sich jedoch, diese Art von Raumimprägnierung — sobald sie nicht mehr benötigt wird — sofort aufzulösen, da sonst in einem solchen Raume allerlei Fopp-Geister und Elementare gerne ihre Possen treiben und diese Wesen dann auch von ungeschulten Personen wahrgenommen werden.

In der grobstofflichen Welt erreicht man durch diese Buchstabenverbindung eine gute Projektionsfähigkeit, kann mit dieser Formel jene Fluid-Kondensatoren laden, die eine Materialisierung bezwecken, ob nun eines Wesens, Elementals oder Elementars usw. Alles was stofflicher werden soll, läßt sich mit Hilfe dieser Formel leichter materialisieren.

E—F

Mit Hilfe dieser Buchstabenverbindung läßt sich das absolute mentale Gleichgewicht erreichen, ferner vollkommene geistige Ruhe und Ausgeglichenheit. Wird diese Formel auf Eheleute angewendet, die in ständigem Zwist leben, so kommt es zwischen ihnen gar bald zur Einigung; der größte Zorn wandelt sich in Gelassenheit und Ruhe um. Diese Formel ist daher überall dort anzuwenden, wo Beruhigung vonnöten ist. Selbst der aufgeregteste Geist kann in wenigen Augenblicken beschwichtigt werden.

Astralisch angewendet erzielt man durch diese Buchstabenverbindung eine schnelle Reinigung seiner astralen Aura, welche dann wie ein wunderschönes Licht glänzt. Bei anderen Menschen läßt diese Formel ein Gefühl des Friedens, des Geborgenseins aufkommen und ausgeglichene Glückseligkeit dauernd erleben.

In der Materie hebt diese Formel die Vitalität im menschlichen Körper. Von dieser Buchstabenverbindung machen Magnetiseure gern Gebrauch, wenn sie ihre eigene Lebenskraft quabbalistisch stärken wollen. Die E—F-Formel erneuert sehr rasch die verlorene Vitalität, stärkt den geschwächten Magnetismus. Diese Formel übt auf die körperliche Gesundheit, namentlich bei Nervenerkrankungen, einen Universaleinfluß aus. Wird sie in Speisen und Getränke versetzt, so stärkt sie die einzelnen Elemente der Speisen, welche auf diese Weise zu einer größeren Wirksamkeit angeregt werden. In Heilmittel oder Fluid-Kondensatoren konzentriert verstärkt die Formel ganz besonders die Heilwirkung.

E—G

Diese Formel beseitigt geistige Zerfahrenheit, gibt inneren Frieden, läßt karmische Schicksalsschläge leichter ertragen und führt zu der Einsicht, daß alles, was geschieht, vom hermetischen Standpunkt aus mit Recht geschieht, ohne Rücksicht darauf, ob es nach unserem Dafürhalten gut oder schlecht ist, und daß alles,

was sich abspielt, seine Begründung hat. Zu dieser Einsicht zu gelangen heißt soviel, wie den Segen Göttlicher Vorsehung zu empfangen, welcher durch diese Formel sowohl bei sich selbst, als
auch bei anderen erreicht werden kann.

Astralisch gebraucht, erhält man durch diese Formel die Eingebung — Inspiration —, wie und auf welche Weise sich Glück und
Erfolg erzielen läßt. Ein mit Hilfe dieser Buchstabenverbindung
für die Astralebene gebildetes und geladenes Volt schafft Situationen, die Glück und Erfolg und alles, was man zu erreichen
wünscht, wenn es nicht gerade karmisch unzulässig ist, herbeiführt und zur Erreichung des Endzieles alles in die Wege leitet.
Diese Formel eignet sich insbesondere für diejenigen Menschen,
welche ausgesprochene Pechvögel sind. Bei wiederholtem Gebrauch führt diese Formel zu absoluter Zufriedenheit.

Im physischen Körper und in der materiellen Welt verwertet,
schützt der Gebrauch dieser Formel vor Verlust materieller Art,
führt zu Reichtum und Wohlstand, welchen sie allmählich vergrößert. In Speise und Trank einverleibt ist diese Formel ein be-
währtes Mittel gegen Blutarmut und Bleichsucht, indem sich rote
Blutkörperchen rasch bilden und die Drüsen- und Blutzirkulation
günstig beeinflußt wird.

E—H

Liegt eine besonders wichtige Frage vor, zu deren Lösung man
direkt von der Göttlichen Vorsehung inspiriert zu werden
wünscht, so empfiehlt es sich, diese Frage ins Akasha — Ursachenprinzip — zu verlegen, die E—H-Formel einigemale zu wiederholen und sodann im negativen Zustand — also gedankenleer
— zu verharren. Die erste Eingebung ist immer die richtige und
kann daher als Antwort angenommen werden. Wird außerdem
diese Formel im Geist in beide Augen gesprochen und wiederholt, vermag sie das geistige Auge zu schärfen, hermetisch gesagt:
die Augen geistig zu reinigen, so daß man mentalisch klarer sehen
kann. Diese Formel kommt demnach namentlich für Hellseher
in Betracht, welche täglich das geistige Schauen in Anspruch nehmen müssen. Die oftmalige Inanspruchnahme der geistigen Au-

209

gen schwächt das physische Augenlicht. Um dies zu vermeiden empfiehlt es sich, diese Buchstabenverbindung zu gebrauchen.

Den Astralkörper macht die E—H-Formel gegen astrale Einflüsse gefeit; der Astralkörper wird mit dieser Formel geradezu mumifiziert, so daß er fast unangreifbar ist. Ferner schützt diese Buchstabenverbindung vor Zersetzung durch die astralen Elemente und macht den Astralkörper widerstandsfähig, damit die guten und edlen Eigenschaften nicht ins Wanken geraten. Der Astralkörper bleibt vor jeder Versuchung verschont und fühlt jede nahende Gefahr schon im voraus.

Dem materiellen Körper schafft die E—H-Formel Situationen, die sich der Quabbalist wünscht. Für andere Personen angewendet, läßt diese Formel sämtliche Unternehmungen gelingen und alle materiellen Wünsche erfüllen. Eucharistisch in Speise und Trank versetzt, macht diese Formel den physischen Körper gegen jede Erkrankung widerstandsfähig.

E—Ch

Im Mentalreich — Mentalkörper — führt diese Formel zu Hellwissen und entwickelt die Fähigkeit, jede Absicht im Bewußtsein eines Menschen zu lesen und das eigene Bewußtsein in jeden Geist, in jeden Menschen und in jedes Tier zu versetzen, d. h. sich mit dem Subjekt vollkommen zu identifizieren. Mit anderen Worten ausgedrückt erreicht man mit Hilfe dieser Buchstaben-Formel die vollkommene Bewußtseinsbeherrschung von Wesen, Menschen und Tieren. Gleichzeitig verleiht der Gebrauch dieser Formel die Gabe der Psychometrie.

Im Astralkörper beherrscht, erhält man die Gabe des Fernhörens auf nah und fern, in Vergangenheit und Gegenwart. Mit dieser Formel kann auch der Lebensrhythmus in allen seinen Phasen in der Natur und im Menschen beeinflußt werden, d. h., daß man infolge Beherrschung dieser Formel auch Totenerweckungen vornehmen kann, indem das Herz wieder in den Rhythmus eingesetzt wird, vorausgesetzt, daß der physische Körper keiner schweren Erkrankung anheim fiel und nicht schon zu Lebzeiten des betreffenden Menschen zersetzt war. Desgleichen können Schwerhörige, bei welchen kein anatomischer Fehler vorliegt, durch die E—Ch-Formel von ihrem Leiden befreit werden, wenn die Formel rhythmisch in der Ohrengegend angewendet wird.

In materieller Hinsicht lassen sich mit der E—Ch-Formel zusammen mit dem Wasser-Element viele quabbalistische Künste durchführen. So z. B. läßt sich Wasser ständig frisch erhalten, Wasser vor den Augen der Zuschauer rasch verdunsten, in der trockensten Wüste läßt sich Wasser hervorrufen, wenn notwendig sogar direkt aus einem Felsen. In Naturmagie kann man mit Hilfe dieser Formel Regen herbeiführen, Nebel hervorrufen, Wasser in festen Zustand versetzen — wobei keine Verwandlung in Eis zu verstehen ist! —. Noch viele andere Phänomene können durch den wahren Gebrauch der E—Ch-Formel heraufbeschworen werden, die dem Uneingeweihten unglaubwürdig vorkommen.

E—I

Von dieser Formel sollen nur erfahrene Quabbalisten Gebrauch machen, da man mit ihrer Hilfe den Geist in die früheren Inkarnationen zurückversetzen kann, wodurch die Erinnerungen an frühere Erdenleben mit allen Kenntnissen und Erfahrungen bei vollem Bewußtsein ausgelöst werden. Läßt dies der Quabbalist zu, so übernimmt er die Verantwortung für seine früheren Verkörperungen, sowie das Schicksal derselben, welches auf den gegenwärtigen Lebenslauf übergeht. In den meisten Fällen muß diese Neugier teuer bezahlt werden. Ich führe diese Formel nur deshalb an, um 1. auf ihre Seltsamkeit und gleichzeitige Gefahr aufmerksam zu machen und 2. um keine Lücke in der Reihenfolge des Buchstabens E entstehen zu lassen. Der Quabbalist wird sich ihrer mit Rücksicht auf die angegebene Gefahr nur im äußersten Falle bedienen. Kann aber der Formelmagier das Nachforschen in die Vergangenheit der Göttlichen Vorsehung begründen, um etwa bei anderen Menschen das Karma zu erforschen, dann mag er getrost von dieser Buchstabenverbindung Gebrauch machen.

Im Astral werden durch den Gebrauch dieser Formel sämtliche Astralfunktionen, ganz gleich welcher Art sie sein mögen, geho-

211

ben und zur intensiveren Tätigkeit angeregt. Die E—I-Formel entfacht die aktive Tätigkeit der Elemente im Astralkörper, wobei der Nachteil besteht, daß infolge starker Wirksamkeit der Formel leider auch die negativen Wirkungen der Elemente gehoben werden, welche man wiederum durch geeignete andere Buchstabenformeln hemmen muß. Die E—I-Formel stärkt den Selbsterhaltungstrieb und ist daher auch bei Personen anzuwenden, welche lebensmüde geworden sind.

Beherrscht man die E—I-Formel auch grobstofflich, so kann man mit ihrer Hilfe die Muskelkraft verdoppeln und verdreifachen. Durch oftmaligen Gebrauch und namentlich in Speisen und Getränke versetzt läßt diese Formel eine enorme Muskelkraft erreichen, auch dann, wenn der physische Körper dem Aussehen nach schwächer ist. Die mit Hilfe der E—I-Formel erzielten Kraftleistungen grenzen ans Wunderbare, so daß man z. B. dicke Eisenstäbe biegen, schwere Steine heben kann u. v. a. m.

E—J

Mentalisch kann durch diese Formel ein Medium in den Trance- und gleichzeitig Ekstase-Zustand gebracht werden. Diese Formel befreit den Geist von den Banden des Astralkörpers, und das Medium ist in der Lage, über Zeit und Raum zu schauen und das Gesehene dem Operateur wahrheitsgetreu zu reproduzieren. Bei sich selbst angewendet ermöglicht diese Formel eine leichte Exteriorisation des Mental- und Astralkörpers. Desgleichen läßt die Formel alle Eindrücke und Erlebnisse in das Normalbewußtsein hinübernehmen, namentlich all das, was man durch die Sprache vernehmen konnte.

Mit großem Erfolg wird im Astralkörper diese Formel bei Mumial- Sympathie-Magie angewendet. Desgleichen läßt sich die Fähigkeit des Hellhörens durch Mumialmagie in Verbindung mit dieser Formel leicht erreichen. Die Praxis ist folgende: Zwei sich auf gleicher Entwicklungsstufe befindliche Partner legen sich zwei gleiche Mumien zurecht, welche sie mit ihrem eigenen Blut influenzieren. Die Mumien — Wachsfiguren — beleben sie mit Hilfe dieser Formelmagie. Spricht zur vereinbarten Zeit der eine

Operateur in die Mumie, so vernimmt der andere Operateur, nachdem er sich seine Mumie ans Ohr legt, genau jedes gesprochene Wort, ohne Rücksicht auf die Entfernung. Hierauf tauscht man die Rollen, der Sender wird zum Empfänger usw. Dies wird der „Mumialtelegraph" genannt. Beide Wachsfiguren müssen natürlich mit der E—J-Formel geladen werden, um Erfolg zu haben. Ich mache von der Praxis nur wegen der Seltsamkeit der Formel Erwähnung.

Wird in der Materie die Formel in die Geschlechtssphäre verlegt, so reizt sie dieselbe und regt zum Geschlechtsverkehr an. Auch zur Hebung der Geschlechtskraft kann diese Formel verwendet werden. Bei der Frau hebt sie die Fruchtbarkeit und ist ein gutes Aphrodisiakum für Mann und Frau.

E—K

Mentalisch angewendet hebt diese Formel besonders stark die entgegengesetzte Kraft des Feuerelementes und des Willens, stärkt demnach den Manifestationszustand des Glaubens. Die Formel trägt dazu bei, daß sich alles in kürzester Zeit realisiert, was man sich wünscht und woran man infolge Kenntnis der Universalgesetze, somit der Analogiegesetze glaubt. Im allgemeinen gewinnt man durch diese Formel vollste Sicherheit und feste Überzeugung in allem, wofür man sich interessiert und was man verwirklicht haben möchte, und die Elemente erfüllen die Wünsche automatisch, ohne erst Situationen zwecks Realisierung schaffen zu müssen. Wird die Formel für andere Personen gebraucht, gewährt sie diesen vollkommene Sicherheit im Unternehmen.

Im Astral führt diese Formel zu völliger Ruhe, Entschlossenheit und zu klarem Überlegen, so daß man sogar den größten Gefahren zu trotzen vermag und niemals das seelische Gleichgewicht einbüßt. Feindlich gesinnte Personen gehen einem mit dieser Buchstabenverbindung influenzierten Astralkörper aus dem Wege, weil sie seine Überlegenheit fühlen. Wird diese Formel bei anderen Personen angewendet, ruft dieselbe bei den Betreffenden Entschlossenheit, Mut und Ausdauer hervor.

In Speise und Trank verlegt, steigert diese Formel die elektromagnetische Kraft, insbesondere, wenn man diese für materielle Zwecke anwenden will. Volte, die zur Erreichung des Wohlstandes gebildet werden, sind mit dieser Buchstabenverbindung zu laden.

E—L

Diese Formelverbindung läßt den Geist die Fähigkeit erreichen, Charaktereigenschaften und Tugenden jedes Menschen leicht zu durchblicken und sie mühelos zu analysieren, ferner die Gedanken anderer Menschen zu lesen. Bei sich angewendet weckt diese Formel eine ausgezeichnete analytische Kombinationsfähigkeit, welche namentlich schriftstellerisch betätigten Personen zugute kommt.

Astralisch bei sich angewendet führt diese Formel zu Charakterfestigkeit und zu einer solchen Ruhe, welche niemals ins Wanken gebracht werden kann. Auf den Astralkörper anderer Menschen angewendet weckt diese Buchstabenverbindung Vertrauensseligkeit, so daß diese Personen sowohl ihre guten als auch ihre schlechten Taten dem Quabbalisten anvertrauen. Die wortkargesten Menschen macht diese Formel gesprächig und gefügig. Wird die Halsgegend mit dieser Formel beeinflußt, ist das Ergebnis eine besonders gute Ausdauer im Sprechen, was namentlich Menschen begrüßen, die bei der Ausübung ihres Berufes viel sprechen müssen. Dank dieser Formel werden sie nicht so leicht sprechmüde.

Den physischen Körper macht diese Formel gesünder und widerstandsfähig, stattet ihn mit größerer Nervenkraft und Vitalität aus. Deshalb kann bei Nervenerkrankungen aller Art von dieser Formel Gebrauch gemacht werden. Stumme, welche die Sprache infolge Erschreckens verloren haben, können diese wiedererlangen, falls kein direkter organischer Fehler vorliegt.

E—M

Im Mentalkörper stärkt diese Formel das Hellempfinden und die Fähigkeit der Psychometrie. Noch andere mediale Fähigkeiten, die dem Empfindungsvermögen analog sind, lassen sich durch diese Formel wachrufen und verstärken. Wird diese Buchstabenverbindung richtig quabbalistisch angewendet, kann man dem unempfindlichsten Menschen jene Gefühle eingeben, welche man sich bei ihm wünscht. Im gewissenlosesten Verbrecher kommen durch diese Formel Reuegedanken und Gewissensbisse auf.

Astralisch angewendet kann man durch diese Formel Wesen des Wasser-Elementes mühelos herbeirufen, sie gesprächig machen und zum Singen veranlassen. Der Gesang der Wasserjungfrauen ist überaus lieblich. Außerdem kann mit Hilfe der E—M-Formel die Fähigkeit erreicht werden, astrale Tonschwingungen voneinander gut zu unterscheiden und sie für die verschiedensten Zwecke anzuwenden, d. h. man lernt die astrale Ton-Magie kennen.

Materiell in Speise und Trank einverleibt hebt die E—M-Formel das magnetische Fluid. Man macht von dieser Formel überall dort Gebrauch, wo für irgend ein Experiment eine besonders starke magnetische Kraft benötigt wird, ob nun für Heilungen oder für eine andere Art der magnetischen Magie. Wird diese Formel geschickt angewendet, kann man Fische im Wasser leicht bannen, so daß sich diese mit der bloßen Hand fangen lassen. Diese Formel in ein Volt gebannt, kann in höchster Lebensgefahr den stärksten Feind augenblicklich bannen und das gefährlichste Tier hart und steif machen.

E—N

Diese Formel wird in Verbindung mit dem Mental-Schutzmantel angewendet. Zieht man im Geist zusammen mit dieser Formel eine geistige Mauer um sich, welche als der odische Schutzmantel bekannt ist, kann man von keiner Kraft, ob positiven oder negativen, durchdrungen oder beeinflußt werden. Man ist somit vollkommen mentalisch isoliert.

Astralisch dient diese Formel zum Schutz eines Raumes, Gebäudes usw. Nicht nur vor schlechten Einflüssen bietet sie Schutz, sondern auch vor Elementarereignissen, wie z. B. Blitzschlag usw. Desgleichen vor Dieben, falls der Raum mit dieser Formel entsprechend imprägniert ist. Kein Wesen, ob im geistigen oder im stofflichen Körper, ist imstande den imprägnierten Raum zu betreten, und falls es dies dennoch wagt, so wird es von einem panischen Schreck überfallen und verläßt den Ort schleunigst. Die E—N-Formel sichert demnach vollkommenen Schutz gegen jeden Angriff und gegen jede Beeinflussung. Solange die Raumimprägnierung besteht, kann weder ein gutes noch ein schlechtes Wesen den betreffenden Raum betreten.

In materieller Hinsicht kann bei richtiger Anwendung der Formel alles, was sich bewegt, ob Mensch oder Tier, ja sogar unsichtbare Wesen, augenblicklich gebannt werden, so daß sich niemand von der Stelle rühren kann. Will man den Einfluß auflösen, muß man die Formel umgekehrt wiederholen — N—E —. Mit Hilfe dieser Buchstabenverbindung läßt sich auch für die verschiedensten Zwecke ein Volt bilden, zumeist für das, was angezogen werden soll. Diese Formel macht leichte Gegenstände schwer und umgekehrt, schwere leicht. Noch viele andere quabbalistische Arbeiten, die dem hier Angeführten analog sind, lassen sich in Verbindung mit dieser Formel zustande bringen.

E—O

Mentalisch angewendet zwingt diese Formel den größten Lügner dazu, die Wahrheit zu bekennen, den größten Verbrecher zum Eingeständnis seiner Schandtaten; veranlaßt das andere Geschlecht dazu, die Untreue einzugestehen. Wird diese Formel während des Schlafes bei einer Person angewendet, gesteht die betreffende Person alles Begangene ein, ohne sich dieses Eingeständnisses bewußt zu sein. Die E—O-Formel bei sich selbst gebraucht läßt eine ausgezeichnete Urteilskraft gewinnen. Das Gefühl des Wiedergutmachens irgendeines Fehltrittes kommt auf und eine kompromißlose Ehrlichkeit wird im Menschen wach.

Astralisch gebraucht weckt diese Formel den Hang zu Askese und zu geistigem Ungebundensein. Astralisch bei anderen Personen angewendet führt diese Formel zu vollkommener Zufriedenheit und zu Glück im Unternehmen. Immer zur rechten Zeit stellt sich die zum Erfolg notwendige Inspiration, der erforderliche Impuls und die Eingebung ein.

Grobstofflich bei Feinden angewendet kommt es sehr bald zu karmischer Vergeltung. Bei sich selbst wiederholt, ob nun eucharistisch oder direkt führt diese Formel zu durchschlagendem Erfolg in allen Unternehmungen, aber auch zu Glück im Spiel.

E—P

Diese Formelverbindung ruft im Geiste — Mentalkörper — ein starkes religiöses Empfinden, verbunden mit tiefster Demut, hervor. Deshalb bedient sich der Quabbalist dieser Formel zumeist vor Gebetsverrichtungen, vor tiefen Meditationen oder vor Arbeiten im Akashaprinzip, um 1. die richtige Stimmung in sich wachzurufen und 2. die intuitive Begabung in sich zu erhöhen. Bei empfindungslosen Menschen oder bei Personen, die einem religiösen Empfinden überhaupt keine Achtung entgegenbringen, empfiehlt es sich diese quabbalistische Formel anzuwenden, um bei ihnen dieses Gefühl zu wecken.

Wird diese Formel in astraler Hinsicht angewendet, ruft sie die Stimmung nach dem Gleichgewicht der Elemente hervor. Es ist daher gut, sich ihrer bei Versuchungen zu bedienen, welche schwer zu überwinden sind, wie z. B. die Überwindung von Schönheitsreizen usw. Ferner soll diese Formel vor mentalen Wanderungen in die Venussphäre wiederholt werden, um namentlich vor negativen Wesen dieser Sphäre gefeit zu sein, damit ihre Beeinflussungen und Verlockungen ergebnislos bleiben. Desgleichen bei Wanderungen in die übrigen Sphären, wie z. B. in die Marssphäre bietet der Gebrauch der E—P-Formel große Vorteile, indem man niemals das Negative verurteilen wird, sondern in der Überzeugung gestärkt wird, daß alles zu Recht geschieht und geschehen muß. Der Quabbalist wird somit zu allen Sphärenwesen den gleichen Standpunkt einnehmen, nämlich neutral bleiben und niemals etwas verurteilen.

Grobstofflich angewendet, ganz gleich ob durch Speise und Trank oder direkt auf die grobstoffliche Ebene, weckt diese Formelverbindung einen äußerst starken Fortpflanzungstrieb und die Sehnsucht nach Kinderliebe und Kinderbesitz. Diese Buchstabenverbindung versetzt den Quabbalisten in die Lage, seinen Samen derart zu imprägnieren und vor dem Geschlechtsakt quabbalistisch so zu beeinflussen, daß nur das gewünschte Samenteilchen empfangen wird, welches ein Kind mit dem vom Quabbalisten gewählten Geschlecht zeugt.

E—R

Im Geist — Mental — stärkt diese Formelverbindung ganz besonders den Verstand und löst das Gefühl des Ungebundenseins und der absoluten Willensfreiheit in sich aus. Mentalisch ist diese Formel so anzuwenden, daß man z. B. Volte bildet und ladet, die den Zweck haben, jemand aus dem Gefängnis zu befreien, namentlich dann, wenn durch eine falsche Verurteilung irgend jemand in Haft genommen wurde. Der Gebrauch der E—R-Formel bewährt sich auch bei Prozessen, bei welchen die Wahrheit ans Licht kommen soll und absolute Gerechtigkeit herrschen muß.

Im Astral angewendet weckt diese Formel eine fabelhafte Genialität und verstärkte Inspirationsfähigkeit. Noch andere gute Talente können durch diese Formelverbindung im Astralkörper geweckt werden.

Grobstofflich schafft diese Buchstabenverbindung Situationen, die in allen möglichen Wissensgebieten durchschlagenden Erfolg sichern. Wer literarisch tätig ist, gewinnt mit Hilfe dieser Formel einen großen Leserkreis, bei dem die literarischen Ergebnisse den gewünschten Anklang finden.

E—S

Im Mentalkörper stärkt diese Formel das elektrische Fluid und die Willenskraft und erweitert ferner das Bewußtsein. Um das elektrische Fluid dermaßen zu beherrschen, damit man die Wirkung desselben sogar auf einen Punkt zu übertragen imstande ist, bediene man sich der E—S-Formel, welche die Aneignung solcher und ähnlicher Fähigkeiten ermöglicht. Desgleichen trägt die E—S-Formel dazu bei, die Aktivität bei geistigen Arbeiten zu steigern, d. h. große Ausdauer zu entwickeln. Ferner ist es die Hellsehfähigkeit, welche mit Hilfe dieser Formel gesteigert werden kann, namentlich die Fähigkeit des prophetischen Hellsehens, ohne Unterschied, ob es sich um das Schauen in die Vergangenheit, Gegenwart oder Zukunft handelt, oder um das Schauen über Zeit und Raum. Desgleichen erreicht man die Fähigkeit, seine eigenen Gedanken und Wünsche auf ein Tier zu übertragen.

Auf den grobstofflichen Körper appliziert, kann man mit dieser Formel augenblicklich eine Hypnose oder Tiefschlaf herbeiführen. Daß bei Gebrauch dieser Formel das Bewußtsein eines jeden Menschen nach Belieben beeinflußt und beherrscht werden kann, ist außer Zweifel. In Speise und Trank für sich selbst einverleibt, läßt sich jede Schlaflosigkeit spielend leicht beseitigen. Desgleichen läßt sich die Wirksamkeit der Schlafmittel erhöhen, wenn man diese mit der E—S-Formelverbindung ladet.

E—Sch

Diese Formelverbindung mentalisch bei sich selbst angewendet, stärkt ungemein die Glaubenskraft, also die Beherrschung des Lichtes in allen seinen Variationen und Möglichkeiten. Sie ruft höchste Erleuchtung hervor und eignet sich namentlich für die Lösung schwieriger Probleme, welche ein geistiges Aufblitzen beanspruchen. Für die Erleuchtung des Verstandes ist diese Formel ein Universalmittel. Da die E—Sch-Formel — wie oben erwähnt — die Glaubenskraft steigert, ist durch sie zu erreichen, daß jedes im Geist gesprochene Wort oder jeder daselbst geäußerte Wunsch durch die entsprechenden Elemente — wenn dies wünschenswert erscheint — sogar in allen drei Reichen zur Realisierung gelangt.

Materiell angewendet kann man die Kraft entweder auf den ganzen Körper oder nur auf bestimmte Körperteile derart verdichten, daß die Körperteile keinem einzigen Element unterliegen. Auf diese Art und Weise läßt sich Unverwundbarkeit und Unverbrennbarkeit, ferner Unantastbarkeit erzielen. Die E—Sch-Formel verleiht auch die Fähigkeit, das elektrische Fluid und die Verdichtung desselben in der grobstofflichen Welt vollkommen zu beherrschen, um verschiedene Transmutationsarbeiten auf quabbalistische Art und Weise durchführen zu können. Überall dort, wo ein besonders starkes Fluid gebraucht wird, empfiehlt es sich, diese Formel anzuwenden. Auch bei Behandlungen der verschiedensten Krankheiten, die eine Stärkung des elektrischen Fluids erfordern, leistet diese Formel außergewöhnlich gute Dienste. Will der Formelmagier quabbalistische Phänomene hervorrufen, wie z. B. eine Kerze durch das konzentrierte elektrische Fluid anzünden oder eine Wetterbeeinflussung — Blitze und Donner — vornehmen, ferner besonders starke elektrische Volte für diese Zwecke bilden, wird er sich gern dieser Formelverbindung bedienen.

E—T

Mentalisch angewendet vermag diese Formel das intuitive Gedächtnis ganz besonders zu stärken. Längst verschollene Gedankenbilder werden durch sie neu belebt.

Astralisch gebraucht verstärkt sie die Macht über die Elemente und man kann mit ihrer Hilfe verschiedene Elementare oder Elementale, je nach dem womit man arbeitet, quabbalistisch so stark dynamisieren, daß es nicht erst notwendig ist, Universallicht oder Elementestoff zu verwenden. Deswegen wird diese Formel bei jeder astralmagischen Operation, wo es sich um eine Verstärkung oder Dynamisierung einer Kraft handelt, bevorzugt.

In Speise und Trank einverleibt, verwendet man diese Formel zwecks Verlängerung des Lebens und zur Beseitigung körperlicher Disharmonien. Sie festigt demnach die Gesundheit und das astrale Band zwischen Körper und Seele. Dadurch wird eine große Widerstandsfähigkeit erreicht, die alle möglichen Nutzanwendungen im praktischen Leben zuläßt, wo es sich um eine besondere körperliche Ausdauer handelt.

E—U

Der mentale Gebrauch dieser Formel ermöglicht es, sich mühelos in das Akashaprinzip zu versetzen, d. h. also in Trance zu kommen, ohne Unterschied, was man damit bezweckt, ob hell zu sehen, zu hören, zu fühlen oder direkt positiv zu wirken. Z. B. das Schicksal zu ändern, Volte zu bilden und ins Akashaprinzip zu verlegen u. dgl. m. Durch ein oftmaliges Wiederholen dieser Formel wird die Intuitionsfähigkeit äußerst stark gehoben.

Astralisch erfolgreich angewendet kann der Astralleib leicht ge-
löst werden, ganz gleich, ob bei sich oder bei anderen, da durch
Verlegung dieser Formel in die Astralmatrize sich dieselbe leicht
löst und somit das Astralleibaussenden erleichtert.

Wird Speise und Trank mit dieser Formel beeinflußt und genossen, steigert dies die Materialisationsfähigkeit auf der grobstofflichen Ebene. Gut zu gebrauchen ist diese Buchstabenverbindung bei Materialisationsmedien und bei Verdichtungen von Wesen. In Verbindung mit der Raumimprägnierung erscheinen Wesen, die leicht gesehen und gefühlt werden können, unter Umständen auch den Menschen, die nicht geistig geschult sind. Verbunden mit Ladungen an Fluid-Kondensatoren oder mit der Spie-
gelmagie erleichtert diese Formel ein konkretes Sehen des Mate-
rialisationsbildes. Überall dort, wo es sich um etwas zu Verdich-
tendes handelt, ganz gleich, ob um Gedanken, Astral- und Men-
talformen, Wesen usw. kann diese Formel mit besonders gutem
Erfolg angewendet werden.

E—W

Diese Formel mentalisch bei sich angewendet ruft eine verstärkte mediale Fähigkeit hervor, insbesondere die des Hellfüh-
lens und der Psychometrie. Überall dort, wo es sich um die Hebung der Gefühlskonzentration handelt, kann gleichfalls diese
Formel mit gutem Erfolg angewendet werden. Menschen, die zu
starke Analytiker sind, bei welchen also der Verstand überhand
nimmt, so daß sie kein gutes Einfühlungs- und Empfindungsvermögen haben, können sich ohne weiteres dieser Formel bedienen, da sie beim oftmaligen Gebrauch eine größere Empfänglichkeit für Empfindungen weckt. Natürlich läßt sich diese Formel
auch bei Menschen geltend machen, die im allgemeinen als ge-
fühllos gelten.

Astralisch vielfach wiederholt, entwickelt diese Buchstabenverbindung die Fähigkeit des Hellhörens und des Fernsprechens auf
Entfernung.

Grobstofflich angewendet läßt diese Formel ein leichtes Überbrücken aller Hindernisse zu, so daß der Quabbalist, der Speise

und Trank mit dieser Formel beeinflußt, sich über Kummer, Sorge und Schmerz leichter hinwegzusetzen vermag, somit ausgeglichen wird. Das magnetische Fluid im Körper wird durch diese Formel ganz besonders gestärkt. Machen Heilmagnetiseure von dieser Formel Gebrauch, sind sie in der Lage, alle dem Feuerelement und dem elektrischen Fluid analogen Krankheiten, wie z. B. Entzündungen, Fieberzustände usw., wo ein starkes magnetisches Fluid am Platze ist, erfolgreich zu behandeln. Noch vieles andere läßt sich durch diese Buchstabenverbindung günstig beeinflussen, wie z. B. das Arbeiten in der Naturmagie, Ladungen von Talismanen u. dgl. m.

E—Y (E—Ü)

Diese Formelverbindung ermöglicht eine starke Gottverbundenheit, ferner weckt sie ein starkes Gefühl der kosmischen Liebe. Wird sie im Mentalkörper oftmals wiederholt, weckt sie sämtliche mentalen Fähigkeiten, die aus der kosmischen Liebe entspringen. Mit dieser Buchstabenverbindung vermag der Quabbalist seinen eigenen Geist dermaßen zu imprägnieren, daß ihm auch der ärgste Feind nichts antun kann.

Von astralischen Fähigkeiten, auf welche diese Formel Einfluß hat, ist es diejenige des Weissagens, des Wahrsagens, der Mantik in bezug auf das Schicksal in der materiellen Welt. Wird diese Formel als eine Art mentale Tarnkappe geschickt angewendet, ermöglicht sie es dem Quabbalisten, bei seinen mentalen Wanderungen nicht gesehen und nicht bemerkt zu werden. Sie trägt also zur mentalen und astralen Unsichtbarmachung ausgezeichnet bei, so daß ein quabbalistisch nicht geschultes Medium oder ein ebensolcher Hellseher einen mit Hilfe dieser Formel beeinflußten Mental- oder Astralkörper weder in der mentalen noch in der astralen Welt sehen kann. Es ist selbstverständlich, daß die durch diese Formel erreichte Unsichtbarmachung auch bei Mentalen Wanderungen in den anderen Sphären aufrecht erhalten bleibt.

Diese Art der Unsichtbarmachung läßt sich auch auf den grobstofflichen Körper übertragen. Nur erfordert dies eine etwas längere Übung, um die Formel so verdichten zu können, daß sie die

Elektronenschwingungen oder die Aura des Menschen auch wirklich zu ändern imstande ist. So z. B. kann diese Formel in ein Volt geladen werden; ferner ist der Quabbalist mit Hilfe dieser Formel imstande, ein photographisches Bild, das auf eine Platte oder filmmäßig aufgenommen wurde, auszulöschen usw. Wünscht der Quabbalist nicht photographiert zu werden oder geschieht dies gegen seinen Willen und ohne sein Wissen, löscht er die Aufnahme aus, so daß die Platte oder der Film schwarz wird. Noch viele andere Möglichkeiten könnten angeführt werden, aber derjenige, der die Gesetze der Analogie gut beherrscht, kann sich weitere Möglichkeiten selbst erschließen.

E—Z

Bei oftmaligem Gebrauch verleiht diese Formel eine ausgezeichnete Urteilskraft, eine besondere Schlagfertigkeit und ein gutes Kombinationsvermögen, desgleichen die Fähigkeit, tief in eine Sache einzudringen.

Astralisch angewendet ruft sie künstlerische Talente hervor, insbesondere ein ausgezeichnetes Rednertalent und schriftstellerische Begabung. Gleichzeitig kann diese Formel auch dazu angewendet werden, in sich die Fähigkeit des Sendens von „Botschaften durch die Luft" zu stärken, d. h. Zeit und Raum zu überbrücken und auf Entfernung hellhörend das wahrzunehmen, was gesprochen wird; ferner die Verbindung zwischen dem Objekt und sich selbst herzustellen, damit das im Astral Gesprochene in weiter Entfernung zu gleicher Zeit hellhörend wahrgenommen werden kann.

Speise und Trank mit dieser Buchstabenverbindung influenziert bewirkt eine starke Ausdauer bei Sportleistungen, indem das Nervensystem überaus gestärkt wird. Bei Raumimprägnierungen zu Hilfe genommen, erheitert die E—Z-Formel das Gemüt und beeinflußt günstig alles, was einem heiteren Gemüt analog ist, wie z. B. die Lust zu Gesang und Tanz und zu anderen Vergnügungen. Überall, wo eine depressive Stimmung herrscht, kann diese Formel das Gegenteil bewirken.

E—Ä

Die geheimsten Gedanken und Wünsche des Mentalkörpers, welche die materielle Welt betreffen, hilft die E—Ä-Formel verwirklichen. Inspirativ und intuitiv erfährt der Quabbalist von Mitteln und Wegen, wie er seine Wünsche erfüllen kann. Wiederholt der Quabbalist oftmals die E—Ä-Formel, macht er sich inspirativen Warnungen zugänglich, wenn er irgendeinen Fehltritt begeht.

Jeder grobstoffliche Wunsch unter Anwendung dieser Formel und in Verbindung mit Elementemagie vorgebracht wird mitunter sofort verwirklicht. Alles, was der Quabbalist grobstofflich rasch zu realisieren wünscht und umgekehrt, was er aus der Welt schaffen will, bringt er mit Hilfe dieser Formel zustande.

E—Ö

Gebraucht der Quabbalist die E—Ö-Formel, erringt er die Fähigkeit, das ganze Kettenglied einer Sache zu erfassen, zu verstehen und auch zu beherrschen, selbst dann, wenn er nur einen Teil hiervon aufnehmen konnte. Weiß er z. B. von einer einzigen mentalen Fähigkeit irgendeines Menschen, so kann er mit Hilfe der E—Ö-Formel alle weiteren mentalen Eigenschaften, die der betreffende Mensch besitzt, der Reihe nach wissen, und erachtet es der Quabbalist als notwendig, sogar beherrschen, so daß ihm der betreffende Mensch ganz offen, wie in einem Spiegel erscheint und nichts verbergen kann.

Macht der Quabbalist von dieser Formel astralisch Gebrauch, so ist er imstande auch auf Entfernung seinen Befehl derart zu verdichten, daß er wie ein Donner wirkt. Alles, was Schall erzeugt, ob nun astralisch oder grobstofflich , läßt sich durch diese Buchstabenformel verdichten, verstärken und projizieren. Diese Formel gilt also mit Recht als der astrale Tonverstärker aller Schallschwingungen, Tonschwingungen, ja sogar Farben- und Gefühlsschwingungen.

Dies ist nur ein kleines Beispiel von den zahlreichen Bedeutungen dieser Formel. Der erfahrene Quabbalist wird sich weitere Variationen selbst ausarbeiten. Vermag er sich dieser Formel gut zu bedienen, ist er in der Lage, die Astralschwingung eines jeden Körpers zu beeinflussen, zu beherrschen, ja sogar Elektronenschwingungen entweder zu beschleunigen oder zu verlangsamen, um die jeweils gewünschte Umänderung der Qualität einer Sache zu vollbringen. Diese Formel wird die „qualitative Transmutationsformel" genannt.

*

Wenn ich die ganzen Formeln des Zweier-Schlüssels mit allen Kombinationen anführen wollte, müßte ich 27 x 27 = 729 Buchstaben-Kombinationen anführen. Da aber gerade der Zweier-Schlüssel ein ziemlich schwieriger Schlüssel ist, habe ich wenigstens die ersten fünf Buchstaben des Alphabets als Beispiel in bezug auf diesen Schlüssel angeführt, in der Annahme, daß der bereits entwickelte und erfahrene Quabbalist auf Grund der Analogiegesetze alle weiteren Buchstaben des Alphabets selbst richtig zu bearbeiten versteht und sich in bezug auf den Zweier-Schlüssel weitere Formeln nach Belieben zusammenstellen wird, falls ihm die von mir angeführten Beispiele nicht reichen sollten.

Man bedenke nur, daß sich mit dem nächstfolgenden Schlüssel, also dem Dreier-Schlüssel 27 x 27 x 27 = 19 683 Buchstabenverbindungen ergeben und mit dem Vierer-Schlüssel sogar 531 441 — 27mal zu 4 —. Alle zu beschreiben ist wahrlich ein Ding der Unmöglichkeit.

In meinem vorliegenden Werk beschreibe ich die Schlüssel und führe gleichzeitig als Beispiel einige Formeln an, die den einzelnen Schlüsseln entsprechen. Mein Werk ist nicht als ein quabbalistisches Wörterbuch zu betrachten, sondern enthält konkrete Aufklärungen der vier quabbalistischen Schlüssel.

In bezug auf den Zweier-Schlüssel gebe ich dem Quabbalisten als weiteren Behelf die mentalen Eigenschaften der Buchstabenreihe an.

Über die dem Dreier- und dem Vierer-Schlüssel zustehenden Eigenschaften informiere ich den Quabbalisten in einer Buchstabenform, dem sogenannten Grundschlüssel, nach welchem dann alle weiteren Buchstabenkombinationen zusammengestellt werden können.

Mentalisch der Reihe nach entspricht — in bezug auf den Zweier-Schlüssel — alles, was den Buchstaben

A — betrifft, dem erleuchteten Verstand, dem Urteilsvermögen, dem Begreifen tiefster Wahrheiten, dem Wissen und der Auffassungsgabe, ferner der Entfaltung aller intellektuellen Fähigkeiten.

Dem Buchstaben

B — entsprechen alle Buchstabenverbindungen, welche die vollkommene Macht über das elektromagnetische Fluid in allen Sphären verleihen. Es ist dies die Herrschaft über die Polarität.

Dem Buchstaben

C — unterliegen Influenzierungen aller Göttlichen Ideen, Tugenden und Eigenschaften.

Dem Buchstaben

D — entspricht alles, was mit dem Bewußtsein und mit der Mentalmatrize zusammenhängt. D erweitert ferner überall das Ich-Bewußtsein und führt zu Weisheit.

Dem Buchstaben

E — unterliegt alles, was mit der Bewußtseinsversetzung und der Intuition zu tun hat.

Dem Buchstaben

F — alles, was die Vereinigung mit den Grundeigenschaften des Geistes betrifft, also mit dem Willen, dem Intellekt und dem Gefühl als Ich-Bewußtsein zusammenhängt.

Dem Buchstaben

G — unterliegt alles, was dem göttlichen Segen — wie z. B. Barmherzigkeit, Frieden, Verzeihung usw. — analog ist.

Dem Buchstaben

H — alles, was man unter Intuition in bezug auf die Göttliche Vorsehung versteht.

Dem Buchstaben

Ch — alles, was mit dem Sprechtalent in analogem Zusammenhang steht, ganz gleich, ob es sich um die Sprache von Wesen, Menschen, Tieren oder um das Verstehen von Symbolen handelt.

Dem Buchstaben

I — das, was mit dem Gewissen, der Erinnerung und dem Gedächtnis zu tun hat.

Dem Buchstaben

J — alles, was in Verbindung mit der Ekstase und der Verzückung steht.

Dem Buchstaben

K — alles, was den Manifestationszustand des Glaubens betrifft.

Dem Buchstaben

L — alles, was das geistige Erfassen der wahren Moral vom hermetischen Standpunkt aus betrifft.

Dem Buchstaben

M — alles, was das Gefühl, das Leben und das Empfindungsvermögen betrifft.

Dem Buchstaben

N — alles, was die mentale Aura und die mentale Matrize in bezug auf die Aura betrifft.

Dem Buchstaben

O — alles, was den Grundeigenschaften des Geistes in bezug auf Harmonie, Schicksalsmäßigkeit und Gesetzmäßigkeit analog ist.

Dem Buchstaben

P — alles, was mit dem religiösen Empfinden und der tiefsten Demut zu tun hat.

Dem Buchstaben

R — alles, was die Willensfreiheit, Handlungsfreiheit und Verstandesmäßigkeit anbetrifft.

Dem Buchstaben

S — alles, was den Enthusiasmus, ferner die vollkommene Beherrschung des elektrischen Fluids betrifft.

Dem Buchstaben

Sch — alles, was mit der höchsten Erleuchtung, mit der Vergeistigung und Verzückung in dieser Hinsicht zu tun hat — erleuchteter Verstand —.

	Dem Buchstaben
T	— unterliegen alle Phasen der Gedächtnisbeeinflussung.

Dem Buchstaben

U — alles, was die Fähigkeit des Wirkens im Akashaprinzip in allen Daseinsformen betrifft, desgleichen die höchste Intuition, ferner das Karma oder die Schicksalsbeherrschung.

Dem Buchstaben

W — alles, was das Hellempfinden, die Fähigkeit der Psychometrie, ferner mediale Fähigkeiten anbetrifft.

Dem Buchstaben

Y(Ü)— alles, was mit der Inspiration in Verbindung mit der Intuition durch die Gottverbundenheit und Liebe zusammenhängt und die daraus entstehenden mentalen Fähigkeiten betrifft.

Dem Buchstaben

Z — alles, was die Hebung allgemeiner intellektueller Fähigkeiten herbeiführt und speziellen Einfluß auf das Gedächtnis hat.

Dem Buchstaben

Ä — unterliegt die Wunschverwirklichung in bezug auf die Materie.

Dem Buchstaben

Ö — unterliegt alles, was eine Umwandlung mentaler Art betrifft.

Alle weiteren Buchstaben können dann mit den hier angeführten in Einklang gebracht und die gewünschten Formeln gebildet werden.

Auf Grund dieser Beispiele bietet sich dem Quabbalisten eine sehr große Auswahl an quabbalistischen Buchstabenverbindungen — Formeln —.

Der Zweier-Schlüssel betrifft demnach als wichtigster Schlüssel den Geist und die mentale Ebene, auch dann, wenn man diesen Schlüssel auf die astrale und grobstoffliche Welt mit allen ihren Wünschen u. dgl. appliziert.

Es erübrigt sich, alle Formeln der Reihe nach anzuführen. Je

nach Zweck und Wunsch werden dem praktisch arbeitenden Formelmagier vielleicht die von mir angegebenen Buchstabenverbindungen genügen; jedenfalls hat er die Möglichkeit, sich aus den
weiteren Buchstaben des Alphabets im analogen Zusammenhang
mit den mentalen Eigenschaften weitere Buchstabenverbindungen für bestimmte Zwecke zusammenzustellen. Je nach Belieben
können hierbei auch die astrologischen Entsprechungen in Anspruch genommen werden; ebenso kann sich der Quabbalist des
Elementeschlüssels — das ist die elementische Entsprechung der
Buchstaben und ihr analoger Zusammenhang mit Farbe und Ton
— bedienen und sich weitere analogische Formeln in bezug auf
den Zweier-Schlüssel, eventuell Dreier-Schlüssel, ja sogar auf den
Vierer-Schlüssel selbst zusammenstellen. Niemals kann er dabei
fehlgehen!

E n d e d e r a c h t e n S t u f e

Stufe IX

Der Gebrauch des Dreier-Schlüssels

Mit dem Dreier-Schlüssel wirkt der Formelmagier quabbalistisch entweder direkt auf den Astralkörper oder auf die Astralebene ein. Dem Formelmagier und Quabbalisten ist bekannt, daß in der Astralwelt durch die Elemente, verbunden mit dem elektromagnetischen Fluid, welches den Elementen entspringt, alle Situationen, die sich als Schicksal oder äußere Wirkung auf der grobstofflichen Welt vollziehen, geschaffen werden. Demnach ist die Astralwelt die Welt der Situationen!

Die Anwendung des Dreier-Schlüssels — Astralschlüssels — auf die astrale Welt geschieht dadurch, daß der erste Buchstabe einer jeden Dreier-Formel in die mentale Welt versetzt wird.

Der zweite Buchstabe der Dreier-Formel wird in die Astralwelt quabbalistisch versetzt.

Der dritte — letzte — Buchstabe der Dreier-Formel ist der Realisierungsbuchstabe und wird entweder voltiert oder in Speise und Trank eucharistisch verlegt oder aber mit dem Atem induktiv oder deduktiv in Verbindung gebracht. Es ist logisch, daß es hier nicht um das normale Lufteinatmen geht, sondern von der Vorstellung und induktiven oder deduktiven Anwendung der Dreisinnen-Konzentration, verbunden mit dem Buchstaben als Ein- und Ausatmung, die Rede ist.

Die analogen Zusammenhänge sind wohl aus den Buchstaben indikativ zu ersehen, aber ich führe außerdem noch solche Analogien der alphabetischen Buchstabenreihe an, welche weniger bekannt sind und bei welchen eine tatsächlich tiefe Intuition vonnöten ist. Dadurch will ich dem Quabbalisten das Nachforschen nach weiteren Wirkungsbereichen des Dreier-Schlüssels einigermaßen erleichtern.

Der praktisch arbeitende Quabbalist wird sie als selbstverständlich betrachten, aber für den Theoretiker würde es schwerfallen, analoge Zusammenhänge selbst zu finden.

A

Astralisch entspricht der Buchstabe A der Aneignung sämtlicher Talente, die dem Luftprinzip analog sind, z. B. musikalische Talente, Rednergabe, Schauspielertalente usw. Von okkulten Fähigkeiten fallen in den Astralbereich das Hellhören, das Fernhören, die Kunst der Levitation, die Macht über das Luft-Element im Astralreich und alle dem Luft-Element zustehenden Analogien. Auch die Sprache der Symbole kann mit diesem Buchstaben gewissermaßen in Verbindung gebracht werden.

B

gibt die Fähigkeit, magische Volte zu bilden, Talismane zu laden, die Mysterien der Sexualmagie zu kennen und zu beherrschen und astrale Intuition zu erreichen.

C

gibt alles das, was die Astralkörper-Imprägnierung in bezug auf die Tugenden, Eigenschaften usw. betrifft.

D

ist der Erotik mit allen ihren Aspekten analog.

E

bezieht sich auf alles, was Hellhören und Inspiration, auch Eingebung durch gehörte Worte betrifft.

F

bezieht sich auf alle Analogien, die den vierpoligen Magneten in der Astralwelt mit Rücksicht auf die Elemente und Charaktereigenschaften betreffen.

G

betrifft alles, was zur Zufriedenheit, Glückseligkeit, zu Wohlstand, Erfolg, Glück usw. beiträgt und betrifft alle hierzu führenden Situationen.

H

verleiht alle Fähigkeiten, das Schicksal oder Karma durch quabbalistische Formeln zu beeinflussen. Alles, was mit der Quabbalah zusammenhängt — das Verstehen dieser hohen Wissenschaft in allen Beziehungen und Analogien — ist im Astral dem Machtbereich dieses Buchstabens unterstellt.

Ch

beeinflußt alles, was das Geheimnis des Rhythmus', des Lebens, und die Macht, diese zu beherrschen, betrifft.

I

betrifft die Astralmatrize mit allen ihren Funktionen.

J

beeinflußt alles, was mit der Sympathie oder Antipathie, darunter auch Mumialmagie, Liebesmagie, Liebesmagie mit Wesenheiten usw. zu tun hat.

K

alles, was mit Mut, Ausdauer und Entschlossenheit in Einklang gebracht werden kann.

L

betrifft alles, was sich auf das astrale Gleichgewicht in bezug auf den Charakter und auf die seelische Vergeistigung bezieht.

M

beeinflußt alle Wirkungen und Analogien, welche das reine magnetische Fluid oder das reine astrale Wasser-Element betreffen.

N

beeinflußt alles, was den Selbsterhaltungstrieb anbetrifft, ferner, was den Astralleib in der Erdgürtelzone festhält, d. h. die astral-magnetische Anziehungskraft des Astralkörpers an unsere Erdgürtelzone mit allen ihren Analogien und Anwendungsmöglichkeiten.

O

beeinflußt alles, was Situationen schaffen soll, welche zur vollkommenen Zufriedenheit führen, ganz gleich in welcher Hinsicht.

P

ist allem analog, was mit der Sehnsucht nach Charakterveredlung und dem Schönheitsempfinden zusammenhängt.

R

Alle Anlagen astraler Natur, die mit irgend einer astralen Genialität in Zusammenhang gebracht werden können, sind diesem Buchstaben unterstellt.

S

Alles, was das Hellsehen, die Gabe der Prophetie, aber auch die Macht über Mensch und Tier betrifft, ist der astralen Gesetzmäßigkeit dieses Buchstabens analog.

Sch

entspricht ebenfalls dem Manifestationszustand des Glaubens mit allen analogen Zusammenhängen. Gleichzeitig sind alle diese Buchstabenarten der Transmutationsfähigkeit unterstellt. Dieser Buchstabe gibt Veranlagung zur Beherrschung aller Elemente im Astralreich, insbesondere aber des elektrischen Fluids und des Feuerprinzips.

T

ist sämtlichen astralmagischen Praktiken in allen ihren Formen analog, namentlich jenen, welche die Macht über die Elemente herbeiführen.

U

Alles, was mit der Fähigkeit des Astralleib-Aussendens, mit der willkürlichen Bewußtseinsversetzung, mit Trance-Zuständen, mit der Hervorrufung derselben u. dgl., zusammenhängt, ist dem Buchstaben U analog.

W

Die Fähigkeit des Fernhörens und des Fernsprechens fällt unter die okkulte astrale Analogie dieses Buchstabens, desgleichen alles, was mit der Vorliebe für Mystik und Religion zusammenhängt.

Y (Ü)

beeinflußt alles, was mit der Fähigkeit der Prophetie — der Weissagung — in bezug auf das Schicksal und die Materie zusammenhängt.

Z

Alles, was die künstlerischen Fähigkeiten, ohne Unterschied der Art anbetrifft, ist diesem Buchstaben unterstellt. Die astrale Fähigkeit der Sendung von „Botschaften durch die Luft" oder der „astralen Telepathie" analog dem Akashaprinzip — Überbrückung von Zeit und Raum — steht mit diesem Buchstaben in analoger Beziehung.

Ä

entspricht allem, was den Begierden, Leidenschaften und der Selbstbefriedigung analog ist, ganz gleich, ob es sich um Beherrschung oder Hervorrufung derselben handelt.

Ö

entspricht der Analogie sämtlicher Astralprojektionen und allen daraus entstammenden Formen.

Aus den hier angeführten Analogien in Verbindung mit den vorherigen Buchstaben des Zweier- und Einser-Schlüssels kann sich der Quabbalist so viele Formeln zusammenstellen, als er zu haben wünscht. Er kann sich 19 683 Formeln mit den verschiedensten Feinheiten und Wirkungsmöglichkeiten aufbauen. Es ist logisch, daß er nicht alle Zusammenstellungen gebraucht. In den meisten Fällen wird er sich mit einigen begnügen und mit denselben reichlich auskommen.

Der Seltsamkeit wegen führe ich einige Formeln des Dreierschlüssels an, welche ich nicht auf Grund der Universalanalogie ermittelte, sondern die mir von einem sehr hohen Wesen anvertraut wurden. Nur der tatsächlich erfahrene Quabbalist höchsten Ranges ist in der Lage, die analogen Zusammenhänge zu ermitteln.

So z. B. weist die Formel „S—A—L" auf die drei Kräfte hin, welche in den drei Welten — der mentalen, astralen und grobstofflichen Welt — durch den barmherzigen Einfluß der Göttlichen Vorsehung wirksam sind. Diese drei Kräfte geben die Möglichkeit, auf Grund universaler göttlicher Liebe vollkommener Herr in allen drei Reichen zu werden.

„E—R—J" ist eine weitere Formel des Dreier-Schlüssels, welche im Bewußtsein eines Quabbalisten das Erkennen der siebzig Eigenschaften in allen sieben Sphären ermöglicht. Die 70 Grundeigenschaften sind siebzig in den sieben Sphären wirkende Stufen, welche — quabbalistisch angewendet — die verschiedensten Kräfte und Fähigkeiten erreichen lassen.

„M—J—H" gibt die astrale Fähigkeit, in die geheimsten Analogien göttlicher Namen und ihrer Buchstaben einzudringen. Die M—J—H-Formel wurde auch dem biblischen Moses von demselben hohen Wesen anvertraut, durch welche er befähigt wurde, die tiefsten quabbalistischen Kenntnisse zu erfahren und praktisch anzuwenden, so daß er alle seine Wunder auf Grund dieser Erkenntnis vollbringen konnte.

„H—Ch—S" als Formel quabbalistisch angewendet, läßt den Formelmagier die höchste Weisheit erreichen.

„E—M—N" gibt die Fähigkeit, den göttlichen Namen analog den 70 Kräften im Universum zu wissen und zu beherrschen. Mit der 72buchstabigen Namensbildung hat diese Formel jedoch nichts zu tun, da EMN eine geheime Formel ist und von hohen Wesen — Jupiterwesen — nur einzelnen hohen Eingeweihten anvertraut wurde.

Mit der Formel „N—N—A" wird dem Quabbalisten der dreidimensionale Segen — mentalisch, astralisch und grobstofflich — der Göttlichen Vorsehung zuteil.

„N—J—T" verleiht dem Quabbalisten die Fähigkeit, absolute Wahrheit in jeder Beziehung durch die Göttliche Vorsehung zu erkennen.

„N—M—M" ist das quabbalistische Geheimnis, welches die Kraft und Macht des Schweigens mit allen analogen Zusammenhängen betrifft.

„J—L—J" bedeutet, das höchste Licht der Göttlichkeit zu verstehen, zu empfangen und gleich Gott — dem Schöpfer — den Manifestationszustand des Glaubens zu besitzen, d. h., den höchsten Aspekt der göttlichen Allmacht zu erreichen.

„H—R—Ch" ist eine göttliche quabbalistische Formel, welche für Lobpreisungen der Göttlichen Vorsehung bei verschiedenen Ritualen angewendet wird.

„M—C—R" ist die göttliche Manifestierung des Akashaprinzipes in allen drei Reichen. Beim quabbalistischen Gebrauch dieser Formel erreicht man die Fähigkeit, in allen drei Reichen zugleich schöpferisch zu wirken.

Die Formel „W—M—B" läßt die Kraft aufbringen, die ganzen Sphären nebst ihren Intelligenzen anzurufen und ihre Aufmerksamkeit auf sich zu lenken. Von dieser Formel darf jedoch nur im Augenblick der höchsten Gefahr Gebrauch gemacht werden.

Will man kosmisch mit der Alliebe wirken, kann man sich der Formel „J—H—H" bedienen, mit welcher sich analog der Liebe alles realisiert, was sich der Quabbalist wünscht.

„M—Ch—J" ist eine Anbetungsformel des Akashaprinzips aller drei Welten.

Die Formel „D—M—B" läßt beim quabbalistischen Gebrauch alle sieben Grundkräfte der Sphären zu einer Kraft vereinigen und alles erreichen, was sich der Quabbalist wünscht.

„Ch—B—W" ist ein geheimer Name der Göttlichen Vorsehung mit ihren vier Aspekten. Bei allen quabbalistischen Anrufungen und Verehrungen, desgleichen, um normalerweise Unerreichbares zu erbitten, wird diese Formel angewendet.

Mit der Formel „R—A—H" können alle Vorsteher der zehn Sphären auf einmal angerufen und ihre Hilfe in Anspruch genommen werden. Von dieser Formel soll der Quabbalist jedoch nur in den seltensten Fällen Gebrauch machen, da die Verantwortung zu groß ist und ein eventueller Mißbrauch für ihn von großem Nachteil wäre. Der erfahrene Quabbalist wird wohl von dieser Formel wissen, sich aber nur schwer entschließen, sich ihrer jemals zu bedienen.

Durch die quabbalistische Formel „E—L—M" wird die Allmacht erreicht, in allen Sphären und Ebenen schöpferisch zu wirken. Von dieser Formel macht der Quabbalist nur dann Gebrauch, wenn er von der Göttlichen Vorsehung eine Mission erhält, welche diese quabbalistischen Kräfte erfordert.

Dasselbe gilt von der Formel „M—H—Sch" welche in die Lage versetzt, die höchsten Wunder, die es überhaupt gibt, zu vollbringen.

Durch die Formel „A—K—A" kann der erfahrene Quabbalist Tote wieder zum Leben erwecken.

„L—A—W" beschwichtigt Meeresstürme. Bedient sich der Quabbalist dieser Formel, vermag er alle Wasserwunder zu vollbringen, z. B. auf dem Wasser gehen usw. Mit Hilfe dieser Formel konnte Moses das rote Meer teilen, um es mit seinem Volke trockenen Fußes und gefahrlos zu durchschreiten.

Moses wurde noch eine weitere Formel anvertraut und zwar die „M—B—H"-Formel, welche ihn gleichfalls seine Wunderdinge vollbringen ließ.

Mit der Formel „H—R—J" wird die Göttliche Vorsehung in allen ihren Aspekten, in allen Reichen und Sphären angerufen, aber auch verehrt. Der Quabbalist, der eine Bitte mit dieser Formel quabbalistisch ausspricht, wird von der Göttlichen Vorsehung immer erhört. Allerdings muß er die vorgebrachte Bitte auch gesetzmäßig zu rechtfertigen wissen.

Mit der Formel „F—H—L" wird die göttliche Alliebe angerufen und alles erreicht, was durch den Aspekt der göttlichen Liebe erreichbar ist.

Auch die Formel „M—L—H" ist eine göttliche Universalformel der Liebe, welche dem Formelmagier das Wirken der göttlichen Liebe in allen Aspekten nahebringt und ihn in einen Zustand der höchsten Glückseligkeit göttlicher Liebe versetzt.

Mit der Formel „Ch—H—We" wird die Göttliche Vorsehung angerufen, welche die vier Elemente regiert. Der Quabbalist, der diese Formel quabbalistisch gebraucht, und zwar mentalisch, astralisch und auch grobstofflich — eucharistisch —, wird zum absoluten Herrn der vier Elemente in allen drei Reichen.

„J—Ch—W" drückt die absolute Macht Gottes aus. Der Quabbalist, der sich ihrer bedient, erhält die gleiche absolute Macht, wie sie der Schöpfer selbst besitzt. Ein Mißbrauch ist bei einem erfahrenen Quabbalisten, welcher mit dieser Formel arbeitet, ja nicht mehr zu befürchten. Würde sich dagegen ein unreiner und unreifer Mensch dieser Formel bedienen, dessen Absichten nicht mit den universalen Gesetzen in Einklang wären, müßte er mit einer absoluten Vernichtung seiner Persönlichkeit rechnen. Vorsicht ist daher immer am Platze!

Die „M—N—D"-Formel verlieh Moses und allen Propheten in den höchsten Prophetenschulen absolutes Wissen und erleuchteten Verstand; außerdem die Erlaubnis, das höchste Wissen — wenn auch nur in Symbolform — der materiellen Welt zu hinterlassen. Eben diese Formel war es, welche Moses die Erleuchtung brachte, als er die Tafel der Gesetze aufstellte.

Durch die Formel „H—H—H" erreicht man die Fähigkeit, jedem Buchstaben eine derartige Kraft zu verleihen, die bis ins Akashaprinzip quabbalistisch wirksam ist.

Mit der Formel „J—Z—H" wird die Göttliche Barmherzigkeit in ihren höchsten Aspekten angerufen und ist überall dort zu gebrauchen, wo Gesetzmäßigkeit, Gerechtigkeit usw. nicht mehr ausreichen. „JZH" ist eine sehr hohe quabbalistische Formel!

Für alle diese Formeln würde man schwer die analogen Zusammenhänge nach dem Universalschlüssel auffinden. Die Zusammenhänge sind geheim und können nur traditionell wiedergegeben oder von Wesen höchsten Ranges einem Quabbalisten anvertraut werden. Es wurden mir auch solche Formeln anvertraut, die sehr gefährlich sind. Um einen eventuellen Mißbrauch zu verhüten, sehe ich davon ab, dieselben zu veröffentlichen. Wer die Reife erlangt und mit einer göttlichen Mission betraut wird, kann noch sehr viele Geheimnisse in bezug auf die Formeln erfahren. Über alle Geheimnisse zu schreiben, ist mir nicht erlaubt worden, da nicht alle der dritten Tarotkarte entsprechen, sondern sich auf die weiteren Arkanen beziehen. Die hier von mir angegebenen Formeln habe ich ja auch nur ihrer Seltsamkeit wegen veröffentlicht. Zum wahren Gebrauch reicht theoretisches Wissen nicht aus und derjenige, der versuchen wollte, diese Formeln ohne entsprechende Vorbereitung anzuwenden, würde nur eine große Enttäuschung erleben. Wer sich mit schlechten und eigennützigen Absichten dieser Formeln bedienen will, setzt sich der Strafe der Göttlichen Vorsehung aus, über welche ich erst gar nichts Näheres schreiben will. Er würde dadurch — wie die Bibel sagt — die Sünde wider den Geist begehen.

In quabbalistischen Schriften wird vielfach der Göttliche Name „J—H—W—H" erwähnt und beschrieben. Ich will einige quabbalistische Einflüsse dieser 3—4 Buchstaben — also des „Jod HVH" — angeben und was mit diesen sowohl in der mentalen, als auch in der astralen und in der grobstofflichen Welt zu erreichen ist.

Durch den dreibuchstabigen Namen „J—H—W" — also ohne das zweite H — ist die quabbalistische Fähigkeit zu erreichen, Wunderheilungen zu vollbringen. Wird der Buchstabe dreidimensional quabbalistisch voltiert, so kann man sich dieser Formel zum Schutze vor feindlichen Angriffen bedienen. Würde es dennoch jemand wagen, einen Quabbalisten anzugreifen, können die in der Astral-, Mental- und grobstofflichen Welt geschaffenen Schutzvolte den Tod des Angreifers herbeiführen. Die „J—H—W"-Formel ist daher die sogenannte quabbalistische Rückschlagsformel.

Den dreibuchstabigen Namen „J—H—W" gebraucht man dann noch in Verbindung mit einem anderen Buchstaben, der aber nicht als Formel gilt, sondern nur phonetisch mit dem Grundbuchstaben anzuwenden ist.

Wird also z. B. das J mit einem o verbunden, muß o als kleiner Buchstabe neben dem J stehen. Quabbalistisch wird nur das J angewendet — voltiert —, aber phonetisch wird Jo ausgesprochen. Dasselbe gilt auch von dem zweiten, dritten und vierten Buchstaben.

Die Formel „Jo—Ho—W" quabbalistisch, mentalisch, astralisch und grobstofflich angewendet, führt in allen drei Reichen zu absoluter Macht, daselbst alles zu erreichen.

Die Formel „Ja—Ha—W" schafft von der mentalen Welt aus in die astrale und von da aus in die grobstoffliche Welt alle Situationen, die auf der grobstofflichen Welt zu Reichtum und Wohlstand führen.

Die Formel „Jö—Hö—W" schafft in der mentalen, astralen und grobstofflichen Welt, also mentalisch, astralisch und grobstofflich — eucharistisch — angewendet, eine vollkommene Harmonie, welche die absolute Gesundheit hervorrufen muß.

Dieselbe Formel, jedoch anstatt mit dem Umlaut ö, nur mit dem Buchstaben o verbunden, also „Jo—Ho—W" führt zu einer absoluten Macht, wie sie die Allmacht besitzt, nämlich vollkommener Herr über die Gesundheit sowohl bei sich selbst, als auch bei anderen Menschen und auch bei Tieren zu sein.

Die Weissagefähigkeit, ganz gleich ob mentalisch, astralisch oder grobstofflich läßt sich durch zwei Formeln quabbalistisch erreichen und zwar durch: „Ju—H—W" und „We—He—Bi".

Liebe und Freundschaft kann für sich und für andere durch diese JHW-Formel erreicht werden: „Je—He—W".

Zur Erreichung von Freuden wird die Formel „Jo—Ho—W" gebraucht, aber auch mit „Wo—Ho—W" wird dasselbe erzielt.

Erfolg in Freundschaftsangelegenheiten wird durch die Formel „Ji—Wi—H" herbeigeführt, ferner durch: „Ju—H—W", „Ja—H—W", „Ji—H—W" und durch das reine „J—H—W".

Alle diese Formelverbindungen können die Vernichtung eines Feindes herbeiführen. Nicht etwa dadurch, daß der Quabbalist selbst der Angreifer wird, sondern weil sich der Feind an den quabbalistischen Formeln selbst vernichtet. Denn ein diese Formeln beherrschender Quabbalist genießt den höchsten Schutz.

Besonderen Schutz gegen negative Wesen aller Art aus allen Sphären bietet die Formel „Ju—H—W".

Spezielles Glück in allem, was unternommen wird, wird mit Hilfe der quabbalistischen Formel „Jau—H—W" erreicht. Zur Zufriedenheit führt die Formel „Je—W—W".

All dies sind nur kleine Hinweise für den praktischen Gebrauch von Formeln, mit dem dreibuchstabigen Namen „JHW". Es gibt ihrer sehr viele. Einige hiervon sind allerdings geheimer Natur, über die nicht gesprochen werden darf und die auch nicht in den Bereich der dritten Tarotkarte gehören.

Die Formel „A—L—Z" bietet vollkommene Herrschaft über das Luftprinzip und auch die Herrschaft über die Luftgeister jeden Ranges.

Die Formel „O—W—Y" gibt die Herrschaft über die Erdgeister, ebenso die Formel „G—O—B".

*

Mit diesen kleinen Beispielen beende ich die Abhandlung über den Gebrauch des Dreier-Schlüssels und über den Gebrauch der Göttlichen Namen mit den Dreibuchstaben-Formeln. Alle diese Formeln sind traditionelle Formeln und wurden seit jeher von sehr hohen Intelligenzen nur einzelnen Eingeweihten anvertraut. Bis heute wurden sie streng geheim gehalten. Da dies zur dritten Tarotkarte gehört, welche die Göttliche Vorsehung zu beschreiben gestattete, durfte ich auch einige Formeln veröffentlichen.

Fußnote zum Dreier-Schlüssel:
Sicherlich kommt der Quabbalist darauf, daß die tattwische Analogietabelle nichts anderes ist, als ein Bruchteil der Kenntnis über die Elemente und daß ein Element in der indischen Terminologie einen dreibuchstabigen Namen hat. Ich führe diese Namen als Fußnote an. Die Entsprechungen können in der einschlägigen Literatur vorgefunden werden.

Die Formel LAM entspricht dem Erd-Prinzip,
die Formel VAM entspricht dem Wasser-Prinzip,
die Formel PAM entspricht dem Luft-Prinzip,
die Formel RAM entspricht dem Feuer-Prinzip,
die Formel HAM entspricht dem Akasha-Prinzip.

Diese Terminologie bringt jeden Leser auf die universale Mantra-Formel AUM, welche die sogenannte Brahma-Formel ist.

E n d e   d e r   n e u n t e n   S t u f e

Stufe X

Der Gebrauch des Vierer-Schlüssels

In Stufe IX habe ich den Dreier-Schlüssel und seinen Gebrauch genau beschrieben. Nun gehe ich zum letzten Schlüssel, dem V i e - r e r - Schlüssel über, welchen ich noch veröffentlichen darf. Dieser Schlüssel ist das komplette Mysterium des Jod-He-Vau-He oder des sogenannten tetragrammatonischen Schlüssels, des Schlüssels der Realisierung oder Verwirklichung. Er ist das Geheimnis des magischen Quadrates oder des vierpoligen Magneten. Zahlenmäßig ist es die Vier, die dem Jupiter analog ist und die Gesetzmäßigkeit, d. h. die Gerechtigkeit repräsentiert. Es gibt mehrere Gebrauchsarten des Viererschlüssels. Die allerwichtigsten von ihnen führe ich an.

Beim Vierer-Schlüssel arbeitet man mit vier Grundbuchstaben, die quabbalistisch in Anwendung gebracht werden. Die gebräuchlichste Art des Viererschlüssels besteht darin, daß eine vierbuchstabige Formel, also eine Verbindung von vier Buchstaben — ganz gleich welcher — wie folgt angewendet wird:

Der e r s t e Buchstabe wird quabbalistisch ins Akashaprinzip verlegt.

Der z w e i t e Buchstabe in die Mentalwelt oder eventuell in den Mentalkörper, je nach dem, was der Quabbalist bezweckt.

Der d r i t t e Buchstabe in die Astralwelt und der v i e r t e Buchstabe in die grobstoffliche Welt, entweder direkt oder durch Eucharistie.

Die zweite Gebrauchsart ist die, daß z w e i Buchstaben ins Akashaprinzip verlegt werden und z w e i Buchstaben in die Mentalwelt oder in den Mentalkörper. Gewöhnlich wird dann in diesem Fall der eine Buchstabe für die entsprechende Ebene und der andere Buchstabe wieder für den betreffenden Geist oder Leib vorgesehen.

Will man z. B. eine mentale Fähigkeit erreichen, die sich durch den Vierer-Schlüssel realisieren läßt, so verlegt man einen Buchstaben und zwar den ersten ins Akashaprinzip und den nächsten in den Mentalkörper. Diese zwei Buchstaben wirken dann zusammen vom Akashaprinzip aus direkt auf den Mentalleib ein, ähnlich wie es beim Zweier-Schlüssel der Fall ist. Der dritte Buchstabe wird ebenfalls ins Akashaprinzip verlegt und beeinflußt von da aus die Mentalebene. Den vierten Buchstaben verlegt man direkt in die Mentalwelt.

Dies wäre die höchste Form, bei welcher zwei Buchstaben vom Akashaprinzip aus auf den Geist und gleichzeitig auf die Mentalebene oder Geistebene ihren Einfluß geltend machen. Es ist dies die sogenannte b i p o l a r e Anwendung des Vierer-Schlüssels.

Die nächste Anwendungsweise ist dann die, daß zwei Buchstaben, und zwar stets die ersten zwei, in die Mentalwelt, d. h. der eine Buchstabe in den Mentalkörper und der zweite Buchstabe in die Mentalebene, und von den weiteren zwei Buchstaben der dritte in den Astralkörper und der vierte in die Astralwelt quabbalistisch verlegt werden und auf diese Weise zur Wirksamkeit gelangen.

Ein weiterer Gebrauch des Vierer-Schlüssels liegt darin, daß je zwei Buchstaben in die Astralwelt und gleichzeitig in den Astralkörper verlegt werden — was direkte astrale Quabbalistik genannt wird —, wobei der Astralkörper doppelpolig von zwei Buchstaben beeinflußt wird und die anderen zwei in die Astralwelt verlegten Buchstaben die zur Realisierung des Wunsches notwendigen Voraussetzungen oder Situationen schaffen.

Ein anderer Gebrauch ist wiederum der, daß zwei Buchstaben in die Astralwelt versetzt werden, damit sie die für den zu realisierenden Wunsch notwendige Situation schaffen und die zwei weiteren Buchstaben entweder direkt auf den grobstofflichen Körper einwirken oder geteilt, so daß der dritte Buchstabe in den Körper — durch quabbalistische Buchstabenimprägnierung des ganzen Körpers — verlegt wird und der vierte Buchstabe auf eucharistische Weise — in Speise und Trank — seine Wirkung ausübt.

Auch hier gibt es viele Variationsmöglichkeiten und welcher Schlüssel in welcher Gebrauchsart angewendet werden soll, richtet sich stets danach, was man zu erreichen wünscht. Alle Schlüssel, ob auf diese oder jene Art angewendet, haben ihre volle Wirksamkeit, denn hier wird mit dem göttlichen Namen oder dem vierpoligen Magneten, somit mit der vollkommenen Gesetzlichkeit Gottes schöpferisch gewirkt. Die Realisierung vollbringen dann, ohne Unterschied, ob es sich um Wünsche der astralen, mentalen oder grobstofflichen Welt handelt, jene Elemente, welche den Buchstaben zustehen, zusammen mit dem ihnen analogen elektrischen oder magnetischen oder elektromagnetischen Fluid.

Will man allerdings aus dem Ursachenprinzip heraus etwas ohne besonderen Grund bis auf die materielle Welt realisiert haben, empfiehlt es sich mit der ersten Methode zu beginnen, indem man — wie beschrieben —,

den ersten Buchstaben in das Akashaprinzip,

den zweiten in die Mentalwelt oder in den Mentalkörper verlegt, falls es sich um Wünsche handelt, die den Quabbalisten selbst betreffen;

der dritte Buchstabe wird in den Astralkörper und der vierte in die grobstoffliche Welt — eucharistisch — verlegt.

Geht es aber darum, jemandes anderen Wünsche zu realisieren, so wählt man nicht jene Gebrauchsweise des Vierer-Schlüssels, welche den Mental-, Astral- oder grobstofflichen Körper betrifft, sondern der Vierer-Schlüssel wird, falls es sich um Wünsche des Glückes, Erfolges und anderer schicksalsmäßiger Begebenheiten handelt, so angewendet, daß

der erste Buchstabe in das Akashaprinzip,

der zweite in die Mentalwelt,

der dritte in die Astralwelt und

der vierte Buchstabe als Volt in die grobstoffliche Welt hineinversetzt wird.

Wie ein Buchstabe quabbalistisch anzuwenden ist, habe ich bereits bei Beschreibung des Einser-Schlüssels geschildert. Zu diesem Schlüssel bemerke ich nochmals, daß der Quabbalist, wenn er direkt vom Akashaprinzip aus arbeitet, ob nun mit einem oder mit zwei Buchstaben, die volle Verantwortung übernimmt, da hierbei in das Buch des Schicksals nichts eingetragen wird und über Gelingen oder Mißlingen dann nur noch die Göttliche Vorsehung in ihrer höchsten Form selbst entscheidet.

Beim Gebrauch des Einser-Schlüssels ist der Quabbalist der Schöpfer, welcher den Schöpfungsakt den Universalgesetzen gemäß selbst vollführt und daher die volle Verantwortung trägt. Die Gefahr ist hier sehr groß und der Quabbalist soll stets gut überlegen, ob er das, was er quabbalistisch unternimmt, auch wirklich verantworten kann.

Es ist wohl anzunehmen, daß der bereits praktisch arbeitende Quabbalist und Formelmagier eine derartige Reife und moralisch-ethische Entwicklung erreicht hat, daß nicht zu befürchten ist, daß er etwas Unverantwortliches und Ungesetzmäßiges verursachen könnte. Immerhin ist meine Warnung am Platze. Bei der Wahl des quabbalistischen Schlüssels sei der Quabbalist daher jedesmal sehr vorsichtig und überlege mit Bedacht.

Arbeitet der Quabbalist mit dem Vierer-Schlüssel in allen anderen Sphären, ohne einen einzigen Buchstaben in das Akashaprinzip zu verlegen, dann schafft er Karma und zwar je nach dem, mit welcher Ebene er arbeitet und mit welcher er die Buchstabenverbindung verwendet. Er muß wissen, daß mentale Ursachen mentales Karma oder Schicksal schaffen, astrale Ursachen astrales Karma — astrales Schicksal und grobstoffliche Ursachen grobstoffliches Karma, also grobstoffliche Wirkungen auslösen.

Ich habe nur einige Gebrauchsarten beschrieben. Falls der Quabbalist alle Buchstaben-Analogien genau kennt, wird er wissen, wie er zu arbeiten hat, wie er diese oder jene Analogie anwenden soll und in welche Sphäre er dieselbe verlegen kann. In der Wahl des Schlüssels hat er freie Hand.

Der Vierer-Schlüssel ist zweifellos der wirksamste, da er der sogenannte Realisierungsschlüssel ist, wo der Quabbalist selbst schöpferisch wirkt, ohne daß ihm die Elemente irgendwie trotzen können oder sich ihm irgendeine Kraft entgegenstellen würde. Der Vierer-Schlüssel macht den Formelmagier zum absoluten Herrn, welcher dem Schöpfer gleicht, denn der Schöpfer hat durch den Vierer-Schlüssel, also durch das Jod-He-Vau-He, durch

246

den vierpoligen Magneten alles erschaffen, was auf unserem Planeten in allen Reichen und Ebenen besteht.

Den Buchstaben-Analogien gemäß ergeben sich durch den Vierer-Schlüssel und seine Kombinationen insgesamt 531 441 Formeln oder Buchstabenverbindungen. Es ist unmöglich, sie hier alle anzuführen. Dem Quabbalisten bleibt es überlassen, sich auch für den Vierer-Schlüssel geeignete Formeln auf die gleiche Art zusammenzustellen, wie ich sie ihm analog dem Einser-Schlüssel und gemäß den Analogien der mentalen und astralen Welt im Zweier- und Dreier-Schlüssel angegeben habe.

Zwecks Erleichterung gebe ich ihm hier — ähnlich wie im vorigen Schlüssel — wenigstens eine Buchstabenreihe des Alphabets in bezug auf die grobstoffliche Welt an, was ihm bei der weiteren Zusammenstellung von Buchstabenverbindungen vielleicht von Nutzen sein kann. Die Analogien zur grobstofflichen — materiellen — Welt sind folgende:

Der Buchstabe

A — sichert die vollkommene Macht über das grobstoffliche Luftprinzip in der materiellen Welt, z. B. die Herrschaft über die Luftgeister, die Beherrschung von Stürmen, die Behandlung sämtlicher Krankheiten, welche dem Luftprinzip analog sind: alle Arten von Brustleiden usw.

B — führt dazu, absoluter Herr des elektromagnetischen Fluids auf der grobstofflichen Welt zu werden, ferner jede Disharmonie im menschlichen Körper oder in der materiellen Welt zu ebnen, jede Krankheit zu heilen, Herr über Leben und Tod auf der grobstofflichen Welt zu sein und alle vier Reiche — Mineral-, Pflanzen-, Tier- und Menschenreich — zu beherrschen.

C — bietet auf der grobstofflichen Welt, die Belebung der Materie zu beherrschen, also quabbalistisch ausgedrückt: vollkommener Alchimist zu sein.

D — beherrscht im Pflanzen-, Tier- und Menschenreich in grobstofflicher Hinsicht die Analogie aller Samen, betreffend die Fruchtbarkeit und die Zeugung.

E — birgt das Geheimnis der Materialisierung und der Entmaterialisierung auf der grobstofflichen Welt in allen Daseinsformen und Möglichkeiten, ohne Unterschied, ob es sich um die Materialisierung von Wesen, Gedankenformen u. dgl. handelt.

F — entspricht dem Geheimnis oder der Quadratur des Kreises auf der grobstofflichen Welt, also dem vierpoligen Magneten und zwar auch in bezug auf den menschlichen Körper.

G — entspricht in der grobstofflichen Welt allem, was Vermehrung, Reichtum und Wohlstand betrifft.

H — beeinflußt auf der grobstofflichen Welt das „ES WERDE!", womit gesagt ist, daß dieser Buchstabe jeden grobstofflichen Wunsch verwirklicht.

Ch — bedeutet in der grobstofflichen Welt die absolute Herrschaft über das Wasser-Element und über das magnetische Fluid.

I — waltet über sämtliche Analogiegesetze zwischen Mikro- und Makrokosmos, hat vollkommene Herrschaft über Maß, Zahl und Gewicht.

J — entspricht in der grobstofflichen Welt allem, was gezeugt wird; beim Menschen hat es einen analogen Zusammenhang mit dem Geschlechtsakt.

K — ist gleich G einflußreich für Reichtum und Wohlstand in der grobstofflichen Welt.

L — entspricht der grobstofflichen Lebenskraft, der vollkommenen Gesundheit und körperlichen Harmonie.

M — entspricht allem, was flüssig ist, beherrscht also den flüssigen Zustand im Mikro- und Makrokosmos, infolgedessen auch das magnetische Fluid und die Anziehungskraft in der grobstofflichen Welt.

N — Alles, was mit Bewegung und Gang bei Mensch und Tier zusammenhängt, ist diesem Buchstaben analog. Desgleichen die Zusammenhangskraft oder Kohäsion der Materie, ferner die Anziehungskraft oder Schwere alles Stofflichen.

O — entspricht dem elektromagnetischen Fluid im menschlichen Körper, beeinflußt aber auch durch den Gebrauch in der Astrophysik höhere Sphären. Gleichzeitig schafft dieser Buchstabe Glück und Erfolg auf der grobstofflichen Ebene bei allem, was unternommen wird.

P — Alles, was mit dem Fortpflanzungstrieb bei Pflanze, Tier und Mensch im Zusammenhang steht, ist dem P-Buchstaben auf der grobstofflichen Welt analog. Qualitativ äußert sich dieser Buchstabe in der grobstofflichen Welt beim Menschen in der Liebe zum Kind und beim Tier in der Fürsorge um das Junge.

R — Alles, was das verstandesmäßige Wissen und die verstandesmäßigen Erkenntnisse und Erfahrungen betrifft, steht mit diesem Buchstaben im Zusammenhang.

S — Alles was mit der Bewußtseinsbeherrschung auf der grobstofflichen Welt zusammenhängt, ob es sich nun um Schlaf, Hypnose, Narkose oder andere Bewußtseinseingriffe handelt, ist diesem Buchstaben analog.

Sch — ist dem elektrischen Fluid und dem grobstofflichen Element des Feuers analog und besitzt grobstofflich eine große Belebungsfähigkeit. Dieser Buchstabe kann veranlassen, daß ein grobstofflicher Körper, ganz gleich welcher, vom Feuer-Element nicht angegriffen, demnach unverwundbar wird.

T — entspricht allen Analogiegesetzen der drei Reiche und beherrscht die Kenntnis derselben, sowie ihre Nutzanwendung.

U — ist ähnlich wie das F in bezug auf die ganze Materie dem vierpoligen Magneten analog, ohne Unterschied, ob es sich um das Eindringen oder um Beherrschung derselben handelt.

W — Alles, was mit dem Vergänglichen irgendwie in Verbindung gebracht werden kann, ob durch Blendung, Täuschung usw. ist in der grobstofflichen Welt mit dem W in analogem Zusammenhang. Es beherrscht aber auch das magnetische Fluid und das Element des Wassers.

Y(Ü)— hat mit dem Wirken des Akashaprinzipes in der grobstofflichen Welt und im physischen Körper einen analogen Zusammenhang. Dadurch, daß es also dem Akashaprinzip in der materiellen Welt analog ist, kann es —
wenn es mit der richtigen Buchstabenverbindung angewendet wird — auch für die Unsichtbarmachung in der
grobstofflichen Welt gebraucht werden.

Z — Alles, was mit dem Luftprinzip auf unserer grobstofflichen Welt irgendwie zusammenhängt, wird durch den
Buchstaben Z repräsentiert. Quabbalistisch angewendet,
wird man in die Lage versetzt, Stürme hervorzurufen
oder einzustellen und alles zu beeinflussen, was das Luftprinzip betrifft. Im Körper eines Menschen führt es zu
Ausdauer und Zähigkeit. Im allgemeinen entspricht es
dem Frohsinn, der Lust, dem Tanz und allen ähnlichen
Vergnügungen.

Ä — ist in der materiellen Welt die Materie.

Ö — der letzte Buchstabe unseres Alphabets herrscht über die
materielle Belebung und hat vom alchimistischen Standpunkt aus mit dem „Stein der Weisen" direkten Zusammenhang.

In diesen Angaben über analoge Zusammenhänge der einzelnen
Buchstaben in bezug auf die materielle Welt findet der Formelmagier sicherlich einen guten Behelf für die richtige Anwendung des
Vierer-Schlüssels. Nun liegt es an seinem Wunsch, seiner Arbeit,
seiner Intuition, welche Formeln er sich persönlich zusammenstellen will, falls ihm die hier angegebenen nicht genügen sollten.

Die Formeln der Elemente

Diese haben verschiedene Anwendungsmöglichkeiten. Eine davon ist z. B. die Macht über die einzelnen Elemente, die andere
betrifft wiederum die Macht über das elektrische und magnetische Fluid, das ist die quantitative Kraft der Elemente. Eine weitere Anwendungsmöglichkeit einer Elementeformel gibt die Macht
über die sich in den Elementen befindlichen Wesen:

Beim Feuer-Element über die Salamander,
beim Luft-Element über die Sylphen,
beim Wasser-Element über die Nixen und
beim Erd-Element über die Gnomen.

Ferner kann eine Elementeformel dazu angewendet werden, das Urprinzip eines Elementes in verschiedenen Sphären zu verdichten, so wie es für Voltladungen benützt wird. Aber auch für die Materialisierung von Elemente-Wesen kann eine Elementeformel von Nutzen sein. Eine Elementeformel dient auch dazu, völlige Herrschaft über die qualitative Form der Elemente zu gewinnen, oder sich bestimmte qualitative Eigenschaften der Elemente anzueignen; desgleichen qualitativ und quantitativ mentale, astrale oder grobstoffliche Imprägnierungen, auch Raumimprägnierungen vorzunehmen. Schließlich eignet sich der Gebrauch einer Elementeformel auch für Arbeiten mit Elemente-Magie.

Nachstehend führe ich wieder einige Beispiele an, auf Grund welcher sich der erfahrene Quabbalist nach dem universalen Analogieschlüssel die für eine Formel notwendigen Buchstabenverbindungen selbst zusammenstellen kann.

Dem Element F e u e r ist analog:

Im Akashaprinzip	— der Buchstabe Sch,
im Mentalreich	— der Buchstabe H,
im Astralreich	— der Buchstabe S,
in der Materie	— der Buchstabe T.

Beim Element L u f t ist es:

Im Akashaprinzip	— der Buchstabe A,
im Mentalreich	— der Buchstabe C,
im Astralreich	— der Buchstabe L

in der Materie gleichfalls der Buchstabe H.

Das Feuerprinzip im Mental und das Luftprinzip in der Materie haben ein- und denselben Buchstaben, was die Aktivität des Luftprinzipes in der grobstofflichen Welt ausdrückt.

Beim Element W a s s e r ist es:

| Im Akashaprinzip | — der Buchstabe M, |
| im Mentalreich | — der Buchstabe N, |

im Astralreich — der Buchstabe W

in der Materie — der Buchstabe G.

Beim Element E r d e ist es:

Im Akashaprinzip — der Buchstabe Ä,

im Mentalreich — der Buchstabe I,

im Astralreich — der Buchstabe F

in der Materie — der Buchstabe R.

Aus dieser Zusammenstellung ergibt sich eine Tabelle, die ich der leichteren Orientierung wegen nachstehend anführe:

	Feuer	Luft	Wasser	Erde
Akasha	Sch	A	M	Ä
Mental	H	C	N	I
Astral	S	L	W	F
Materie	T	H	G	R

Will man vollkommene Herrschaft über das Feuer-Prinzip erreichen, d. h. die Macht über das Feuer-Element im Akashaprinzip, im Mental, Astral und in der Materie, so ist die Buchstabenreihe für den Vierer-Schlüssel folgende:

Sch — wird quabbalistisch ins Akasha verlegt.

H — in den Mentalkörper.

S — in den Astralkörper und

T — in die grobstoffliche Welt.

Die Formel für den Vierer-Schlüssel ist demnach „**Sch-H-S-T**"

Wenn man das elektrische Fluid, respektive die Herrschaft über dasselbe in allen drei Reichen erzielen will, so werden Sch und H ins Akashaprinzip und S und T in den Mentalkörper quabbalistisch verlegt.

Will man mit den vier Buchstaben die Salamander beschwören oder die Macht über sämtliche Feuergeister, ohne Unterschied des Ranges erzielen, so verlegt man die Buchstaben Sch und H in den Mentalkörper und in das Mentalreich, S und T dagegen in den Astralkörper und in das Astralreich.

Bei Raumimprägnierungen, eventuell zum Zwecke einer sichtbaren Erscheinung der Feuerwesen, müssen die Buchstaben Sch und H astralisch in die Raumimprägnierung auf quabbalistische Art verlegt werden, und die Buchstaben S und T sind quabbalistisch laut, also grobstofflich auszusprechen.

Beabsichtigt der Formelmagier das Feuer-Element irgendwie auf der grobstofflichen Ebene zu gebrauchen, so muß er die Buchstaben Sch und H in die Astralwelt quabbalistisch aussprechen und aus S und T zwei Volte bilden, bei welchen der innere Teil das T einnimmt und die äußere Form ein S aufweist. Hierbei ist die T-Formel mit der Hitze und das S mit dem Licht in Einklang zu bringen. Siehe nachstehende Zeichnung.

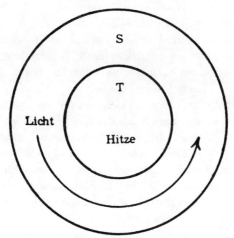

Dieses demonstrative Beispiel zeigt dem Quabbalisten, wie das Feuer-Element für alle möglichen Operationen und magischen Arbeiten quabbalistisch angewendet werden kann.

Für das Luft-Prinzip gilt das gleiche Schema und zwar:

— A — im Akashaprinzip,
— C — im Mentalkörper,
— L — im Astralkörper und
— H — in der grobstofflichen Welt,
— eucharistisch im grobstofflichen Körper —, falls man das Luftprinzip in allen drei Reichen beherrschen will.

Die völlige Beherrschung des Wasserprinzipes erreicht man bei gleichem Schema und Vorgang mit Hilfe der Formel „M—N—W—G" und die Beherrschung des Erdprinzipes auf die gleiche Weise mit der Formel „Ä—I—F—R".

Zur angegebenen Tabelle wäre noch zu bemerken, daß die waagrecht angegebenen Formelverbindungen in Frage kommen, wenn es heißt, die Herrschaft über alle Elemente sowohl im Akashaprinzip, als auch in der Mentalebene, in der Astralebene und eventuell auch grobstofflich zu beherrschen, und zwar direkt aus dem Akashaprinzip durch die Formel „Sch—A—M—Ä"; im Mentalkörper, also die geistige Beherrschung aller Elemente durch die Formel „H—C—N—I", astralisch „S—L—W—F" und grobstofflich — eucharistisch — „T—H—G—R".

Letztgenannte Vierer-Formel weist auf die grobstoffliche, zumeist durch Eucharistie herbeigeführte Beherrschung der Elemente hin, wobei ein Buchstabe nach dem anderen quabbalistisch in Speise und Trank einverleibt wird.

Mit diesen Erläuterungen, welche auf die verschiedensten Variationen hinweisen, beende ich das Kapitel über den Gebrauch des Vierer-Schlüssels in bezug auf die Elemente-Formeln.

Ebenso wie beim Dreier-Schlüssel das „J—H—W" als dreibuchstabiger Name Gottes angewendet wird, ist dies auch beim Vierer-Schlüssel als „J—H—W—H" der Fall. Dieser vierbuchstabige Name Gottes wird in der hebräischen Quabbalah vielfach mit Jehovah oder Adonai bezeichnet.

Interessehalber bringe ich wenigstens einige Kombinationen des Vierer-Schlüssels mit den Buchstaben „J—H—W—H". Wollte ich die Schlüssel anführen, die diesem Namen quabbalistisch entsprechen, müßte ich abermals 256 Formeln angeben, was aus technischen Gründen undurchführbar ist. Als Beispiel wähle ich solche, die erstens weniger bekannt sind und von welchen zweitens nur jene Quabbalisten Gebrauch machen, die in der hebräischen Quabbalah gut bewandert sind.

Die reine Formel „J—H—W—H" ohne phonetischen Anhang anderer Buchstaben, dient im allgemeinen dazu, Schwerkranke auf quabbalistische Art zu heilen. Je nachdem, wie diese Formel geladen wird, respektive welchem Zwecke sie dienen soll, kann sie auch erfolgreich für Geschäftsangelegenheiten benützt werden.

Gibt man dem ersten Buchstaben dieser Formel den phonetischen Anhang eines Buchstabens, läßt sich dadurch noch so manches erreichen. Z. B. verhilft die Formel „Ja—H—W—H" zu Reichtum, zur Erreichung von Liebe und wird auch erfolgreich bei Heilverfahren von Geisteskranken benützt.

Die Formel „Je—H—W—H" verhilft zu Freundschaften hoher Persönlichkeiten, weckt Liebe und führt insbesondere zur erotischen Befriedigung.

Die Formel „Ji—H—W—H" verleiht die Macht über Freunde und gibt die Möglichkeit ihre Zukunft zu erfahren.

Die Formel „Jo—H—W—H" läßt die Macht über andere Menschen erreichen, gibt aber auch die Überlegenheit über andere Wesen.

Die Formel „Ju—H—W—H" sichert die Aneignung astrologischer Kenntnisse, läßt den Zusammenhang der Planeten in unserem Universum erkennen, führt zu Macht auf unserer Erde. Man kann sich dieser Formel aber auch zwecks Erzielung göttlicher Gnade bedienen.

Eine überaus wirkungsvolle Formelverbindung mit phonetischem Anhang ist „Jau—H—W—H", welche zu guter Stimmung beiträgt, Zukunftspläne verwirklichen läßt, zu Reichtum führt u. dgl. m.

Schließlich mache ich noch auf die Formel „Jou—H—W—H" aufmerksam, welche Schutz gegen negative Wesen bietet und zu Glück führt.

Bei diesen Formelverbindungen des Vierer-Schlüssels verlegt der Quabbalist den Buchstaben J ins Akashaprinzip, wohingegen die anderen Buchstaben — ohne phonetischen Anhang — durch das Mentale, Astrale und Grobstoffliche in gleicher Analogie angewendet werden.

Will der Quabbalist die gleichen Formeln nach dem allgemeinen Schlüssel verwenden, so braucht er nur

in das erste H — die Mentalwirkung,

in das W — die Astralwirkung und

in das zweite H — die grobstoffliche Wirkung einleiten.

All dies zu wissen ist für den quabbalistischen Gebrauch äußerst wichtig! Je nach Situation und Wunsch steht dem Quabbalisten dieser oder jener Schlüssel zur Verfügung, von welchem er nach Belieben Gebrauch machen kann. Wie ich schon erwähnte, ist der Viererschlüssel der Verwirklichungsschlüssel und somit einer der wichtigsten Schlüssel unseres Planeten, da er der universalen Gesetzmäßigkeit analog ist.

Es ist mir nicht erlaubt weitere Schlüssel anzugeben. Der ehrlich strebende Quabbalist wird aber seiner Reife gemäß von der Göttlichen Vorsehung die Geheimnisse aller weiteren Schlüssel der Reihe nach gleichfalls anvertraut erhalten. Mit diesen vier Schlüsseln wird er reichlich auskommen, die kosmische Sprache und die schöpferischen Worte zu verstehen und anzuwenden.

Nochmals wiederhole ich, daß ohne ausreichende Vorbereitung und ohne Beherrschung der Dreisinnen-Konzentration niemand imstande ist quabbalistisch, d. h. schöpferisch, zu wirken und in das Mysterium der kosmischen Sprache einzudringen, geschweige denn, dieselbe praktisch zu gebrauchen. Das bloße Wissen um die Quabbalah und ihre Schlüssel nützt gar nichts, wenn die nötige Vorbereitung fehlt.

Denkt sich also ein Leser etwa, daß er durch theoretische Kenntnis oder durch das bloße Durchlesen dieses Werkes schon Wunder vollbringen kann, ist er in einem großen Irrtum. Versucht er es dennoch, unvorbereitet oder ungenügend vorbereitet diese oder jene Formel praktisch anzuwenden, erlebt er natürlich nur bittere Enttäuschungen.

Diese Worte lege ich jenen Lesern ganz besonders ans Herz, welche entweder aus Bequemlichkeit oder aus Übereifer nicht stufenweise an ihrer Vervollkommnung arbeiten, sich zwar theoretische Kenntnisse aneignen, aber praktisch überhaupt nichts erreichen. Übung und abermals Übung macht den Meister! Auch dann, wenn der Weg noch so schwer ist und Fortschritte nur millimeterweise erzielt werden, muß Geduld, Ausdauer und Beharrlichkeit unbedingt aufgebracht werden, damit die Früchte nicht ausbleiben.

Zur Beachtung.

Der Quabbalist, der sich mit Zahlenkombinationen befaßt, wird die Zahl 462 in der Quabbalah als eine geheime Zahl betrachten, in welche die Formel zahlenmäßig verlegt werden muß. Zwecks Realisierung auf der grobstofflichen Welt, ganz gleich mit welchem Schlüssel, ist 2 dem Akashaprinzip analog, 60 dem Mental- und 400 dem Astralreich. Will man also die vollkommene Verwirklichung von Wünschen erreichen, muß man

ins Akashaprinzip die Formel 2mal

ins Mentalreich — Mentalkörper — die Formel 60mal

und ins Astralreich — Astralkörper — die Formel 400mal

verlegen. Auch Rituale sind im allgemeinen 462mal zu wiederholen, um die erforderliche Voltierung so stark zu machen, damit sie automatisch wirkt.

Ende der zehnten Stufe

Stufe XI

Der quabbalistische Gebrauch
Göttlicher Namen und Wesen

Von der Beschreibung der Schlüssel, ihrer Entsprechungen und Analogien führe ich den Quabbalisten zur Vertiefung seines Geistes in eines der tiefsten Geheimnisse der Quabbalah, welches der quabbalistische Gebrauch von göttlichen Namen und Wesen ist. Bevor ich auf Einzelheiten näher eingehe, muß sich der Quabbalist des großen quabbalistischen Grundsatzes bewußt werden, nämlich, daß Kräfte, wie z. B. die Elemente, das elektromagnetische Fluid, ja sogar ein gewisser Aspekt des Akashaprinzipes als Quantität zu werten sind und nicht mit Qualitäten verwechselt werden dürfen. All das, was eine Kraft repräsentiert, demnach stofflich — wenn auch in feinster Form — besteht, ist daher als Materie zu werten.

Mächte, Tugenden, Eigenschaften, Fähigkeiten sind demnach Qualitäten und sind mit Kräften nicht zu verwechseln. Diesen Unterschied muß der Quabbalist genau wissen, will er keinen Fehler begehen, was leider bei vielen Quabbalah-Studierenden sehr oft vorkommt. Deshalb verwechsle man beim quabbalistischen Gebrauch der Buchstaben n i e m a l s diese Grundregel.

Wenn von irgend einer Quantität, also Kraft, ganz gleich ob elementischer oder Fluidkraft die Rede ist, so handelt es sich immer um einen Stoff. Beim Arbeiten mit Formeln hat diese Grundregel große Bedeutung, und es ist ein Unterschied, ob man eine Kraft anwendet, steigert oder sie ins Akashaprinzip, ins Mental, Astral oder ins Grobstoffliche verlegt, ob nun in Form von Volten oder durch Schwingungen usw., oder aber, ob dieselben Kräfte bei sich und bei anderen in den Mentalkörper, Astralkörper oder in den grobstofflichen Körper einverleibt werden. Mächte verschiedener Art, Tugenden, Eigenschaften und Fähigkeiten, ob im Akashaprinzip, im Mental, Astral oder in der grobstofflichen Welt angewendet, können auch ohne Kraft- oder Stoffstauung vor sich gehen, also ganz unbewußt zur Quantität gehoben werden.

Ist dies der Fall, versuchen sich die gesteigerten Fähigkeiten irgendwie zu realisieren, wozu sie ganz automatisch ein bestimmtes Quantum ihrer analogen Kraft aufwenden. Bei diesem Vorgang geht es jedoch immer auf Kosten der betreffenden Vitalität des mentalen, astralen oder grobstofflichen Körpers, mitunter sogar auf Kosten des Schicksals.

Die meisten Religionssysteme und vielfach auch die sogenannten Einweihungssysteme lassen diese Grundregel unbeachtet und beschäftigen sich größtenteils nur mit Tugenden, Eigenschaften oder Fähigkeiten, ohne vom analogen Quantitätsstoff, also Kraftstoff, Lebensstoff der zu hebenden Tugend oder Fähigkeit Gebrauch zu machen.

Dieser grobe Grundfehler wirkt sich natürlich nachteilig aus, mitunter in schweren Disharmonien, Fehlschlägen, Mißerfolgen, ja sogar in verschiedenen Störungen der Gesundheit, welche wiederum zu verschiedenen pathologischen Zuständen führen können. Hebt daher ein Quabbalist irgend eine oder mehrere Fähigkeiten im mentalen, astralen oder im grobstofflichen Körper, ob durch Quabbalah oder auf Grund irgend einer magischen Anwendung, wie z. B. Ritual, Suggestion — Unterbewußtseins-Beeinflussung —, ohne daß er die den entsprechenden Fähigkeiten notwendige Kraft — Kraftstrahlung — zuführt, dann müssen sich logischerweise früher oder später entweder Mißerfolge oder andere unerwünschte Einflüsse einstellen.

Des öfteren werden auch in vielen Eingeweihtenlogen, welche nur eine Hebung bestimmter Tugenden erzielen, ohne Rücksicht darauf, auf welcher Basis sie ihr System aufgebaut haben, verschiedene Begleiterscheinungen — Erlebnisse —, wie z. B. Visionen, Halluzinationen, ekstatische Verzückungen u. dgl. verzeichnet und irrtümlicherweise als gewisse Reifegrade geistiger Entwicklung gedeutet. Wie falsch diese Annahme ist, wird dem wahren Quabbalisten sofort klar, wenn er die universalen Gesetze kennt, beherrscht, berücksichtigt und sie richtig in Anwendung bringt. Jede Nutzanwendung quabbalistischer Formelmagie muß qualitativ und quantitativ sein, um nicht Einseitigkeit hervorzurufen.

Ein kleines Beispiel möge dazu beitragen, den Unterschied zwi-

schen Qualität und Quantität zu kennzeichnen. Ein starker mus-
kulöser Mensch muß nicht immer die seiner Kraft entsprechenden Qualitäten besitzen und umgekehrt: Ein schlanker Mensch,
der sämtliche Asanas — Körperstellungen — der größten Yogis
ohne weiteres einzunehmen versteht, muß nicht ihre Fähigkeiten
haben. Dieses Beispiel genügt, um zu wissen, daß Fähigkeiten mit
Kräften nicht zu verwechseln sind.

Deshalb hat der Quabbalist in den vorhergehenden Stufen gelernt, die Entsprechungen der Buchstaben — Formeln — sowohl
qualitativ, als auch quantitativ anzuwenden. Die vorbereitenden
Übungen meines ersten Buches „Der Weg zum wahren Adepten"
hat ihn konzentrieren, d. h. verdichten gelehrt, ferner die Kunst,
Kräfte quantitativ zu stauen, welche erst nach ihrer Beherrschung
qualitativ in Einklang gebracht wurden.

Diese kleine Abschweifung war äußerst wichtig, da der wahre
Quabbalist qualitativ und quantitativ zugleich arbeitet.

Alle göttlichen Namen, alle überlieferten Namen von Engeln,
Erzengeln, Vorstehern, Genien usw. haben, falls sie wirklich
quabbalistisch echt, also entweder traditionell oder auf Grund eigener Praxis ermittelt worden sind, in ihren Namen ihre quantitative Kraft und qualitative Macht — Eigenschaften, Fähigkeiten,
Tugenden usw. —. Dieser Grundsatz muß auch beim quabbalistischen Gebrauch göttlicher Namen stets berücksichtigt werden,
will der wahre Quabbalist nicht denselben Fehler begehen, wie
viele andere, nämlich, daß er sich unter einem göttlichen Namen
— Engelsnamen, Geniennamen usw. — eine personifizierte Wesenheit, ausgestattet mit den ihr zugeschriebenen Fähigkeiten,
Wirkungsbereichen usw. vorstellt.

Es ist wohl üblich, sich unter dem Gesamtkomplex einer bestimmten Formel — einer gewissen Anzahl von Buchstaben — ein
personifiziertes Wesen vorzustellen, was vom magischen Standpunkt aus auch richtig ist, da der Gesamtkomplex von Kräften
und Fähigkeiten einer bestimmten Form analog ist und mit dieser
als personifiziertes Wesen identifiziert wird, da sich ja sonst ein
Wesen nicht darstellen ließe. Denn was keine Form, keine Kraft
oder Fähigkeit hat, existiert in der Schöpfung nicht. Der Quabba-

list weiß aber auch, daß die zusammengestellten Buchstaben, die ein Wesen darstellen, gleichzeitig eine quabbalistische Formel sind und einen analogen Zusammenhang mit Kräften und Eigenschaften haben, respektive das betreffende personifizierte Wesen hiermit beschreiben.

Dies muß der praktisch arbeitende Quabbalist berücksichtigen, denn ein Magier, der ein Wesen evoziert, ruft den Gesamtkomplex, das ist die gesamte Form, welche die Kräfte und Fähigkeiten, also Quantitäten und Qualitäten darstellt, als Form an. Deshalb evoziert der beschwörende Magier das Wesen mit seinem ganzen Namen — Gesamtkomplex qualitativ und quantitativ —, welches entsprechend seiner Qualität und Quantität nach außen hin erscheint. Diesen Umstand habe ich bereits in meinem zweiten Werk: „Die Praxis der magischen Evokation" erwähnt, in welchem ich die Qualitäten der einzelnen Wesen beschrieben habe, die sich dann ihren Eigenschaften gemäß symbolisch zeigen. Darum bestehen auch die verschiedensten Formen von Wesen, weil diese den Eigenschaften analog sind.

Ein Magier und Quabbalist, der die Universalgesetze und ihre Entsprechungen kennt, kann sofort auf Grund der Erscheinung des betreffenden Wesens — symbolische Ausdrucksweise — die Analogien des Wesens feststellen. Deshalb ist z. B. ein Venuswesen, welchem die Venus-Entsprechungen zustehen, außerstande, die symbolische Erscheinungsform etwa eines Saturnwesens anzunehmen.

Will also der Quabbalist mit göttlichen Namen quabbalistisch arbeiten, d. h. sich die ihnen analogen Kräfte und Tugenden qualitativ und quantitativ aneignen, macht er nicht auf einmal vom ganzen Namen Gebrauch, denn das wäre soviel, wie wenn er den Gesamtschlüssel — die Wesenheit — anrufen würde. Aber er wird den betreffenden Namen als Gesamtkomplex buchstabenmäßig gebrauchen.

Würde er also beispielsweise den allgemein gebräuchlichen Engelsnamen Gabriel wählen, dann wird er ihn nicht auf einmal als Gesamtkomplex quabbalistisch aussprechen, sondern in Buchstaben zerlegen. Je nachdem, mit welchem Schlüssel der Quabbalist zu arbeiten wünscht, entweder mit dem Einser-, Zweier-, Dreier- oder Viererschlüssel, wird er stets so vorgehen, wie ich es in den Elementeformeln geschildert habe. Er wird einen Teil des Namens entweder mit einem oder mit zwei Buchstaben ins Akasha verlegen, die übrigen Buchstaben in das Mentalreich, in das Astralreich und in die grobstoffliche Welt. Er kann also, je nachdem, wo er die Qualität oder Quantität des gewählten Namens quabbalistisch gebraucht, einen, zwei oder drei Buchstaben des Namens in die einzelnen Ebenen qualitativ oder quantitativ verlegen.

Der Quabbalist ist somit an Hand dieses Schlüssels in der Lage, den Namen eines Wesens quantitativ und qualitativ zu zerlegen — buchstabenmäßig aufzuteilen — und quabbalistisch anzuwenden. Hieraus ist zu ersehen, daß der Machtbereich jedes Wesens — ohne Rücksicht auf die Sphärenzugehörigkeit — seinem Namen analog ist. Die Zerlegung des Namens eines Wesens und Verlegung in die gewünschte Ebene — Mentalreich, Astralreich und grobstoffliche Welt —, sowie die Anwendung der einzelnen Buchstaben des Wesen-Namens nennt man den „wahren quabbalistischen Gebrauch göttlicher Namen."

Der Unterschied zwischen einem Magier und einem Quabbalisten liegt darin, daß der Magier mit dem Gesamtkomplex der Kräfte und Mächte, also quantitativ und qualitativ als ganze Wesenheit, wirkt, wohingegen der Quabbalist den Namen eines Wesens zerlegt und von ihm laut den Schlüsseln akashamäßig, mentalisch, astralisch und grobstofflich, qualitativ und quantitativ Gebrauch macht. Dadurch erreicht er dieselben Kräfte — quantitativ —, Mächte, Fähigkeiten, Tugenden, Eigenschaften usw. — qualitativ —, welche er selbst gebraucht, ohne mit dem Gesamtkomplex, das ist mit dem geformten Wesen in irgend einer Verbindung stehen zu müssen.

Diese Grundregel unterscheidet Magie von Quabbalah. Der Magier ruft das gewünschte Wesen herbei oder versetzt sich irgendwie in dessen Sphäre, oder er versucht auf irgend eine passive Weise mit dem Wesen in Verbindung zu kommen, um die gewünschten Kräfte oder Wirkungen zu erzielen. Der Quabbalist hingegen bedient sich der Namen von Wesen als Schlüsselwort und das, was der Gesamtkomplex des angerufenen Wesens zustandebringt, eignet er sich mit Hilfe der Quabbalah selbst an und erreicht gleichfalls die gewünschte Wirkung.

Hieraus geht hervor, daß Magie zwar leichter ist, daß man aber auf den Gesamtkomplex eines Wesens angewiesen ist. Der Quabbalist bringt all das, was ein Wesen erreicht, selbst zustande, indem er den Namen des Wesens als Schlüsselwort oder als Formel quabbalistisch anwendet.

Ein Eingeweihter muß jedenfalls beides zu beherrschen wissen und bedient sich der Wesen meistenteils nur dann, wenn er aus Mangel an Zeit sich mit dieser oder jener Angelegenheit nicht selbst befassen kann und daher die Aufgabe einem Wesen überträgt. Will sich der Quabbalist die Fähigkeiten oder Kräfte eines Wesens aneignen, so gebraucht er den Namen des Wesens als Formel.

Ich sehe davon ab, in diesem Werk nochmals die Wesen der zehn Sphären unseres Universums anzuführen. Der Quabbalist, der sich die Kräfte und Mächte der einzelnen Wesen qualitativ und quantitativ aneignen will, findet hierfür die genaue Arbeitsmethode in meinem zweiten Werk „Die Praxis der magischen Evokation", in welchem ich die Namen der Vorsteher, Genien usw., der einzelnen Sphären nebst ihrem Wirkungsbereich angegeben habe.

Wenn also der Quabbalist irgend eine Fähigkeit eines Vorstehers selbst besitzen will, so muß er den Namen des Vorstehers quabbalistisch dem Viererschlüssel — Realisierungsschlüssel — gemäß akashamäßig, mentalisch, astralisch oder grobstofflich anwenden.

Eine kleine Ausnahme, über welche ich in meinem zweiten Werk keine Erwähnung machte, bildet das Schem-Ham-Phorash, die 72 Genien der Merkurzone, welche mit dem Geistkörper einen ganz bestimmten analogen Zusammenhang haben. Das Schem-Ham-Phorash enthält auch das Mysterium des aus 72 Buchstaben zusammengesetzten Gottesnamens, mit welchem — laut der hebräischen Quabbalah — die höchste Ausdrucksweise der Gottheit als längster Gottesname gekennzeichnet ist.

Mit den Namen der 72 Genien der Merkurzone werden nur die Qualitäten dieser Genien zum Ausdruck gebracht, aber keinesfalls ihre Quantitäten, also der Kraftstoff, welcher die Realisierung auf der grobstofflichen Ebene bewirkt. Die Quantitäten der 72 Genien äußern sich im Viererschlüssel und kommen als vierbuchstabige Gottesnamen zum Ausdruck. Die quantitative Form oder Buchstabenverbindung gibt jeweils den übergeordneten Gottesnamen des betreffenden Genius an.

In vielen Schriften, welche über die 72 Genien oder über den Schem-Ham-Phorash schreiben, wird zwar der übergeordnete Gottesname angegeben, aber der wahre Sinn oder der Schlüssel wird nicht geoffenbart. Ich führe deshalb den Quantitätsschlüssel, also den Kraftstoffschlüssel, welcher in dem Gottesnamen der 72 Genien der Merkurzone zum Ausdruck gelangt, der Reihe nach an.

Der erste Genius VEHUIAH hat den Kraftschlüsselnamen JHVH. Der Geniusname Vehuiah drückt demnach die qualitative Form aus und durch den Viererschlüssel, das Jod-He-Vau-He kommt der Quantitäts- oder der Kraftstoffschlüssel zum Ausdruck.

Nachfolgend führe ich der Reihe nach alle 72 Genien mit ihren ersten Namen als dem Qualitätsschlüssel an und gleich anschließend folgt ihr Gottesname als der Quantitätsschlüssel — Kraftstoffschlüssel —.

	Qualitätsschlüssel	Quantitätsschlüssel
1 _____	Vehuiah	_____ Jod-He-Vau-He
2 _____	Jeliel	_____ Aydi
3 _____	Sitael	_____ Schiha
4 _____	Elemiah	_____ Alla
5 _____	Mahasiah	_____ Toth
6 _____	Lelahel	_____ Abgd
7 _____	Achaiah	_____ Dodo
8 _____	Kahetel	_____ Moti

9 _____ Aziel	_____ Agzi
10 _____ Aladiah	_____ Sipi
11 _____ Lauviah	_____ Deus
12 _____ Hahaiah	_____ Zeus
13 _____ Jezalel	_____ Boog
14 _____ Mebahel	_____ Dios
15 _____ Hariel	_____ Idio
16 _____ Hakamiah	_____ Dieu
17 _____ Lanoiah	_____ Goth
18 _____ Kaliel	_____ Boog
19 _____ Leuviah	_____ Bogi
20 _____ Pahaliah	_____ Tios
21 _____ Nelekael	_____ Bueg
22 _____ Jeiaiel	_____ Good
23 _____ Melahel	_____ Dieh
24 _____ Hahuiah	_____ Esar
25 _____ Nith-Haiah	____ Orsi
26 _____ Haaiah	_____ Agdi
27 _____ Jerathel	_____ Teos
28 _____ Séeiah	_____ Adad
29 _____ Reiiel	_____ Zimi
30 _____ Omael	_____ Tusa
31 _____ Lekabel	_____ Teli
32 _____ Vasariah	_____ Anot
33 _____ Jehuiah	_____ Agad
34 _____ Lehahiah	_____ Aneb
35 _____ Kevakiah	_____ Anup
36 _____ Menadel	_____ Alla
37 _____ Aniel	_____ Abda
38 _____ Haamiah	_____ Agla
39 _____ Rehael	_____ Goot
40 _____ Ieiazel	_____ Goed
41 _____ Hahahel	_____ Gudi
42 _____ Mikael	_____ Biud

43	Veubiah		Solu
44	Ielahiah		Bosa
45	Sealiah		Hoba
46	Ariel		Piur
47	Asaliah		Kana
48	Mihael		Zaca
49	Vehuel		Mora
50	Daniel		Pola
51	Hahasiah		Bila
52	Imamiah		Abag
53	Nanael		Obra
54	Nithael		Bora
55	Mebaiah		Alai
56	Poiel		Illi
57	Nemamiah		Popa
58	Jeialel		Para
59	Harahel		Ella
60	Mizrael		Gena
61	Umabel		Sila
62	Jah-Hel		Suna
63	Amianuel		Miri
64	Mehiel		Alli
65	Damabiah		Tara
66	Manakel		Pora
67	Eiaiel		Bogo
68	Habuiah		Deos
69	Rochel		Deos
70	Jabamiah		Aris
71	Haiel		Zeut
72	Mumiah		Kalo

Bei der magischen Anrufung wird als qualitativer Gesamtkomplex das Wesen — Genius, Vorsteher usw. — so angerufen, wie ich es im Buche der Evokation angeführt habe. Beim quabbalistischen Gebrauch werden jedoch die zwei letzten Buchstaben der

Namen, das sind entweder EL oder AH stets weggelassen. Mit diesen zwei Buchstaben, welche jedem Namen zugegeben wurden, wird die göttliche Qualitätsangabe besser zum Ausdruck gebracht. Quabbalistisch müßte also z. B. der erste Genius nicht VEHUIAH heißen, sondern bloß VEHUI, der zweite Genius nicht JELIEL, sondern nur JELI, der dritte Genius SITA anstatt SITAEL usw. Die Psalme, welche in den vielen quabbalistischen Büchern als Anrufung des betreffenden Genius gelten sollen, sind nicht quabbalistisch, sondern mantramistisch zu werten — Anrufungsformeln-Gebete-Meditationen —.

Die übrigen Wesen von der Erdgürtelzone angefangen bis zur Saturnsphäre haben in den einzelnen Buchstaben ihrer Namen sowohl die quantitative als auch die qualitative Eigenschaft. Deshalb habe ich es in meinem zweiten Werk „Die Praxis der magischen Evokation" nicht näher erklärt und in diesem Werke unterlasse ich es, die Wesen der übrigen Sphären nochmals anzugeben.

Wie viele Buchstaben eines Wesennamens in das Akashaprinzip, in das Mentale, Astrale oder in das Grobstoffliche verlegt werden sollen, richtet sich stets nach dem Wunsch der Realisierung. Dies bleibt der Wahl des Quabbalisten überlassen.

Die Erklärung der dritten Tarotkarte ist die Enthüllung der Schlüssel, aber nicht die Angabe einer individuellen Methode. Der Quabbalist, der auch mein zweites Werk praktisch studierte, wird in der Lage sein, die quabbalistischen Schlüssel vielseitig anzuwenden. Er kann sämtliche Gottesnamen, Engelnamen usw. quabbalistisch — buchstabengemäß — zerlegen und die Formel in bezug auf die vier quabbalistischen Schlüssel beliebig anwenden. Es bietet sich ihm dadurch ein sehr großes Betätigungsfeld, und seine Studien sind in dieser Richtung unerschöpflich.

In dieser — der elften — Stufe, welche ich hiermit beende, habe ich dem Quabbalisten gezeigt, wie er die Gesetze der kosmischen Sprache in bezug auf die Gottesnamen, Engelnamen, Namen der Genien und Vorsteher, usw. praktisch anwenden kann.

E n d e   d e r   e l f t e n   S t u f e

Stufe XII

Der Quabbalist als vollkommener Herrscher im Mikro- und Makrokosmos

Mit der vorhergehenden Stufe ist die praktische Entwicklung und Heranbildung zu einem vollkommenen Quabbalisten sozusagen beendet. In dieser — der zwölften und letzten — Stufe dieses Werkes will ich daher einen Rückblick auf das ganze aufgebaute System werfen und eine Zusammenstellung des ganzen Lehrganges aufnehmen.

Vor allem konnte sich der Quabbalist davon überzeugen, wie notwendig die in meinem ersten Werk „Der Weg zum wahren Adepten" empfohlene Vorbereitung durch die Dreisinnen-Konzentration war, um einen bestimmten Konzentrationsgrad aller drei Sinne auf eine gewisse Zeit zu erreichen, was ihn dazu befähigte, einen Buchstaben quabbalistisch auszusprechen, d. h. mit demselben schöpferisch zu wirken.

Der Quabbalist lernte der Reihe nach seinen Mental- und Astralkörper und ebenso seinen grobstofflichen Körper mit den einzelnen Buchstaben zu imprägnieren, um bestimmte Schwingungen nicht nur in sich aufzunehmen, sondern dieselben auch in den einzelnen Ebenen hervorzurufen. Durch oftmaliges Wiederholen und durch die praktische Betätigung lernte er ferner, einem Buchstaben die für das quabbalistische Arbeiten und Wirken notwendige Dynamik — Expansionskraft — zu geben; desgleichen erreichte er die Fähigkeit, induktiv und deduktiv zu arbeiten, d. h. zu verdichten und zu entdichten, d. h. sowohl in der mentalen Matrize — Mentalreich —, als auch in der astralen Matrize — Astralreich — und im physischen Körper — grobstoffliche Welt — zu wirken. Mit dieser Arbeit hat er sich nicht nur die quantitative Expansionsfähigkeit des mentalen, astralen und grobstofflichen Körpers angeeignet, sondern auch die Fähigkeit, einzelnen Kräften — Quantitäten — analoge Qualitäten zu geben. Erst dadurch ist ein vom Quabbalisten ausgesprochener Buchstabe magisch geworden, d. h. dynamisch, demnach schöpferisch-wirksam.

Dadurch hat er die den Elementen zustehenden Regionen belebt, die Kräfte in ihnen analog den Universal-Kräften und Entsprechungen gestärkt, somit in Einklang gebracht. Sein Mikrokosmos, also die kleine Welt ist in vollkommene Harmonie mit dem Makrokosmos gekommen und der Quabbalist hat gemäß der Hermestafel: „Daß das, was oben ist, auch das ist, was unten ist!", dieser Gesetzmäßigkeit vollste Rechnung gebracht.

Die erlangte Fähigkeit, mentalisch, astralisch und auch grobstofflich zu wirken, hat ihn zum absoluten Herrscher durch das Wort in allen drei Reichen gemacht. Einem Quabbalisten, der gleich dem Schöpfer durch das Wort alles erschaffen kann, ist nichts unmöglich, so daß er durch das Wort im Kleinen — Mikrokosmos —, und wenn notwendig und von der Göttlichen Vorsehung gebilligt oder angeordnet auch im Großen — im Makrokosmos —, alles bewirken kann.

Ferner lernte der Quabbalist quabbalistisch Volte zu bilden und alle Gesetzmäßigkeiten und analogen Entsprechungen in bezug auf das Wort im Mikro- und Makrokosmos zu kennen und zu beherrschen. Seine Fähigkeiten und Kräfte sind kolossal gestiegen und lassen sich mit bloßen Worten nicht beschreiben. Es ist selbstverständlich, daß dadurch auch seine Verantwortung gestiegen ist. Denn sobald eine Formel ins Akashaprinzip verlegt wird, unterliegen Ursache und Wirkung nicht mehr dem Schicksal, sondern ausschließlich der höchsten Göttlichen Vorsehung. Ein wahrer Quabbalist und ein ebensolcher Magier — denn Magie und Quabbalah gehen Hand in Hand — der diesen Reifegrad erreicht hat, wird sich niemals dazu hergeben, nur materielle Wünsche anderer zu erfüllen oder irgendwelche Vorteile aus den praktischen Erkenntnissen für sich zu gewinnen trachten. Sein erhabenster Wunsch wird stets darin bestehen, den Menschen zu dienen und in Schweigen und tiefste Demut gehüllt, wird er niemals seine Reife zur Schau tragen.

Durch keine Situation wird er sich verleiten lassen, gegen die Gesetze der göttlichen Ordnung zu handeln. Obwohl er als göttlicher Diener und hoher Eingeweihter alles zu tun imstande ist, wird er stets nur die Anordnungen der Göttlichen Vorsehung befolgen.

Gewöhnlich wird einem bis hierher angelangten Quabbalisten eine hohe Mission in bezug auf die Menschheit anvertraut oder aber hat er die Möglichkeit sein Bewußtsein noch mehr zu erweitern, indem er in die sogenannte Sphären-Quabbalah tief eindringt, welche den Gebrauch kosmischer Formeln in bezug auf die übrigen Ebenen betrifft. Dann wird der Quabbalist natürlich mehr als nur den Viererschlüssel anwenden können und wird, falls er dem Willen der Göttlichen Vorsehung gewissenhaft folgt, in die weiteren Blätter des Buches der Weisheit — Tarotkarten — eingeweiht und zwar nicht nur theoretisch, sondern auch im praktischen Sinne.

Ein Sphären-Quabbalist, der in der Lage ist, kosmisch quabbalistisch zu wirken, kann von einem gewöhnlichen Sterblichen und Unreifen weder verstanden noch begriffen werden. Daselbst angelangt, braucht der Quabbalist weder eine persönliche Führung, noch ein Buch mit Anleitungen und Angaben von Schlüsseln. Ein derartiger Eingeweihter ist schon ein vollkommener Adept, dem weder ein Buch noch ein Sterblicher etwas zu sagen hat. An ihm allein liegt es dann, sein Ich-Bewußtsein in der Göttlichen Vorsehung aufzulösen, da er die höchste Vollkommenheit erreicht hat und in die Göttliche Vorsehung, in alle ihre Aspekte eingehen kann.

Allerdings sind zur Erreichung einer derartigen Vollkommenheit noch die weiteren Blätter des Buches der Weisheit praktisch durchzunehmen. Diese zu enthüllen und auf Grund systematischer Arbeitsmethoden zugänglich zu machen, ist mir von der Göttlichen Vorsehung nicht gestattet worden, da die Menschheit bis jetzt noch nicht reif genug dafür ist, so tiefe Mysterien der Göttlichen Vorsehung mit dem Verstand aufzunehmen und intellektuell zu verarbeiten. Gewisse Gesetze lassen sich mit dem bloßen Intellekt überhaupt nicht aufnehmen und sind nur vom Standpunkt der Weisheit mit dem persönlichen Allbewußtsein faßbar.

Wohl hätte ich große Freude, wenn es mir die Göttliche Vorsehung gestatten würde, wenigstens noch zwei Blätter des Buches der Weisheit der Menschheit zu enthüllen, damit den Begabtesten auf ihrem Wege weitergeholfen wird. Der Göttlichen Vorsehung bleibt es überlassen, darüber zu entscheiden.

Ende der zwölften Stufe

Schlußwort

Der Göttlichen Vorsehung gelte mein Dank dafür, daß mir durch sie die Kraft gegeben wurde, die mir gestellte Aufgabe, welche die Beschreibung der drei Tarotkarten — drei Blätter des Buches der Weisheit — betraf, zu erfüllen und aus der Praxis für die Praxis der Leserschaft universelle Methoden aufzustellen.

Es war nicht leicht, außer der kolossalen für die leidende Menschheit geleisteten Arbeit, noch diese höchste aller Wissenschaften, welche die Gesetzmäßigkeit der höchsten universalen Wahrheiten vertritt, als Nicht-Schriftsteller von Beruf mit schlichten Worten zu Papier zu bringen und der Leserschaft, namentlich allen Wahrheitssuchern, zu übermitteln.

Die vielen Dankschreiben, welche mir die begeisterten Leser zukommen ließen, sind der beste Beweis dafür, daß bis jetzt auf dem Büchermarkt kein einziges Buch erschienen ist, welches so offen und verständlich den Weg zur wahren Vollkommenheit beschreibt.

Meine Mission besteht allerdings nicht darin, persönliche Wünsche einzelner zu befriedigen, sondern Mittel und Wege zu zeigen, welche jeden Interessenten dazu anhalten, sich selbst zu vervollkommnen und die gewonnenen Fähigkeiten mitunter für die Besserung seines Daseins zu verwerten.

Jeder Mensch muß den Weg selbst schreiten, niemand kann für ihn diese Arbeit tun. Meine Werke, klar und verständlich geschrieben, können jedem der sicherste Wegweiser sein. Wer sich aber nur die Erreichung eines besseren Daseins zum Ziel gesetzt hat, wird das Gewünschte niemals erreichen, denn die Bücher verfolgen nicht den Zweck, nur zu Reichtum, Wohlstand und Befriedigung aller Wünsche zu verhelfen, sondern im Lebenskampf standhaft und erfolgreich zu verharren.

Auf Erden hat jeder Mensch zwei Lehrer, 1. sich selbst und 2. das Schicksal. Was der Mensch nicht durch eigenen Fleiß, durch Übung — Entsagung usw. —, Schmerz und Leid erreicht, wird ihm vom Schicksal durch Schicksalsschläge und Enttäuschungen aufgetischt. Das Leben ist eine Schule und kein Rummelplatz. Immer wieder wird der Mensch auf diese Erde gestellt, um zu lernen, um sich zu entwickeln und zu vervollkommnen. Über das Gute kann er sich freuen, aus dem Bösen soll er lernen, aber niemals darf er den Kopf hängen lassen, denn nichts geschieht auf dieser Welt unbegründet; alles was ihm zustößt, geschieht zu Recht und stets zur rechten Zeit. Nur am Menschen selbst ist es gelegen, ob er allen Geschehnissen mutig begegnet und aus diesen reichhaltige Erkenntnis für seine Entwicklung schöpft.

Allen Lesern danke ich auf diesem Wege herzlichst für ihre Anerkennung. Sollte es mir gelungen sein, den Interessenten durch Bereicherung des Wissens den Weg zur Vollkommenheit gezeigt zu haben, so ist meine Mission gänzlich erfüllt, selbst dann, wenn nur einzelne die große Ausdauer aufbringen sollten, den nötigen Reifezustand zu erreichen.

Der Autor

Dieter Rüggeberg
GEHEIMPOLITIK
Der Fahrplan zur Weltherrschaft
Die „Protokolle" und ihre Anwendung in der inter-
nationalen Machtpolitik. Kirchen, Logen und Orden
im Kampf um die politische Macht. Die Kriegspläne
hinter dem Versailler Vertrag, dem Morgenthau-Plan,
dem Deutschlandvertrag und dem Zwei-plus-Vier-
Vertrag.
ISBN 3-921338-15-8 · 3. Auflage, 241 Seiten

Dieter Rüggeberg
GEHEIMPOLITIK - 2
Logen - Politik
Ergänzungen zu den „Protokollen". Historisches zur
Freimaurerei. Freimaurerei und Weltanschauung.
Hochgradlogen. Logenzweige. Freimaurerei und Po-
litik. Aus der Trickkiste. Biographisches.
ISBN 3-921338-16-6 · 319 Seiten

I. M. Maiski
WER HALF HITLER?
Iwan M. Maiski war Botschafter der Sowjetunion in
London von 1932 bis 1943. Er berichtet darüber, in
welcher Weise England und Frankreich auf den 2.
Weltkrieg hinarbeiteten. Im Anhang finden sich In-
dizien dafür, daß Adolf Hitler ein Agent der Alliier-
ten war.
ISBN 3-921338-17-4 · 255 Seiten

Franz Bardon
English · Français

INITIATION INTO HERMETICS

A course of instruction in scientific magic in 10 stages. Theory and practice for a magical initiation.

ISBN 3-921338-01-8 · 296 pages, 2 illustr., hb.

THE PRACTICE
OF MAGICAL EVOCATION

Instructions for invoking and contacting Spirit Beings from the Spheres of the Hierarchy of our cosmic system.

ISBN 3-921338-02-6 · 495 pages, hb.

THE KEY TO THE TRUE QUABBALAH

The cosmical language in theory and practice. The Quabbalist as a sovereign in the microcosmos and the macrocosmos.

ISBN 3-921338-03-4 · 272 pages, 2 illustr., hb.

FRABATO THE MAGICIAN
ISBN 3-921338-07-7 · 206 pages, six illustr., hb.

LE CHEMIN DE LA VÉRITABLE
INITIATION MAGIQUE

Révélation de la première lame du Tarot. Magie, cours en 10 degrés. Théorie et pratique.

ISBN 3-921338-06-9 · 456 pages, Photo de l'auteur.

LA PRATIQUE
DE LA MAGIE ÉVOCATOIRE

Révélation complète de la deuxième lame du Tarot.
Instructions pour évoquer les Entités Spirituelles
vivants sur les plans invisibles.
ISBN 3-921338-13-1 · 495 pages, Illustrations.

LA CLÉ DE LA VÉRITABLE KABBALE

Révélation de la troisième lame du Tarot. Le Langage
Universel. Kabbale théoretique et pratique.
ISBN 3-921338-14-X · 250 pages

FRABATO LE MAGICIEN
ISBN 3-921338-09-3 · 158 pages

Im Hermann Bauer Verlag, Freiburg, sind folgende
Lehrwerke von Franz Bardon erschienen:

DER WEG ZUM WAHREN ADEPTEN
ISBN 3-7626-0004-X · 335 Seiten, 13 Auflagen

DIE PRAXIS DER MAGISCHEN EVOKATION
ISBN 3-7626-0005-8 · 484 Seiten, 8 Auflagen

****

Rüggeberg-Verlag
Postfach 13 08 44
D-42035 Wuppertal

****